互联网金融理论与实务

马 威 ◎ 著

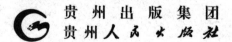

贵州出版集团

贵州人民出版社

图书在版编目（CIP）数据

互联网金融理论与实务 / 马威著. -- 贵阳 ： 贵州
人民出版社，2023.8
　　ISBN 978-7-221-17779-7

　　Ⅰ．①互… Ⅱ．①马… Ⅲ．①互联网络－应用－金融
Ⅳ．①F830.49

中国国家版本馆CIP数据核字(2023)第150341号

HULIANWANG JINRONG LILUN YU SHIWU

互联网金融理论与实务

马威　著

出 版 人　朱文迅

策划编辑　苏　轼

责任编辑　唐　露

装帧设计　北京万瑞铭图文化传媒有限公司

责任印制　陈　楠

出版发行　贵州出版集团　贵州人民出版社

地　　址　贵阳市观山湖区中天会展城会展东路SOHO公寓A座

印　　刷　天津旭丰源印刷有限公司

版　　次　2024年07月第1版

印　　次　2024年07月第1次印刷

开　　本　787毫米×1092毫米　1 / 16

印　　张　14.25

字　　数　230千字

书　　号　ISBN 978-7-221-17779-7

定　　价　68.00元

前言

互联网的应用最早起源于军事领域，直到 20 世纪 90 年代才步入商业化应用阶段，此后与社会经济各个领域不断融合，成为推动产业创新和经济增长的重要力量。在中国，互联网金融最初以电子商务和金融信息化的形态存在，直到阿里、腾讯、百度、京东等互联网公司从支付结算入手，用创新思维将互联网和大数据技术以艺术化的形式展现在公众面前，才得到广大用户的青睐和追捧。凭借超高人气，互联网公司渐进式地向互联网理财、众筹、互联网保险等领域渗透，掀起一场面向传统金融业态和既有金融格局的革命。

当下信息时代的快速发展，以云计算、大数据、区块链、人工智能、社交网络为代表的新一代互联网信息技术渗透到金融领域，基于互联网的金融服务模式异军突起，迅速承担起传统金融机构的各种功能。互联网金融凭借其获取客户的极强凝聚力、先进的数据处理与风控机制、难以比拟的低成本优势，取得了令人瞩目的快速发展，给传统金融组织体系和金融市场格局带来了全新的变化。在互联网金融蓬勃发展的今天，对开展互联网金融的教育培训和人才培养也提出了相应的要求。

本书是一本关于互联网金融理论与实践方面研究的著作。全书首先对互联网金融的概念与发展进行简要概述，介绍了现代互联网金融的主要模式、新业态、发展的驱动因素及互联网金融与传统金融的关系等；然后对互联网金融实践的相关问题进行梳理和分析，包括电子货币、第三方支付、众筹、大数据金融、区块链等多个方面；最后在互联网金融的风险与监管方面进行探讨。本书论述严谨，结构合理，条理清晰，内容丰富，为当前互联网金融理论与实践相关理论的深入研究提供借鉴。

本书撰写得到很多专家学者的支持和帮助，在此深表谢意。由于能力有限，时间仓促，虽极力丰富本书内容，力求著作的完美无瑕，虽经多次修改，仍难免有不妥与遗漏之处，恳请专家和读者指正。

目录

第一章 互联网金融概述

第一节 互联网金融概况

一、互联网金融理论基础

（一）产业经济学与互联网金融

1.互联网金融中的规模经济与范围经济

规模经济和范围经济是产业经济学的两大重要概念。规模经济分为"供方规模经济""需方规模经济"，分别指同一供方内部成本随规模扩大而下降，需方所获价值随规模扩大而上升。范围经济是指同一供方内部品种越多，成本越低。

互联网金融表现出明显的规模经济和范围经济。供方规模经济与互联网的对接，使信息知识、技术等要素超越传统经济中居于首位的资本与劳动力要素，打破了边际成本递增、边际收益递减的传统经济学规律。这些信息经济时代的新要素能够零成本地复制与应用，随着其投入的增加，产出的增加，供方的成本与收益就分别呈现出递减与递增态势。标准化是实现规模经济的前提条件，否则互联网金融服务就需支付与传统金融服务相当的高单位成本。互联网上开展保险销售业务是供方规模经济的典型案例。互联网保险销售平台不受货架和仓储的物力限制，成本主要有平台建设投入和宣传费用，投入运营后，依托计算机系统推行自助业务办理，打通标准化产品生产与流通通道，实现"批量化生产""程序化服务"，边际成本很低，在客户人数增加的同时不断摊薄刚性成本，并通过动态交易产生大量集成资产，形成供方规模经济，进一步提高盈利能力。

需方规模经济存在于市场主体的外部。余额宝等互联网货币基金显示出了较强的需方规模经济性。余额宝问世初期价值并未突显，所对应货币基金的客户数量较少，随后较高的收益吸引客户不断集聚，使边际成本递减的同时也加强了效益示范作用，越来越多的人发现其值得购买。客户数量和产品价值因"正反馈效益"相互助长。当到达客户数量的临界值后，该类经济的规模迎来爆发式增长，价值的增长速度变得非常惊人。网络价值以用户数平方的速度增长，从需方整体角度来看，边际效用递增。

范围经济在互联网金融领域有着众多的体现，如，在股权众筹领域，众筹平台新增单个融资方的边际成本很低，融资方越多，吸引的投资者就越多，平台成本协同节约能力也就越高。又如，第三方支付平台嫁接了手机话费充值、信用卡还款、公用事业缴费、保险理财、日常生活服务等多元化业务，能吸引更多客户、增加客户黏性。同时，只要妥善解决技术兼容性和安全问题，就能将业务叠加所带来的额外成本控制在较低水平，使平台收入增加。

2. 互联网金融中的长尾经济

长尾理论论述的是利用成本优势打开大量利基市场，其共同市场份额可能等于或超过主流场频的市场份额。长尾经济与范围经济都注重品种的增多和协同成本的降低，但前者是就整个市场而言，包含大量冷门需求，后者则是同一企业内部的长尾经济，且限于增加相对热门的品种。

互联网金融居于金融产业的长尾之上，催生出一系列充分满足"普惠金融"需求的产品和服务，提升了金融的便捷性、平等性和开放性。互联网货币基金增加了小额、零散的投资机会，提供了"零门槛"的投资途径，从而开发了那些对手续简便度、额度灵活度十分敏感的尾部客户。互联网微贷公司凭借信息处理的优势，全流程、高效率、低成本地把控借款人的信用水平，使微贷业务规模化成为可能，并设置灵活的期限与额度政策，服务人性化、个性化，迅速释放了大量小微借款甚至碎片化借款的尾部需求，探索出了一条改善传统金融信贷体系信贷配给困难的新途径。

互联网金融的成本优势是其延伸长尾的基础。降低成本的终极办法就是用可以无限复制和传播的字节处理一切。传统银行应用互联网平台打造直销银行，摆脱了物理网点与运输仓储，突破了时空限制，简化了业务流程，减少了基层人员，改变了边际成本和效益关系，而节省下来的成本，以更具吸引力的存款利率和服务费率等形式回馈客户，从而吸引新的客户群体，即习惯运用互联网、收入较高、追求简便高效的群体，并进一步增加黏性。

（二）信息经济学与互联网金融

起源于20世纪60年代的信息经济学，以信息不对称为起点，逐渐形成了包括逆向选择与信号传递、委托——代理理论与激励机制设计、价格离散理论与信息搜寻理论等内容在内的庞杂的学科体系。如今，信息经济学在互联网金融的实务中得到了新的延伸。

1.互联网金融中的信息不对称理论

互联网金融与传统金融最大的区别在信息处理方面，信息成为金融行业最重要的资源，改变了产业价值链。凭借信息处理优势，互联网微贷正在探索一种解决借贷前后两大信息不对称问题的全新路径。"阿里小贷"基于卖家自愿提供的基本信息以及阿里系电商平台十几年来数亿笔交易记录所形成的类目庞杂、更新频繁的数据库，自建信用信息体系。信息系统的固定投入较高，但一旦开始使用，运行成本较低。在贷前，从数据库提取数据，导入信用评估模型，并引入交叉检验技术，将隐性的"软信息"转变为显性的"硬信息"，提高了信用水平甄别的精确度；在贷中，分散、无序的信息形成了动态、连续的信息序列，以趋于零的边际成本给出任何借款人处于动态变化中的动态违约概率及风险定价，为远程监测、实时预警提供了可能；在贷后，电商平台和小贷系统设有严格的曝光、禁入等违约惩戒措施，从而减少机会主义倾向。

2.互联网金融中的搜寻理论

搜寻行为之所以存在，广义原因是信息不对称所导致的"搜索前置"。狭义原因是"价格离散"，即信息在交易双方之间的非均衡分布所引发的同地区、同质量产品的价格差异，信息搜寻因此才有利可图，专业化信息服务机构才得以产生。搜寻成本影响着定价和价格离散程度，搜寻成本越高，价格竞争越弱，离散程度越高，搜寻所获收益就越大。目前，互联网信息搜寻效率已达到较高水平。互联网使信息在市场中呈现均衡分布，成本与价格的透明度被提高，从而网上商品价格也趋于收敛。与传统金融市场相比，若互联网金融市场搜寻成本的降幅不大，就会失去发展后劲。

以货币基金市场为例，传统市场上搜寻成本较高，信息扭曲严重，寻找高口碑供方的难度较大，只要低口碑供方有可能凭借降价（即降低利差或手续费）来弥补口碑劣势，高口碑供方受到建立、维护、宣传口碑的成本限制，就不可能占据全部市场，因此会出现高口碑供方的产品价格和市场份额较高，低口碑供方的产品价格和市场份额较低的均衡，价格竞争较弱，离散程度较高。而在互联网市场上，搜寻成本大大降低，高口碑供方更容易被需方选择，供方群体内部将加强价格竞争，均衡时的价格离散程度发生改变；低口碑供方不得不进一步降价，最终可能因产品价格低于成本而难以生存，市场结构发生质变，促成"良币驱逐劣币"的局面。

3. 互联网金融中的声誉机制

声誉机制，也称为 KMRW 模型，建立在信息经济学、博弈论基础之上，证明参与人对其他参与人支付函数或战略空间的不完全信息对均衡结果有重要影响。

只要博弈重复的次数足够多，合作行为在有限次重复博弈中就会出现。该理论解释了当进行多阶段博弈时，声誉机制会起到很大的作用，上一阶段的声誉往往影响下一阶段及以后阶段的收益，现阶段良好的声誉意味着未来阶段较高的收益。

（三）金融中介理论与互联网金融

1. 金融中介理论概述

金融中介理论是建立在交易成本和信息不对称的基础上的，金融中介的出现能够降低不确定性、交易成本和信息不对称程度。

由于市场上存在着交易成本和信息不对称，而金融中介可以利用其借贷中规模经济的特点，降低初级证券投资活动中的单位成本。如果没有交易成本、信息成本及市场摩擦性的存在，也就不会有金融中介的存在，而金融中介利用技术上的规模经济和范围经济将分散的个体交易集合起来，节约交易场所、机器设备、人工费用等方面的投入，以降低交易成本。由于跨期交易往往存在不确定性，银行等金融机构既可以为家庭提供防范消费需求遭遇意外流动性冲击的手段，也可通过向投资者提供存款安排而平滑市场风险，进而改善资源配置，提高市场交易效率。

通常将融资方式分为两种：一是通过商业银行等金融中介的间接融资方式；二是通过金融市场的直接融资方式。据金融中介理论，金融中介是将资金从盈余者转移到需求者的企业，属于间接融资方式。传统的金融中介如，商业银行，在提供支付中介、投融资中介服务的同时，还开发了更为复杂的金融产品，例如，具有稳定投资回报的理财产品。由于中介还同时发挥了价值创造、降低参与成本及风险管理功能，因此，进一步加深了投资者对于金融中介的依赖，提升了其在金融交易市场上的重要性。

技术的进步和金融产品的创新，降低了交易成本和信息不对称程度，伴随着金融市场的逐渐开放，促进了直接融资市场的快速发展。全球通货膨胀的出现以及对银行体系的利率和业务管制，也使得银行体系提供的服务不能满足客户日益增长的高收益和风险管理的需要。"金融脱媒"的浪潮在金融中介与金融市场竞争的过程中出现，也使得金融中介的资金来源快速减少，金融中介的重要性开始逐步减弱。

2. 互联网金融对金融中介机构的影响

互联网金融的诞生，加速了"金融脱媒"的进程，互联网金融以大数据、云计算等信息技术为支撑，并且依托移动支付、社交网络突破了时间和空间限制，简化了金融交易的流程，降低了成本，提高了效率和服务水平，因此在短时间内赢得了广大受众的欢迎，取得了快速的发展。

互联网金融模式中，第三方支付与微众金融需求结合，为商家和消费者提供支付服务，主要影响了传统金融中介机构的支付功能。比如，诞生于 1998 年 12 月的 PayPal 公司，与 eBay 合作，在用户进行购物支付时，先将资金从信用卡转移至 PayPal 公司的银行账户，待买方收到货物并确认无误时，才将货款划至卖家账户。在这个流程中，PayPal 提供了担保的功能，有利于约束买卖双方，第三方支付公司取代了银行的支付和资金托管的地位，使得资金交易无须经过银行进行流转，从而提高了交易的效率，降低了成本。第三方支付能够为用户提供便捷的服务，并且相较于传统金融中介机构，其开展和维护业务的成本更低。随着第三方支付的逐渐发展壮大，其业务范围将逐步扩大，并实现从线上向线下的扩展，对传统金融中介机构尤其是商业银行的业务发展产生威胁。

在互联网浪潮的推动下，互联网金融的诞生丰富了金融市场体系，互联网金融在一定程度上改变了原来的金融体系，以高效率执行金融交易，影响着银行等传统金融中介职能的发挥。互联网金融是互联网时代背景下金融中介理论的实践，进一步丰富和延伸了金融中介理论。

（四）普惠金融理论

普惠金融也叫包容金融，是指一种能有效、全方位为社会所有阶层和群体提供服务的金融体系。这一概念是联合国在宣传小额信贷年时提出来的，后被国际社会广泛应用。普惠金融作为一种理念，旨在让弱势群体也能够享受到金融改革发展的成果。只有每个人都享有金融服务的权利，才有机会参与经济建设，实现共同富裕，构建和谐社会。

1. 互联网金融的普惠特征

目前我国金融服务体系的结构和层次仍存在不平衡现象，传统金融机构由于风险偏好、风控流程和人员成本等原因，更多的服务偏好是大企业、大城市和大项目。农村金融基础弱、网点少、成本高，中小企业融资难的问题仍然存在，互联网金融的发展能很好的解决这些问题。其普惠特性主要有以下几点：

（1）互联网金融能够降低交易成本

互联网金融模式下，资金供求双方利用电子商务、第三方支付、社交网络等平台自行完成资金配对，降低了信息沟通成本，且无须设置分支营业场所，避免了开设营业场所的资金投入和运营成本。互联网金融公司可以通过大数据及时采集信息行为数据，经过数据挖掘和分析，降低信息的生产和传播成本，有助于缓解机构和个人之间的金融信息不对称，有效地实现风险的识别和控制，提升了资金配置效率和服务质量。

（2）互联网金融可提供便捷、广覆盖的金融服务

互联网金融业务主要由计算机处理，操作流程标准化，客户不需要排队等候，其能提供全天候金融服务，且能同时向多个客户提供金融服务，业务处理速度更快，如，阿里小贷的商户从申请贷款到发放只需要几秒钟。互联网金融模式下，客户能够突破时间和地域的约束，在互联网上寻找需要的金融资源，金融服务更直接，客户覆盖面更广泛。

（3）互联网金融提升了金融服务的可获得性和公平性

由于金融体制的原因，传统金融机构的服务偏好是大企业和优质人士，广大存款客户贡献了最多的资金，只获得了较低的利息，享受不到银行的融资贷款服务，享受的权利和付出的贡献是不对等的。互联网金融降低了社会参与门槛，为传统金融机构服务覆盖不到的小微企业和小农户提供了享受金

融服务的机会，服务范围更加广泛。普惠金融体现了机会公平、权利公平、规则公平和竞争公平等，它意味着每个人、每个市场经济主体都可以获得高质量金融服务的机会。

2. 完善互联网金融，促进普惠金融发展的政策建议

（1）完善普惠金融的框架体系

从宏观层面看，应出台促进普惠金融发展的法规、政策框架。完善普惠金融发展的外部环境，加大财政、货币、监管等政策的扶持力度。从微观层面看，应完善普惠金融体系的基础设施和技术手段，培育和发展新型的普惠金融机构，构建多层次、可持续、适度竞争的普惠金融服务体系。

（2）构建完善的社会信用体系

加快建设社会信用体系，是完善社会主义市场经济体制的基础性工程，既有利于发挥市场在资源配置中的决定性作用、规范市场秩序、降低交易成本、增强经济社会活动的可预期性和效率，也是推动政府职能转变、简政放权的必要条件。完善的信用体系将为发展普惠金融奠定良好的社会氛围，让守信者处处受益、失信者寸步难行。诚实守信将成为全社会共同的价值追求和行为准则，而守信者也能更好地享受到方便、快捷的普惠金融服务。

（3）促进互联网金融规范发展

互联网金融创新层出不穷，其发展速度越来越快，风险也进一步积聚。为防范风险，急需出台促进互联网金融规范发展的法律法规体系。完善互联网金融的功能监管和行为监管制度，健全监管部门之间的沟通协调机制；建立互联网金融的行业统一数据平台，完善信息披露制度和监管报送制度；加强互联网金融消费权益保护工作，制定符合互联网金融特点的消费权益保护办法，保障投资者权益；互联网金融要加强行业自律，遵守职业操守，防范经营风险；建立科学的风险内控机制，提高自身风险防范能力。

二、互联网金融的特点

互联网金融是现代金融业发展的一个趋势，与传统金融最显著的区别在于其技术基础的不同，而互联网给金融业带来的不仅仅是技术的改进和发展，更重要的是运行方式和行业理念的变化。

（一）基于信息技术运用的虚拟化

互联网金融在本质上仍是金融，但它不同于以往以物理形态存在的传

统金融。互联网金融主要存在于电子空间，形态虚拟化，运作方式网络化，以大数据、云计算、社交网络、搜索引擎、移动互联等现代信息技术为基础，挖掘客户信息并管理信用风险。互联网金融通过网络生成和传播信息，运用搜索引擎对信息进行组织、排序和检索，通过云计算进行处理，从而有针对性地满足用户在信息挖掘和信用风险管理上的要求。在现代计算机信息技术的支撑下，互联网金融的运营场所、运营方式、金融服务呈现出明显的虚拟化特征。

与传统金融相比，网络技术的应用使得金融信息和业务处理的方式更加先进，系统化和自动化程度大大提高，突破了时间和空间的限制，而且能为客户提供更加丰富多样、自主灵活、方便快捷的金融服务。互联网金融的发展使得金融机构与客户的联系从柜台式接触改变为通过网络的交互式联络，这种交流方式不仅缩短了市场信息的获取和反馈时间，而且有助于金融创新的深入发展。

（二）基于高效便捷的经济性

互联网金融业务主要通过计算机联网处理，突破了时间和空间的限制，实现了随时、随地、随渠道的 3A（Anytime、Anywhere、Anyhow）式金融服务，具有更好的灵活性和流动性。在互联网金融模式下，交易双方通过网络平台自行完成信息分析、市场匹配、结算清算、交易转账等业务，操作流程标准简单，交易成本显著降低，金融服务的便捷性进一步拓展，大大提高了服务效率。尤其随着平板电脑、智能手机等移动终端的普及，其随时上网、携带方便、便于操作的特点，使客户可以随时随地享用互联网金融提供的金融服务，不需要前往营业网点，节省了排队等候的时间，业务处理速度更快，用户体验更好。

互联网金融服务的高效便捷使其相较传统金融而言，是一种更具经济性的金融服务模式。这种经济性不仅体现在接受服务的客户端，也表现在提供服务的互联网金融供给端。如，阿里小贷依托电商积累的信用数据库，经过数据挖掘和分析，引入风险分析和资信调查模型，从商户申请贷款到发放只需几秒钟，日均可以完成贷款 1 万笔，成为真正的"信贷工厂"。

（三）基于直接、小额、分散的普惠性

互联网金融既不同于传统商业银行的间接融资，也不同于资本市场的直接融资，而是以点对点直接交易为基础进行的金融资源配置。资金和金融产品的供需信息在互联网上发布并匹配，供需双方可以直接联系和达成交易，交易环境更加透明。在互联网金融模式下，客户能够突破时间和地域的限制，在互联网上寻找需要的金融资源，金融服务更直接，客户基础更广泛，实现了为社会各阶层（包括小微企业主、社区居民、农民等）提供金融服务的可能性，因而具有普惠性金融的特征。

传统金融机构由于营业网点和工作人员有限，往往更着力于开发"一八定律"中20%的高净值客户；而互联网金融更注重发展80%的"长尾"小微客户，关注小微企业和个体工商户的金融需求，覆盖了部分传统金融机构的服务盲区，客户基础更加广泛。

（四）基于金融本质和网络技术的风险性

互联网金融的金融本质使其不可避免地存在着常规的金融风险，如，信用风险、市场风险、操作风险、法律风险等，同时还存在着一定的网络技术风险。因此，在互联网金融模式下，风险控制和金融监管已成为必不可少的环节。

第二节 互联网金融的主要模式和新业态

一、互联网金融的主要模式

（一）第三方支付

市场上的第三方支付公司的运营模式按照发展路径与用户积累途径来看，可以分为两大类：

一类是独立第三方支付模式。独立第三方支付模式以快钱和拉卡拉为典型代表，这种模式的第三方支付平台完全独立于电商网站，因此不具有担保功能，为用户提供的服务也仅限于支付功能。

另一类是依托电商平台的有担保模式。依托电商平台的有担保模式，以支付宝、财付通为典型代表，这种模式主要是依托自有的B2C、C2C电子商务网站，向用户提供的第三方支付服务具有担保的功能。这种模式的流程是，买家在挑选好商品之后使用第三方支付平台进行货款支付，这部分货款不会直接打给卖家，而是暂时由第三方支付平台保管，第三方支付平台收到货款后会提示卖家发货，待买家收到所购物品并同意支付货款后，第三方支付平台将货款交给卖家。

第三方支付平台的兴起给传统商业银行造成了一定程度的冲击，第三方支付公司利用系统中积累的客户信息与金融机构合作，为客户提供便捷且具有针对性的金融服务。同时，随着第三方支付平台的不断发展，逐步涉及保险、基金等个人理财金融业务，与商业银行的业务重叠范围不断扩大，与传统商业银行形成了一定的竞争关系。

（二）大数据金融

大数据金融是指互联网企业将电子商务平台上积累的客户信用数据和行为数据映射为企业和个人的信用评价，批量发放小额贷款。网络小额信贷将云计算和大数据处理技术结合在一起，从海量数据中快速获取有用信息，可以为互联网金融机构提供客户的全方位信息，使金融机构和金融服务平台在营销和风控方面更加有的放矢。目前主要的运营模式为以阿里小贷为代表的平台模式，以及以京东商城、苏宁易购为代表的供应链金融模式。

（三）信息化金融机构

金融信息化是金融业发展的趋势之一。网络金融机构利用电子商务网站庞大的用户群，将金融产品和网络服务深度结合，借助于互联网渠道向客户提供金融服务。用户可以直接在网上购买货币基金等理财产品，获得相对较高的收益，同时这部分资金还能随时用于网上购物、转账支付等。相比传统金融产品，其具有无购买门槛、无手续费、随时赎回等优点。我国第一家纯网络银行为前海微众银行，第一家纯网络金融保险公司为众安保险公司。

（四）互联网金融门户

互联网金融门户是指利用互联网进行金融产品的销售，以及为金融产品销售提供第三方服务的平台。其核心就是"搜索＋比价"模式，采用金融产品垂直比价的方式，将各家金融机构的产品放在平台上，用户通过对比挑选买入合适的金融产品。互联网金融门户最大的价值就在于它的渠道价值，在这种模式下，互联网金融门户主要扮演信息中介的角色，本身不参与交易和资金往来。

（五）众筹

构建众筹平台的商业模式首先要明确三个规则：每个通过审核的项目

都必须设定筹资的目标金额和天数；在设定的天数内，平台筹集的资金达到预设目标，发起人将获得资金，若未能达到目标，则将资金全部退还出资人；在项目说明中要明确对出资人的回报。

众筹平台的运营模式并不复杂，其对资金需求者的项目策划进行审核，通过审核的项目策划可以在网站上创建自己的页面，对产品进行有吸引力的宣传，如，对产品的一些细节进行详细、充分展示，从而获得对项目感兴趣的出资人的资金支持。这一筹资平台是募集资金和社交平台的有效结合，通过平台可以使资金完成在不同个体间的流动。这种模式由三个有机部分组成，分别是项目发起人（筹资者）、公众（出资人）和中介机构（众筹平台）。

二、互联网金融的新业态

（一）基础业态

基础业态，即传统金融业务的互联网化，包括第三方在线支付平台、直营银行、直营保险、在线券商、互联网信托等。

（二）整合业态

整合业态，即电子商务与金融的结合模式。在"互联网+"战略以及"大众创业、万众创新"的推动下，我国电子商务发展迅猛，其低成本的生产要素流动与配置，推动了服务业的转型升级，催生了新型业态，成为经济发展的新引擎。从企业方面来看，电商平台的需求主要来自交易的便利、交易资金的监管、平台资源的共享、订单融资等方面。整合业态主要表现为向企业商户开展的小额贷款和面对个人开展的消费金融业务。该类业态具有代表性的有阿里小贷、京东白条、建行善融商务等。

（三）创新业态

随着中国消费不断升级和人们消费行为的转变，以消费金融与数字服务、第三方支付工具、网络借贷为代表的新金融服务已成为中国新的"蓝海市场"，在这场"蓝海"的竞争中，创新成为各个互联网金融平台唯一的出路。在二维码支付几乎一统天下，被认为是最好的支付方式下，京东金融则希望通过更为便捷的 NFC 技术为广大用户带来创新的支付体验。

金融的技术创新不仅仅利用新技术、新手段来方便大家的日常生活，而且在模式上的创新让不少以往难以实现的商业模式成为可能。例如，围绕二手车交易的金融服务越来越人性化，在瓜子二手车网站首页输入手机号，即可获得一个定制的金融贷款方案，而在这个背后则是个人征信和大数据等技术的强力支撑，其为更多的平台提供了创新的商业模式。

（四）支持业态

支持业态，即互联网金融信息平台，主要为公众提供金融业务和产品的信息发布、搜索服务，为金融业务提供支持的功能。如，互联网金融的垂直搜索，将信息处理和风险评估通过网络化的方式进行，在云计算的保障下，资金供需双方的信息通过社交网络匹配和传播，被搜索引擎组织和标准化，最终形成连续动态的信息序列，最终可以给出任何资金需求者的动态风险定价或动态违约概率。目前金融搜索平台的商业模式建立在人们成熟的在线比价行为上，但国内用户的比价习惯还在形成之中，市场尚需进一步发展成熟。

第三节 互联网金融发展的驱动因素

对于互联网金融，业界争论最多的就是它的定义。央行发布的2014年中国金融稳定报告，将互联网金融定义为金融和互联网的结合。究其本质，互联网金融实际上是中国金融业改革的一个符号。互联网金融跟传统金融一样，有非常相似的特性，它的衍生性、强数据性、强监管性其实并没有改变。互联网金融到底是不是泡沫，这个问题不能只看表象，而要看背后的推动力是否持续。

一、技术进步

都说互联网成就了互联网金融，有三件事情跟互联网金融的发展密切相关。移动互联为互联网金融整个的爆发带来了一个强大的推动力。而大数据实际上是机器之间的交互，并不是它的量一定要多大才能称其为大数据，关键是说能不能从其中发掘出价值，改变自己的商业模式。而云计算实际上带来的最实际的好处是成本的降低。传统金融机构对于数据的处理和挖掘实际上一直没有停止过，举例来说，在公司业务里经常做的一个分析就是对于行业前景的预测，一个公司违约会跟整个行业息息相关，所以很多银行都会愿意做整个行业的宏观测试，所以云计算实际上带来的是一个金融行业的处理数据，分析数据能力的提升和成本的降低。

二、客户的改变

金融交易嵌入到了生活的这个场景里面，这是互联网给金融行业带来的一个非常新鲜的事情。此外，客户的信息渠道发生变化，这些渠道实际上包括了比价网站，包括了社交网络，包括了朋友圈等等，老百姓对于信息的掌控、消化以及处理跟过去有了很大的不同。此外交易时间也发生了变化，余额宝大部分的交易时间是发生在 8 小时之外，这在过去是完全不可能的。

从交易渠道来看，过去网点绝对是首选，但是近几年来网银、手机银行的替代率已经迅速地提升。银行网点对一个机构来说是一个非常大的成本，今天银行面对的是管理多渠道的问题，网点要转型，但网点也要存在，时至今日百分之六十多的客户是多渠道的，另外还有百分之二十多是纯网点的，另外有百分之十几是只用电子渠道的。

从交易量来看，金融服务不断下沉。在传统银行买理财一般起点是 5 万，如果想成为贵宾客户大概要开出 10 万或者 50 万，如果您想成为私人银行客户，就要拥有 600 万。而互联网金融带来了什么？阿里的余额宝是 5000 左右或更少，起点是 1 块钱都能理财，所以就能看到实际上同样是财富管理的服务，它一路随着互联网的渗透，正在逐步地下沉。

拓展金融服务的地域。覆盖曾经金融服务聚集在北上广深这样的大城市，然后逐步拓展到二线三线城市等等，如果迈出北京就会发现找一个银行网点会逐渐地越来越难。而今天互联网金融，以余额宝等为代表的交易地域，三四线城市的交易量占比是非常大的。

所以金融压抑的问题是全国的现实，如果您按每一个省或者地区再去分开看的话，金融压抑的现实在低线城市和中西部地区要严重得多。虽然总体已经很严重，但传统金融机构的表现是怎么样的，哪怕在全球范围内，客户所要求的效率和体验，在传统金融机构的业务模式之下，还远远没有得到满足，这个差距还非常大。

三、监管的完善与包容

中国互联网金融相关的监管体系会日益健全，其实监管和创新永远是一个互动的过程，如果让监管过度的超前这对哪个国家的监管都是不现实的事情。所以行业自律永远是在这个领域里一个非常重要的原则。不同的行业协会正在逐步地成立，大家都想自发地管理好一个行业，让它实现公平的竞争。另外还有市场自治，所谓市场的自治其基础来源于聪明的客户，所以对于客户的教育会非常的关键，让客户自己能够识别风险，有这样的意识也有这样的工具，这才是防患于未然最根本的事情。

互联网金融仍然处在起步阶段，中国的金融资产主体仍然是传统金融机构，另一方面我们也看到了市场的巨大的空白，而到底谁去填补这个空白，是传统金融机构，还是互联网的创新，这是一个值得思考的问题。互联网金融是一个变革的符号，它仍然要满足金融的使命、金融的功能，但是它一定会有不同的方法和手段。

第四节 互联网金融与传统金融

一、互联网金融与金融互联网的异同

互联网金融的发展方兴未艾，它是一种不同于传统金融融资和直接融资的新型金融生态。与传统金融相比，互联网金融在资金配比效果、渠道、数据信息、交易成本、系统技术等方面具有明显的优势。互联网与金融的结合是借助于互联网技术实现资金交易、流通和移动支付以及信息中介服务的新兴的金融模式。当前互联网金融的快速发展是伴随着电子商务、大数据、云计算、社交网络、搜索引擎等的飞速发展而成长起来的。当前，互联网金融保持了蓬勃发展的势头，对传统金融形成了巨大的挑战。互联网金融的发展正在改变中国的金融生态。

（一）互联网金融和金融互联网的内涵

1.互联网金融的定义

互联网金融的定义与内涵如下：

（1）《指导意见》中指出，互联网金融是指传统金融机构与互联网企业利用互联网技术和信息通信技术实现资金融通、支付、投资和信息中介服务的新型金融业务模式。

（2）"中国互联网金融之父"谢平认为，互联网金融是一个谱系概念，互联网金融既不同于商业银行的间接融资，也不同于资本市场的直接融资，具有创新特征。

（3）在互联网金融业界还有一种主流观点认为：互联网金融是一种新

型的金融服务模式。

我们可以将互联网金融的内涵概括为，金融为本、创新为魂、互联为器。

2. 金融互联网的含义

"金融互联网"是包含在广义的"互联网金融"中的，是指下面所列广义互联网金融的第一个层次。互联网金融分为三个层次：

（1）利用互联网技术提高传统金融的效率，银行网银、第三方支付、网上基金代销属于这个范畴。

（2）利用互联网的技术和思想改变交易结构。

（3）利用互联网颠覆传统金融，如，比特币等。

与此同时，有些人认为，互联网公司以及一些创业者主导的金融创新就是互联网金融，现有的金融机构所主导的金融创新就是金融互联网。还有一种流行的观点认为，没有实体网点的纯互联网公司所从事的金融业务一定是互联网金融，拥有相当数量实体网点的公司所开展的网上金融业务更多地归于金融互联网范畴。

（二）两种金融模式的比较

金融本义是资金融通，从广义上说，跟货币发行、保管、兑换、结算相关的都是金融；但是狭义的金融，一般仅指货币的融通，所谓货币融通，就是资金在各个市场主体之间的融通转移的过程。这个转移的过程，一般主要表现为直接融资和间接融资两种方式。这两种融资方式直接构成了狭义上的金融概念，就是信用货币的流转。这个流转有两个特征，一是所有权和使用权分离；二是这个分离的过程是有报酬的，一般体现为利息或者股息。

事实上，互联网金融与金融互联网的本质区别就在于是否具备互联网精神，能否形成以客户需求为导向并注重客户体验等要素。

1. 发展理念及思维方式不同

互联网金融与金融互联网的差异首先体现在其发展理念和思维方式上，与金融互联网相比，互联网金融的发展理念以及思维方式更为开放、平等、分享与包容，更加强调分工与协作。

互联网金融的发展理念是全面的互联网化，而金融互联网往往是将金融产品或服务搬上互联网，是单一的、局部的互联网化。

2. 管理方式不同

传统管理方式主要是将具有创造性的、有主见的人们置于一个标准化、规范化的体系内，而发展互联网金融这样的创新模式，就需要激发人们的创造力，在这方面，创新的管理方式就会比现有的管理方式（传统管理方式）更有效。相比较而言，金融互联网模式更多地遵循了现有的管理方式，而互联网金融则更接近于创新管理方式。

3. 导向与出发点不同

互联网金融与金融互联网在导向与出发点方面存在明显的差异。互联网金融主要以客户需求为导向，出发点往往是实现和挖掘客户的潜在需求、真实需求，设计和提供更多、更好的金融产品或服务，以合适的方式将其提供给合适的客户；而金融互联网则主要以自我和赢利为导向，出发点往往是将已有的金融产品或服务"强塞"给客户，自己有什么就"推销"什么，基本上不考虑这些产品或服务是否适合客户。

4. 客户群与客户体验不同

互联网金融的客户群往往比较年轻、开放，并且愿意尝试新鲜事物，比较熟悉互联网。相对而言，金融互联网的客户群年龄偏大一些，相对稳健、保守，他们往往是由于原先为自己提供服务的金融机构将部分金融产品或服务搬上互联网，而不得不跟随这些金融机构的步伐而使用互联网。

从客户体验方面来看，金融机构留给客户的印象往往是"烦琐、缓慢"，而互联网金融尤其关注客户的体验，是互动式的，并且非常便捷。这也是两者最本质的区别。

5. 交易金额与频率不同

相对于金融互联网客户而言，互联网金融客户单笔的交易金额往往较小，同时交易频率较高。尽管互联网金融客户的单笔交易金额较小，但是由于交易频率较高，因此客户累计的交易金额并不小，预计未来客户在互联网金融方面的交易金额及其在客户总体交易金额中所占的比例会保持快速增长。

6. 价格策略不同

在价格策略方面，互联网金融主要考虑三个方面的因素：其一是短期、中长期收益与成本的比较；其二是产品或服务是否真正满足了客户的需求，以及是否为客户创造了更大的价值；其三是依托大数据等技术的支持，更好地了解和评估客户，从而实现差别化定价策略。互联网金融往往会为客户提供免费的金融服务，或者提供的金融产品或服务的价格明显低于金融互联网。

7. 信息差异性

在理财方面，互联网金融在一定程度上可以减少信息的不对称，使信息在融资方和投资方之间的分布变得更为均衡和透明，而金融互联网在这方面则存在较大差异。当然，需要指出的是，互联网金融也并不能完成解决信息不对称的问题，因为信息是否全面、准确和及时，既有客观原因，也有主观原因，甚至有一些是恶意欺诈。

8. 新技术运用不同

互联网金融更愿意通过积极运用新技术来改善客户的体验，进而更好地满足客户需求。因此，互联网金融在战略上更加重视大数据、云计算、智能交互、机器学习等新技术的运用，在微观层面上对新技术表现得更加积极、主动和敏锐。

金融互联网对新技术更加谨慎，往往反应迟缓或被动，在营销方面更加倾向于依赖客户经理的服务，并不太关注新技术带来的体验。

9. 安全性及风险管理方式不同

从安全性来看，金融互联网相对于互联网金融安全性更高一些，但这是以牺牲客户体验与服务效率为代价的。

在风险应对方面，互联网金融直面这个"不完美世界"，运用新技术、新方法来管理风险，同时通过引进商业保险等方法来保障客户利益。在管理风险方面，互联网金融还追求良好的客户体验，保障高效率的客户服务；而金融互联网则追求所谓的"绝对安全"，通过设计各种繁琐的操作流程和环节来实现对客户的安全保障，其本质是完全牺牲了客户的体验和服务效率。

10. 监管体系不同

从目前互联网金融和金融互联网的业务机构来看，大致有三类：第一类是拥有正式牌照的金融机构；第二类是拥有开展某些金融业务的相关许可的非金融机构（"准金融机构"）；第三类是没有取得任何金融牌照或者正式许可的互联网公司、创业公司等非金融机构。

相比较而言，对前两类（金融互联网模式）的监管基本上可以更多地纳入现有的金融监管体系和法律法规框架内。而互联网金融模式则相对复杂，谁来对其进行监管？如何监管？以及如何维持既支持创新又规范发展之间的平衡？显然，这是政府监管机构面临的难题，也是迫切需要解决的难题。

二、互联网金融与传统金融的区别

互联网金融相对于传统金融来说，它的优势是通过互联网实现资金信息的对接和交易，大大降低了交易成本，且手续简单，收益比较高，周期短，风险相对较低，而且解决了风险控制的问题。大量的客户通过互联网交易，在网上留下交易记录和交易痕迹，这些客户的信息资料对于银行从事信息风险控制是非常重要的。互联网金融面对的客户以分散的个人客户和中小企业为主，由于传统的商业银行并未十分重视这部分客户，互联网金融正好填补了这个空白，自然受到追捧而快速发展。

不仅如此，互联网金融业务量大，业务范围广。一是互联网金融业务交易量大，明显表现出单笔量小。二是互联网金融产品涉及范围广，相比于传统产业和传统金融行业其产品众多，业务范围广泛，几乎每个行业、每家企业都能在互联网金融领域找到自己的位置。

互联网金融与传统金融的区别主要体现在定位、模式、治理机制、优势方面的不同。

（一）定位不同

互联网金融主要聚焦于传统金融业服务不到的或者是重视不够的"长尾"客户，利用信息技术革命带来的规模效应和较低的边际成本，使"长尾"客户在小额交易、细分市场等领域能够获得有效的金融服务。

（二）模式不同

传统金融机构与互联网金融机构都在积极运用互联网技术，但是模式设计上是有差别的。前者具有深厚的实体服务基础，从线下向线上进行拓展，努力把原有的基础更充分地利用起来，提升服务的便捷性。而互联网金融多数是以线上服务为主，同时也注重从线上向线下进行拓展，利用便捷的服务手段，努力把业务做深、做实。

（三）治理机制不同

传统金融机构受到较为严格的监管，需要担保抵押登记、贷后管理等，互联网金融机构的市场化程度更高，通过制定透明的规则、建立公众监督的机制来赢得信任，不过越来越多的互联网金融公司的风控、审核机制越来越向银行靠拢。类似"铜掌柜"这样的机构，都拥有自己专业的风控团队，对借款项目层层把关，以保障资金安全。

（四）优势不同

传统金融机构具有资金、资本、风险管理、客户与网点方面的显著优势。互联网金融机构则具有获客渠道不同、客户体验好、业务推广快、边际成本低、规模效益显著等优势。

三、互联网金融与传统金融的相同点

鉴于互联网金融的飞速发展对于实体经济的积极作用，国家也在逐步布局互联网金融与传统金融（以下以传统银行为例）的相互融合，未来互联网金融和传统金融的概念也会越来越接近，虽然本质概念上是有区别的，但还是有很多共同点的，传统银行和互联网金融都由四大模块构成：资信、系统、资金获取及资金出借。

（一）资信

传统银行最大的优势就是资信。几十亿甚至上百亿元的注册资本，几十年的信用积累，上千亿元的市值，银行牌照的信用背书……这是银行的核心价值，象征银行的实力，让人们对银行信任。在这一点上，互联网金融无疑就差很多，尤其是刚出现互联网金融的时候，一个注册资本几十万、上百万元的科技公司，十几二十个人的团队，这也是所谓"草根颠覆"的由来。然而今天，随着行业发展、监管的逐步落实，互联网金融公司的资信也在提升。业内顶尖的互联网金融公司上 10 亿元的注册资本，上千人的团队，全国各地的分公司，甚至比一般的城商行、村镇银行都更有实力。未来，随着行业的进一步发展，两者的差距会逐渐消除。

（二）系统

传统银行投入最大的就是系统，但这个系统不光包括账户、清算、支付等财务方面的系统，还包括风控系统、运营系统、管理系统甚至监控系统等。这些是银行几十年来风风雨雨积累下来的一套方法，也是银行能长存的要素之一。

对于传统银行积累的大量数据，通过大数据大系统的方式，将个人的各种行为和消费数据构建成可量化的风险识别模型。对整个金融行业来说都有很长的路要走，尤其是对除了金融数据之外其他维度数据的利用，比如，

社交数据。与一出生就带着系统的互联网金融相比，传统银行显得要保守一些。未来随着各家的加速布局和建设，谁能率先建立起有效的风控模型，谁就能占据制高点。因为它将极大提升作业效率，其对于金融行业的意义堪比蒸汽机对于工业的意义。然而，这个模型的建立或许需要全社会的共同努力和协作，不论是传统银行还是互联网金融，都必须贡献出自己的力量。

（三）资金获取

对于银行来说，获取资金的方式就是吸储。而且，银行的资金成本非常低，基本上都是按照央行的基准利率在执行。对于互联网金融来说，其本身不具有吸储功能，所以更多的只能是信息撮合。提供给投资人的收益，从最开始的年化20%甚至30%，到今天的10%左右，虽然降低了不少，但在资金成本上的劣势依然明显。未来，在利率市场化的体制和风险定价的金融准则下，互联网金融的资金成本将逐步降低，银行的资金成本将有所上升，两者的利率水平将会在一定程度上趋同。

（四）资金出借

银行最主要的业务是放贷，然后赚取利差。金融的逻辑是只要收益能覆盖成本和坏账率，就是赚钱的。对于互联网金融来说，由于是信息中介，所以其只能是赚取信息服务费。对于借款利率，更多的是受其前端资金成本所限，在投资人的基础上加1%～3%。而银行由于在资金成本上的优势，其在借款端也有相应的优势。未来随着利率水平趋同，主要的竞争在定价能力上，谁能对风险准确评估，并给出合适的利率水平，谁就能在资产端赢得客户。

总而言之，不管是传统金融，还是互联网金融，其本质是一致的，与其说谁颠覆了谁，不如说是"互联网＋"时代下的金融同行者。事实上未来金融行业的发展更需要全行业的努力，利用大数据大系统的方式构建出合理的风控模型，提升整个社会的金融效率，才能让中国真正实现所谓的普惠金融。互联网金融未来的走向，必然会跟银行等金融机构融合。

四、传统金融与互联网金融的关系

当前我国宏观经济进入结构调整期，经济增长速度放缓，呈现出增速换挡、结构调整、前期刺激政策的消化的三期叠加结构性特征。

因此，今后金融改革的一个重点是增加金融有效供给，防范金融系统性风险。不良贷款是系统性风险的一个指标，要化解不良贷款问题，就要从供给侧、生产端入手，通过解放生产力，提升竞争力，进而促进经济发展，这是供给侧改革的实质内容。中国约有 40 万亿元的储蓄没有进入实体经济，而互联网金融则可以同时从资产端和负债端唤醒这部分资金，解决经济转型中供给侧的失衡，让资金流入实体经济，盘活存量、刺激增量，最终达到去产能、去库存、去杠杆、降成本、补短板的目的。

在传统金融基础上进行"互联网+"的融合创新，是互联网金融的具体表现形式，是对传统金融的有益补充。其以新技术来做的大众金融、普惠金融和消费者金融，普遍降低传统金融的服务门槛，加强金融服务透明度，优化社会资产配置，提升金融服务实体经济的效率，对于化解现阶段银行不良率"双升"、稳定金融系统、防范系统性金融风险，以及促进产业转型升级均具有积极作用。

金融改革的另外一个发展重点是促进金融行业市场化，改变资源配置的方式，让一批适应新常态、具备新动力、可以创造新经济增长点的行业和小微企业得到应有的金融支持。互联网金融因为具备互联网的特性，使得金融服务的对象能够下沉、深入，可以做到无起点、无差别、全天候服务，过去不在传统金融服务范围之内的人群如今可以享受到金融服务，不存在"长尾"问题。另外通过互联网技术，通过大数据、云计算去识别风险、管理风险能更有针对性，能更好地为小微企业以及消费者的金融需求服务，而传统金融机构至少目前不具备这样的数据优势。

五、互联网金融的 SWOT 分析

（一）互联网金融的优势（S）分析

1. 成本低

互联网金融不同于实体金融，互联网金融是通过网络平台来进行交易，在网络环境下，资金的供求双方可以自行进行双向选择，在双方都满意的情况下便可进行定价交易，程序简便。与传统的实体交易相比，互联网交易免去了中介及垄断。一方面，互联网金融基于大数据和云计算，使得互联网金融机构一旦在前期通过高投入完成平台、信息收集模型与分析模型的建设，其后期的运行成本将很低；另一方面，交易双方在信息收集、信用评估、合同签约等交易成本上可以进行有效的节约。

2. 金融产品的创新性

互联网金融能够在短期内迅速崛起，有一个极为突出的优势就是创新能力。传统领域的金融行业多年来一直遵循着自己的发展法则，整个行业虽不时有所谓创新出现，但几乎无颠覆行业赢利模式的大动作。互联网金融一诞生即利用现代化的互联网技术在为客户衍生需求提供解决方案，在行业的细分拓展上展现出极强的创新能力。

3. 便捷性

利用互联网金融，客户进行交易和转账不再高度依赖物理的营业网点，甚至可以完全不需要实体网点，仅仅通过一部智能手机或计算机就可以随时随地完成资金的划转和信用借贷，这就大大节省了时间。人们可以在闲暇时间浏览理财产品，办理理财业务，很好地运用了碎片化的资金和时间。

4. 信息传播快捷

在传统金融模式中，因为信息不对称的存在，资金需求方很难获得资金，资金提供者找不到好的融资项目。商业银行会因为获取信息的成本高而放弃小微企业客户，使得小微企业融资难。在互联网金融模式下，资金需求双方可通过互联网金融平台来查找匹配信息，从而使得交易要素透明、信息对称、定价合理。

5. 效率高

互联网及金融业务是基于网络技术来进行操作的，流程简便，快捷实用。在传统的实体交易中，客户总是烦心于漫长的排队等候，形成了不愉快的服务体验。但是在互联网金融的服务中，操作流程完全标准化、简易化，客户可以在轻松愉悦的氛围下完成交易。例如，客户从申请贷款到贷款的发放只需几分钟时间便可完成，使互联网金融成为真正的"信贷工厂"。

6. 覆盖广

实体金融容易受到地域以及空间的限制，而互联网金融完全可以突破这一限制，实现随时随地地交易，服务更直接，覆盖更广泛。同时，由于互联网金融的客户以小微企业为主，这一服务领域完全实现了传统金融服务盲区的覆盖，有利于促进实体经济的发展。

（二）互联网金融劣势（W）分析

随着互联网技术的发展和金融市场客户多样诉求的推动，互联网金融逐渐挑战传统的银行业务，对传统银行的支付领域、小额贷款领域和中间业务领域均产生冲击。伴随着互联网金融的创新变化，传统银行在面临挑战的时候，也面对机遇，当然互联网金融也有它的劣势。

1. 管理弱

首先体现在风险管理上，由于目前互联网金融还未与中国人民银行征信系统实现完全的接入，也没有实现信息与资源的共享，同时也不具备银行所具有的风险控制机制，不完善的风控容易造成各类风险。在风险的影响之下，已经有众贷网等网站终止服务或宣布破产；其次是监管弱，由于互联网金融起步较晚，国家还没有出台明确的法规对其予以法律约束，所以在业务执行方面也面临着许多法律风险。

2. 缺少政策红利

商业银行享受国家体制和政策的红利，垄断和控制了大多数金融业务，在金融市场处于强势地位。目前我国互联网金融最大的缺点就是没有获得银行营业的牌照，不得不依靠商业银行来进行资金的存取和转账。除此之外，商业银行具有其他金融机构所不具有的国家信誉支持，在金融这个关乎国家命脉的特殊行业中占有重要的地位。

3. 易陷入流动性问题

互联网金融除了具有金融属性外，还兼具一些互联网行业本身的属性，因此造成流动性风险的因素更多。此外，互联网金融业务缺乏有效监管，没有保证金和资本充足率等严格的资本要求，资金的循环利用效率高，但是资金流相对脆弱。以余额宝为例，余额宝的用户大多把闲置的资金转入余额宝中以获取较高的收益，但是余额宝可以进行"T+0"交易，用户可以随时对账户中的资金进行支取转账，一旦有突发情况，用户集中把余额宝内的资金大规模转出，那么余额宝就会因资金短缺而陷入流动性问题。

4. 网络安全问题

网络安全关系到消费者信心以及网络金融的发展前景，加强网络安全管理是各个国家网络金融机构长期的重要课题。网络空间数据量庞大，数据容易泄露，对消费者隐私的保护是很重要的，这对金融网站的技术有很高的要求，同时也不能放松对网站的管理。

5.风险大

互联网金融的风险首先体现为信用风险。从我国目前互联网金融的发展现状来看，由于信用体系还不够完善，相关法律也未制定，且互联网金融违约成本低、准入门槛低的特点也大大加深了互联网金融的风险，如这些年发生的淘金贷、游易客等网站的"跑路"事件。其次是网络安全风险，我国网民基数大，黑客众多，对于互联网的攻击很容易造成用户隐私泄露，进而带来财产损失。

6.相关法律法规问题

网络金融业务的种类和规模的发展速度十分惊人，但是却缺少相关的法律法规。一旦发生纠纷，很难确定相关责任，所以网络金融监管需要尽快完善。

（三）互联网金融的机会（O）分析

1.有助于推进利率市场化改革

利率市场化是以中央银行利率为基础、货币市场利率为中介，由市场供求决定金融机构存贷款利率的市场利率体系。互联网金融的蓬勃发展恰恰为利率市场化提供了一个很好的试验田，其发挥的"鲶鱼效应"所引发的自主利率市场化进程要比监管部门自上而下推动容易得多。例如：余额宝推出以后，让用户们看到了高于银行活期存款利息的真实市场利率，并帮助他们取得了更接近市场利率的收益，客观上又推进了利率市场化的进程。

2.与商业银行合作共赢

商业银行对于互联网金融来说，既有竞争的可能，又有合作的机会。因此互联网企业应寻找与商业银行合作共赢的发展机会。一是与传统金融业融合，将资金风险控制归入线下银行账户监管。部分地区可通过资本运作、设立分支机构等方式，引入成熟的互联网金融机构，帮助其发展地方网络金融，带动本地网络金融的发展。因此，商业银行应加强与互联网企业的合作。二是在小微信贷方面，互联网金融创造了一种新的信贷模式，商业银行可以将小微企业的信用记录作为授信评级的指标，使小微企业借助于互联网金融这个平台来增加贷款额度。

（四）互联网金融的挑战（T）威胁

互联网金融的安全问题是我国面临的一大挑战和威胁。网络犯罪、黑客攻击的频繁出现给用户造成了很大影响。一旦用户的信息被不法分子窃取，他们的资金将面临巨大隐患。

1. 网络系统风险

网络金融的大量业务的风控工作都是由计算机程序和软件完成的，具有很强的专业性，因此，电子设备安全管理存在的问题成为互联网金融运行最重要的技术风险。又由于互联网的 TCP/IP 协议过于简单，很容易遭到不法分子的改造和攻击，导致个人信息泄露，对互联网金融的安全造成威胁。调查表明，不同行业的网络黑客攻击速度有所增长，黑客可通过网络漏洞进入主机，窃取客户重要信息，破坏计算机系统等。与传统金融相比，安全风险会是局部的损失，一旦遭到攻击，将导致整个网络中止。此外，中国具有自主知识产权的互联网金融设备缺乏，互联网金融的软硬件大多为进口，对金融安全具有潜在威胁。

2. 用户操作风险

互联网金融的快速发展，在突破时空限制、降低交易成本的同时，也带来了信息安全的道德风险和逆向选择机制。由于互联网金融在开放的环境中生长，相互关联的单位很多，在与关联单位的合作中信息保护方面存在隐患。比如，用户在一些非安全的环境下，使用几个人的账号以及密码，互联网金融的业务主体无法进行传统的盖章和签字，这样极易造成用户的敏感信息泄露。此外，我国广大用户对自己的信息缺乏保护意识，常常让自己的信息，如，信用卡密码、交易账号在不经意间泄露给不法分子而导致损失，这些操作风险时刻威胁着互联网金融的安全。

3. 法律监管风险

首先，互联网金融发展到现阶段，行业并没有统一标准的行为规范，互联网金融风险监管的法律体系不完善，还处于起步阶段。关于互联网金融的法律制度不多，对于一些重大问题的规定不够周密，条文的可操作性不强，不能适应网络金融业务的发展实践。其次，由于监管的缺失，在互联网金融创新的过程中，会让一些监管不到位、难以监控的互联网金融机构处于监管机构的监管范围之外，一旦发生问题，除了会威胁到互联网金融机构本身，还会威胁到整个金融业。最后，我国的电子合同制不够完善，电子合同相对于一般的书面合同来说，具有独特的无形性，很容易对其进行修改，从而使得电子形式的合同、签名的可执行性具有一定的争议，容易导致法律纠纷。因此，法律制度必须在这一方面进行具体的规定，为解决合同纠纷提供具有参考意义的法律依据。

六、互联网金融给传统金融带来的机遇与挑战

（一）在互联网金融下传统金融面临的机遇

1. 互联网金融是传统金融的有力补充

互联网金融给我们带来了三大好处：一是相对于传统的银行来说，交易成本不断降低，使行业更有竞争力；二是客户服务的口径在不断增大，覆盖面扩大；三是解决风险控制的问题，大量的客户通过互联网上的交易，在网上留下交易记录和交易痕迹，这些信息资料对于银行进行信息风险控制是非常重要的。

2. 大数据金融的运用

互联网金融还可以通过社交网络或电子商务平台挖掘各类与金融相关的信息，获取部分个人或机构没有完全披露的信息，智能满足用户的金融需求。在互联网金融模式下，智能搜索引擎通过对信息的组织、排序和检索，能有针对性地满足信息需求，大幅度提高信息搜集效率。

3. 交易方式变革

在交易上，互联网金融可以及时获取供求双方的信息，并通过信息处理使之形成时间连续、动态变化的信息序列，并据此进行风险评估与定价。

（二）在互联网金融下传统金融面临的挑战

随着互联网技术的发展和金融市场客户多样诉求的推动，互联网金融逐渐挑战传统的银行业务。互联网金融的优势明显，对传统银行的支付领域、小额贷款领域和中间业务领域均造成冲击。当然互联网金融也有它的缺点。互联网是一把双刃剑，对于金融的发展也是如此，所以即使互联网金融发展势头良好，也存在着缺陷与障碍。因此，在同样的竞争条件下，互联网金融比传统金融究竟有多大的优势尚值得观察，而离取代后者仍然路途遥远。

（三）传统金融的应对策略和途径

1. 大力发展技术

银行、证券、保险三大传统金融机构必须坚定地实施科技领先发展战略，只有掌握先进技术，才能构建数据定价的核心能力，在汹涌澎湃的大数据时

代才有竞争力。从目前来看，传统金融机构应大力发展以下技术：

一是新一代信息技术。主要是云计算、大数据风控和区块链技术，这是未来互联网金融业务创新的技术基础。特别是区块链技术使得信息自由和互信，发达国家的银行已经开始使用区块链技术框架进行金融服务创新。

二是人工智能技术。以指纹、人脸识别等基于生物特征的身份识别技术是未来金融活动主体识别的主流技术。

三是移动无线通信技术。以移动影像识别、智能穿戴技术为代表的"嵌入"金融服务的技术是未来互联网金融发展的方向。

四是网络信息安全保护技术。《指导意见》《监管办法》和《网络借贷信息中介机构业务活动管理暂行办法》对互联网金融机构的信息安全水平都提出了更高的要求，所以传统金融必须加强网络信息安全保护技术。

2. 快速推进产品创新

在"互联网+"时代，互联网已经像水和电一样，成为企业和个人依赖的基础条件，深刻改变了人们的生活习惯和商业模式。传统金融机构必须通过基于互联网的产品创新来满足"互联网+"时代客户对金融服务的需求，让产品创新成为自身向互联网金融转型的抓手。传统金融机构应在标准化产品、个性化产品和跨界化产品的三个维度进行大力创新。标准化产品创新应不断挖掘一定数量的群体对同一金融服务的需求，不断推出标准化的新金融产品，以互联网作为营销和服务渠道，给客户提供良好的产品体验，通过边际效应获得超额利润。个性化产品虽然目前成本较高，但随着用户数据的积累、大数据分析技术的成熟及未来逐步完善的征信系统，低成本为客户提供个性化的金融产品和服务是完全可能的，个性化的金融产品创新可极大增强传统金融机构的竞争力。跨界化产品创新也是未来创新的主要方向，互联网的开放性和跨界性使得行业与行业之间的界限变得模糊，传统金融机构应利用自身优势和政策优势积极与非金融机构进行合作，特别是与互联网企业进行跨界产品创新，扩大业务的深度和广度。

3. 积极构建生态平台

平台商业模式是互联网时代一种独有的生态模式，其精髓在于打造一个完善的、成长潜能强大的"生态圈"。它拥有独树一帜的精密规范和机制系统，能有效激励多方群体之间互动，达成平台企业的愿景。生态平台战略既保持从纵向分析价值链环节的思维，又增加对横向价值环节的分解，所以能逐渐模糊产业的边界，在创新需求的同时，还蚕食现有需求，从而拆解产业现状、重塑市场格局，这就是 BAT（百度、阿里巴巴、腾讯）等大型的互联网平台能逐步渗透到传统金融行业中的原因，由此可见平台商业模式在互联网时代的强大统治力。打造互联网金融生态平台其实一直也是大型传统金融机构梦寐以求的目标，但是由于主观和客观的原因，目前我国还没有传统金融机构主导的有统治力的金融平台。《指导意见》等政策支持传统金融机构打造互联网金融平台，为有条件的传统金融机构打造生态型互联网金融平台提供了历史性机遇。金融机构一定要坚定执行以金融账户为入口的生态平台战略。具有巨量用户的大型传统金融机构可以构建多生态、全场景、泛需求和综合化的互联网金融平台；有一定数量用户的中型传统金融机构可以打造细生态、多场景、专需求和一站式的互联网金融平台；没有用户数量优势的小微传统金融机构可以培育一个微生态、专场景、微实体的互联网金融平台。

4. 专心致力人才培育

任何企业的发展都是由人才驱动的，人才是企业发展的核心要素、核心资源。随着互联网金融逐步打破金融垄断，银行"躺着也赚钱"的时代必将一去不复返。因此，能否拥有一支具有互联网思维和技能的人才队伍决定了传统金融在"互联网+"时代发展的成败。

传统金融必须制定人才优先发展战略，结合机制和体制改革，快速培养一批在精通金融业务的基础上谙熟国家互联网金融政策和规则、掌握互联网思维、理解互联网精神、能认清互联网金融发展趋势、具有将互联网和金融进行创新性融合能力的中高级管理层和一批具有互联网营销和产品推广及服务技能的一线员工。传统金融机构只有培育出一批又一批"看得懂、跟得上、想得到、留得住"的梯队结构合理的互联网金融人才，才能使自己抓住时代机遇，抢占互联网金融业务的高地。

第二章 电子货币

第一节 货币形态的演进

一、货币形态的演进

货币的演进与发展是伴随着人类社会历史的演变进行的，货币从"真实价值"到"名义价值"的整个演变过程都体现着社会生产力的发展和进步。纵观货币的发展历史，货币形态按货币价值与币材价值的关系，可以分为：商品货币、代用货币、信用货币和电子货币等。

（一）商品货币

商品货币是兼具货币与商品双重身份的货币。它在执行货币职能时是货币，不执行货币职能时是商品。它作为货币用途时的价值与作为商品用途时的价值相等，又称足值货币。在人类历史上，商品货币主要有实物货币和金属货币两种形态。

1. 实物货币

实物货币是最原始的货币形式，与原始、落后的生产方式相适应。作为足值货币，它是以其自身所包含的内在价值同其他商品相互交换。从形式上来看，实物货币是自然界存在的某种物品或人们生产的某种物品，并且是具有普遍接受性能体现货币价值的实物。如，古希腊时的牛和羊，非洲和印度的象牙，美洲土著人和墨西哥人的可可豆，中国的贝壳和牲畜等。作为一般等价物，这类实物充当货币同时又具有商品的价值，能够供人们消费。

这些实物货币对人类商品交换来说，很不方便、很不安全。同时，实物货币本身存在着难以消除的缺陷，它们或体积笨重不便携带；或质地不匀，难以分割；或容易腐烂，不易储存；或体积不一，难以比较。可见，它们不是理想的交易媒介。随着商品经济的发展，实物货币逐渐退出了货币的历史舞台。

2. 金属货币

金属冶炼技术的出现与发展为实物货币向金属货币转化提供了物质条件。凡是以金属为币材的货币都可以称为金属货币，铜、铁、金、银等都充当过金属货币的材料。各国采用何种金属作为法定货币往往取决于该国的矿产资源状况、商品交换的规模、人们的习俗等因素。我国金属货币最初由贱金属（如铜）充当，古铜币有刀币、布币、铲币、环钱等，后来逐渐固定在金银上。金属充当货币材料采取过两种形式：一是称量货币，二是铸币。

与实物货币相比，金属货币具备耐久性、轻便性、可分性或可加工性、价值统一或均质性、携带起来较为方便等优势。但是金属货币也有难以克服的弊端，这就是面对不断增长的商品来说，货币的数量却很难保持同步的增长，因为金属货币的数量受金属的贮藏和开采量的先天制约，因此在生产力急速发展时期，大量商品往往由于货币的短缺而难以销售，引发萧条；同时金属货币在进行大额交易时不便携带，仍有笨重之嫌，而且也不安全，这些都影响了金属货币的使用。

（二）代用货币

代用货币，通常作为可流通的金属货币的收据，一般指由政府或银行发行的纸币或银行券，代替金属货币参加到流通领域中。换言之，这种纸币虽然在市面上流通，但都有十足的金银做准备，而且也可以自由地向发行机关兑换金币、银币。可兑换的银行券是代用货币的典型代表。银行券首先出现于欧洲，发行银行券的银行保证随时按面额兑付货币。

代用货币就实质特征而论，其本身价值就是所代替货币的价值，但事实上，代用货币本身价值低于（甚至远远低于）其所代表的货币价值。

相对于金属货币，代用货币不仅具有成本低廉、更易于携带和运输、便于节省稀有金银移作他用等优点，而且还能克服金属货币在流通中所产生的问题，即我们常说的"劣币驱逐良币"现象。代用货币再演化的结果就是信用货币。

（三）信用货币

信用货币就是以信用作为保证，通过信用程序发行和创造的货币。信用货币本身已脱离了金属货币成为纯粹的货币价值符号，是一种债务型的货币。一般而言，信用货币作为一般的交换媒介，须有两个条件：一是人们对此货币的信心，二是货币发行的立法保障，二者缺一不可。

从历史的观点看，信用货币是金属货币制崩溃的直接后果。20世纪30年代，由于世界性的经济危机接踵而至，各主要经济国家先后被迫脱离金本位和银本位，所发行的纸币不能再兑换金属货币，于是产生了信用货币。信用货币是代用货币进一步发展的产物，同代用货币一样，其自身价值也远远低于货币价值，区别在于信用货币不再像代用货币那样以足值的金属作保证，而是以信用作保证，由政府强制发行，并且是法偿货币，任何人都必须接受。

信用货币的主要形式有纸币、辅币和银行存款货币。

1. 纸币

纸币发行权为政府或金融当局专有，发行机关因各国各异，多数是中央银行和货币管理局发行。其主要功能是承担人们日常消费品的购买手段。我国著名的纸币——四川的"交子"是世界上最早的纸币。

较之实物货币和金属货币，纸币的最大好处就是携带方便，但随着高科技影印技术的发展，伪币的出现使其安全性越来越得不到保证。

2. 辅币

辅币，即辅助货币，是指本位币单位以下的小额货币辅助大面额货币的流通，供日常零星交易或找零使用。它的特点是面额小、流通频繁、磨损快，故多用铜、镍及其合金等贱金属铸造，也有些辅币是纸制的。辅币一般是有限清偿货币，即每次交付的辅币数量有一定限制，超过限额，收方可以拒收。不少国家规定辅币和主币一样具有无限清偿的能力，我国采取了这种做法。

3. 存款货币

存款是货币存在的一种形态，是存款人对银行的债权，对银行来说是银行的债务。在信用发达的国家，交易总量的绝大多数采用银行账户间的相互转账或支票支付。银行存款是一种重要的信用工具。

（四）电子货币

电子货币是银行等金融机构发行的具有法币功能的电子数据，是法定货币的电子信息形式。电子货币以计算机技术和网络技术为依托，是一种以电子数据形式进行存储、交易和支付的货币形式，其主要特征是使用简便、迅速和可靠。银行卡是现阶段电子货币使用的主要媒介。

（五）虚拟货币

网络虚拟货币是随着网络经济和电子商务的迅猛发展而产生的一种新型支付工具和交易媒介，主要是为了满足互联网用户在购买虚拟商品和服务时的电子化微型支付的需要。它以互联网电子信息为载体，只具备货币的部分功能和特征，是一种具有购买力的近似货币。

上述的后两种都属于数字货币，也即依赖于互联网而产生的两种不同的货币。而从本质上来讲，货币是一种社会契约和社会制度，是人们的价值共识或约定。货币形式仅仅是体现货币本质的载体，它不完全等同于货币本身。货币形式发展的过程也充分地体现了货币形式越来越表现为货币作为价值共识和社会制度的本质。按照以上所述大致可以把货币形态的发展分为五个阶段，如表2-1所示。

表2-1 货币发展阶段

货币的阶段	货币的性质	货币的表现形式	货币的特点
实物货币	货币发展的最原始形式，用常见的大家都普遍接受的商品作为固有的一般等价物	贝壳、布帛、牛、羊、兽皮、盐、可可豆	体积笨重、不便携带；或质地不匀难以分割；或容易腐烂、不易储存；或大小不一，难于比较
金属货币	实体货币，其弥补了实物货币的不足，又满足了当时商品交换的需要	铜、白银、黄金	单位体积价值高、价值稳定、质量均匀而易于分割，耐磨损、便于储藏
代用货币	实体货币，作为货币物品本身的价值低于其代表的货币价值	不足值的铸币、政府或银行发行的纸币和票据	十足的贵金属符号，可以自由地向发行单位兑换贵金属货币
信用货币	以信用作为保证，由国家强制发行的货币符号，通过信用程序发行的货币	纸币和小面额硬币	完全割断了与贵金属的联系、国家政府的信誉和银行的信用是基本保证
互联网货币	一种抽象的货币概念，以电子信号为载体的货币	信用卡、电子现金、电子支票、比特币、游戏币等	无面额约束，提高货币流通效率。降低货币流通费用

货币虽然产生自商品，但货币的本质并不是商品，而是一种社会契约和价值共识。随着社会经济发展的不断深入，货币形式逐渐从有形货币向无形的电子货币和虚拟货币转化，货币也由此逐步摆脱有形商品的束缚，直接体现出作为社会契约和价值共识的本质。

二、互联网货币的产生

伴随着网络经济的不断发展，互联网货币内涵逐渐扩大，国内外对互联网货币的界定也在不断更新，不同机构的观点和角度各有不同。20世纪末，国际清算银行（BIS）对电子货币产品进行了初步的界定，认为电子货币产品是指将消费者可获得的资金或价值的相关记录保存在消费者持有的电子设备中的"存储价值"或"预付"产品。消费者购买电子价值并在消费中逐渐减少电子价值。此后，货币与网络紧密联系起来，网络虚拟货币开始出现并迅速发展为互联网广泛使用的支付工具。

（一）互联网货币产生的原因

第一，作为支付工具，方便网络虚拟商品购买的微型支付，减少网络厂商和消费者之间的交易成本。网络游戏及各种在线增值服务平台的持续运营需要通过收费来收回投资成本和进行更好的系统开发。但是网络厂商提供的虚拟商品和服务定价较低，传统的现金支付和转账支付在支付额度较小时需要付出的交易成本相对较高，满足不了用户微型支付的需要。网络厂商通过互联网这个载体向消费者提供虚拟商品或服务，并不直接和消费者面对面进行交易，因此不适用现金交易这种支付方式。同时，银行的网上支付系统尚不完善，高频率的转账支付会对网络厂商的服务器造成巨大的交易负荷。消费者的多次支付导致手续费上升购买成本增加，加上对网上支付安全性有所顾虑，这种传统的网上支付方式难以适应网络支付的需要。法定货币在网络虚拟商品和服务领域很难及时流通，于是互联网货币作为一种方便快捷的微型支付工具被引入到网络虚拟交易当中。

第二，作为交换媒介，以促进不同网民之间的虚拟物品交易，降低不同网民之间的交易成本，提高网民的效用水平。网络厂商提供的虚拟商品或服务通常价格较低，单位商品和服务的利润薄或是没有利润，所以要保持盈利就要靠网络厂商不断地发掘和培养用户，想方设法提高用户的效用水平，留住已有用户并不断吸引新用户，进而形成广大的用户群。通过互联网货币进行的支付，过程无须付费，能够吸引并留住用户。如果没有互联网货币这种交换媒介，用户之间通过网上银行的电子货币作为交换媒介，那么交易费用可能高于交易价值本身，这明显会阻碍交易的进行。

第三，作为激励工具，激励网络用户之间的相互合作，促进网络资源共享。一般的社交、科研、信息服务等以交换电子资料、交流各类信息为主要目的的虚拟服务网站会设立互联网货币来激励用户之间的相互合作和各类资源的共享。特别是一些虚拟论坛常常通过设立互联网货币系统来鼓励注册用户上传电子资料，用户可以将上传的电子资料设定为免费下载和收费下载两种状态，用户如果要下载收费状态的电子资料，必须向电子资料的提供者支付标注价格的互联网货币。所以，在虚拟论坛上，互联网货币是交流信息资料的媒介，激励了用户向网络提供资源，进而促进了网络资源在不同用户之间共享。

第四，作为核算与促销工具，对网民的活跃程度进行计量，有助于网络厂商实现对客户关系的区别管理。在营销实践过程中，厂商通常会采取奖励措施来提高客户的忠诚度，从而保持和扩大市场占有率。因此，厂商有必要对客户的交易数据进行记录和计量，对优质客户进行回馈奖励，这是客户关系管理的一个重要手段。互联网货币就是进行客户关系管理的一种重要工具。许多网站发行互联网虚拟货币作为核算工具，通过对用户访问相关网站的频率和在相关网站购物金额的计量，来确定是否对用户进行回馈奖励以及回馈奖励的程度。一般情况下，用户通过访问网站或在网站购买虚拟商品或服务获得虚拟货币，其访问量和购买量越多，获得的虚拟货币就越多。当虚拟货币积累到一定程度时，用户可以向网络厂商换取虚拟商品或者实体商品。因此，互联网虚拟货币成为网络厂商鼓励用户成为忠诚客户的一种促销手段。

（二）互联网货币产生的条件

1. 信用的存在是互联网货币产生的基础

互联网货币的表现形式是计算机中的数字账号或是价值符号，是货币流通现代化的产物，是信用制度发展的产物。信用，在现代社会已经被赋予了新的概念，并逐步被人们所认同。在国外，金融行业已普遍使用信用来评估一个人或一家公司。一个人的信用就是价值，价值最直接的表现形式就是货币。例如：金融机构推出的贷记卡，就是根据每个人的收入、家庭、还款情况等评定出一个信用等级，然后给予相应的贷款额度。互联网货币为信用从虚拟到真实提供了良好的载体。

2. 市场形式的转移和改变使互联网货币有了需求市场

任何一个新生事物的产生和发展都必须有其内在发展的动力。互联网货币的发展是先从商业信用再到银行信用、从先发行信用卡到后发行借记卡，作为支付的手段，互联网货币和货币的职能是一致的。传统意义上的市场是有固定场所，随着银行网络化进程的加快，市场和消费的场所发生了从有形到无形、从固定到流动的改变。以银行卡为载体的网上银行业务得到迅速发展，持卡人可以通过互联网在任何时间、地点和任何形式的金融网络的终端进行交易，互联网货币将自动实现支付。互联网货币这种携带方便、安全性高、支付快捷的支付方式满足了现代消费者不断提出的高需求，成为经济生活和金融领域不可或缺的产物。

3. 电子技术的高速发展与广泛应用为互联网货币提供技术保障

银行与其他金融产业运用现代科学技术不断改进业务管理和服务系统，推出新的高科技含量的现代金融产品，将现代电子信息技术、管理科学和金融业务紧密结合。电子技术的应用和信息化的发展是互联网货币产生的必不可少的技术条件。互联网货币已经从原先单纯概念上的信用卡发展到科技含量更浓厚、对网络依赖更强的支付系统。银行的结算、核算、划转无一例外，都需要计算机的支持和安全保障。网络时代的到来为依赖于银行结算体系的互联网货币的发展提供了通道。无线技术的发展使得手机银行成为可能。科学技术的普及使更多的消费者能够接受和使用计算机，使电子货币的使用有广阔的空间。电子货币的发展不仅依赖高度发达的商品经济条件，而且更重要的是依托于现代科学技术的进步。

4. 信用卡是互联网货币的雏形，信用卡的出现是互联网货币产生的重要标志

信用卡是随着商品经济的发展水平和科学技术的进步而产生的一种现代支付工具。银行作为买卖双方以外的第三者发行信用卡，使信用卡由过去仅限于买卖双方的信用工具发展成为一种银行信用形式，使信用卡的应用范围迅速扩大，信用实力进一步加强。信用卡在相当一部分国家和地区得到了普及，其取代现金成为交易中介已成为一种必然趋势。尤其是随着现代科技的快速发展，其功能日益增强，使用范围更加广泛，信用卡已经成为电子货币时代的重要标志和主要表现形式。

三、互联网货币的发展

互联网货币是商品经济发展的内在要求和必然结果，作为货币形态演变最新形式的互联网货币逐步取代传统通货已经成为一种不可逆转的发展趋势。进入 20 世纪中期以后，随着科学技术的进步和生产力的进一步发展，商品生产进入了现代化的大规模生产，经济结构也发生了重大变化，商品流通渠道迅速扩大，交换日益频繁，尤其是科技的进步、第三产业以及互联网的迅速发展，使现代市场经济进入了大规模、多渠道、全方位发展的时代。高效、快速发展的大规模商品生产和商品流通方式对传统的货币提出了新的挑战，对货币支付工具提出了新的要求，迫切需要有一种新的、先进的货币工具与高度发达的商品经济相适应。互联网货币是适应市场经济的高速发展，体现现代市场经济特点的货币形式。

第二节 电子货币的定义

一、电子货币的特征

（一）虚拟性

互联网货币是虚拟信用货币。首先要明确的一点是互联网货币是一种完全的虚拟货币的符号或者数字，而且一直以来互联网货币都是以一个国家的法币作为基础的，并且互联网货币的持有人都有随时换回纸币的能力。在互联网货币的流通中，无论是互联网货币的消费者还是互联网货币的发行者都没有看见互联网货币，这期间只有与互联网货币相关的信息流，没有货币流。仅仅当银行进行货币清算的时候，货币才进行了流通。在此期间，双方都是基于互联网货币和其基础法币的可信性基础上进行交易的。比如，这些代表货币的数字表示单个经济主体（自然人、法人或非法人机构）拥有其所有权，能够自由运用于投资、交易或财富积累（贮藏）价值的工具。

（二）发行主体不定

从发行主体看，传统的通货是以国家信誉为担保的法币，由中央银行或特定机构垄断发行，由中央银行承担其发行成本，其发行收益则形成中央银行的铸币税收入。商业银行即使具有发行存款货币的权利，也要受到中央银行存款准备金等机制的影响和控制，货币发行权控制在中央银行的手中。

但是互联网货币的发行机制有所不同，呈现出分散化的趋势。从目前的情况看，发行主体既有中央银行，也有一般的金融机构，甚至是成立特别发行公司的非金融机构。比如，信用卡公司和 IT 企业，它们发行电子货币并从货币发行中获得收益，构成了一个特定的电子货币发行市场。在这个市场中，大部分电子货币是不同的机构自行开发设计的带有个性特征的产品，其担保主要依赖于各个发行机构自身的信誉和资产。其使用范围也受到设备条件、相关协议等的限制。互联网货币以类似于商品生产的方式被生产出来，发行主体按"边际收益等于边际成本"的这一规则来确定自己的"产量"。电子货币的总量不再受中央银行控制，其数量规模基本由市场决定。

（三）高度技术性

首先，互联网货币的产生就是技术高度发达的结果，没有技术的发展与进步，就不可能产生互联网货币。其次，互联网货币的运行也离不开计算机、网络等高新技术搭建的平台，没有这个平台互联网货币根本无法运行。再次，互联网货币的管理等也无处不蕴含着高科技，通过互联网货币的防伪措施即可见一斑。传统货币的防伪主要是采用特殊的纸张、水印、特殊的图案等方式，而互联网货币的防伪则主要采用电子签名、电子密钥、电子水印等方式。最后，互联网货币的监管也离不开技术的支撑。互联网货币是最近这些年伴随技术的进步才发展起来的新事物，它的技术性决定了对其的监管仅采用传统的方式是不够的，监管机构必须依靠高科技彻底掌握其中的原理，才可能更好地对其进行监管，从而引导其朝着科学合理的方向发展。

（四）匿名性

传统货币具有一定的匿名性，但做到完全匿名是不太可能的，交易方或多或少地可以了解到使用者的一些个人情况。而互联网货币支持的交易都在计算机系统和电子网络上进行，没有显见的现钞货币或其他纸基凭证。互联网货币要么是非匿名的，可以记录详细的交易内容，甚至交易者的具体情况（如电子支票、信用卡等）；要么是匿名的，其交易完全以虚拟的数字流进行，交易双方根本无须直接接触，几乎不可能追踪到其使用者的个人信息，交易的双方皆可保持匿名状态（如，电子现金、比特币等）。目前，电子现金采用数字签名的技术来保证其匿名性和不可重复使用，对于交易有一定的隐秘性，为保护商业秘密以及尊重交易双方的隐私提供了可行的途径。但绝对的匿名性也带来了消极影响，极易被洗钱活动所利用。

（五）安全性

传统的货币总是表现为一定的物理形式，比如，大小、重量、印记等，其交易中的防伪主要依赖于物理设备，通过在现钞上加入纤维线和金属线、加印水印和凹凸纹等方法实现。而互联网货币主要是用电子脉冲依靠互联网进行金额的转账支付和储存，其防伪主要采取电子技术上的加密算法或者认证系统的变更来实现，克服了纸币可以伪造、运输和保存难以保障其安全的缺陷。互联网货币下的支付行为，通过安全论证体系（DES、SSL、SET 和数字签名等）和安全支付体系（支付网关）实现其支付过程的全部安全保障，验证交易的合法性。这些措施的安全性要远远高于现钞货币的安全防伪措施，因此其安全可靠程度是更容易被接受的。

（六）高效性

互联网货币的产生使得货币履行其职能的效率几乎达到了一个十分完美的境界。首先，从现金的发行与管理方面看，货币管理当局从发行现金到回笼现金都不需要采用传统的设计、印刷和运输工具进行，而是直接在网络上实现现金的发行和回笼。这样可以完全避免在纸币本位制度下存在的诸如高成本问题、假币问题、安全问题和现金供应量难以确定的问题。其次，从对国家政府的影响来看，电子货币使得央行实施金融监管变得方便、快捷。央行实施货币政策更加有效，进而提高了整个金融体系的工作效率。最后，对整个市场交易来说，支付过程在网上进行，交易的速度大大提升，交易双方资金回笼与流动的速度大幅加快，使得市场运作效率得到全面提升。

（七）低成本

传统货币的流通要承担巨额纸币印钞、物理搬运和点钞等大量的社会劳动和费用支出，而互联网货币本质上是一组特定的数据信息，使用互联网货币的交易行为是经由电子流通媒介在操作瞬间借记和贷记货币账户，一系列的识别、认证、记录数据的交易工作时间很短暂。互联网货币的使用和结算不受金额、对象和区域的限制，信息流所代表的资金流在网上的传送十分迅速、便捷。这样的特征使得互联网货币相对传统货币而言，更方便快捷，极大地降低了交易的时空成本和交易费用。

二、电子货币的职能

从货币的形态及其内涵来看，货币发展大致经历了四个阶段，包括实物货币、金融货币、代用货币、信用货币以及现在的互联网货币，包括电子货币、虚拟货币等。而实质上互联网货币仍然是基于信用而存在的一种货币，因而，信用货币又包括四种货币形态，除包括银行券、国家发行的纸币、可签发支票存款货币之外，还应该包括电子技术推动的电磁信号形态的货币。

在解决上述问题前，首先需探讨现代货币的定义和职能。易纲在《货币银行学》中指出，货币是在购买商品和劳务或者在清还债款时被公众广泛接受的任何物品。黄达在《金融学》中提到，货币的产生是与交换紧密相连的。人类从物物交换发展到依赖媒介进行交换，货币由此诞生，交换中的媒介就是货币，如，在中国最早出现且接受度较广的货币为"贝"。可见，交易媒介是货币最重要的职能。

马克思从历史和逻辑统一的视角对货币职能做出了较为全面的总结，认为货币具有五大职能，分别为流通手段、价值尺度、支付手段、货币储藏和世界货币职能。下面将从五大职能的角度对互联网货币进行分析。

（一）流通手段职能

货币的流通手段也称交易媒介或购买手段，是指在连续的商品交换中货币充当媒介的作用。互联网货币根据不同的发行机构可分为权威性的金融机构发行、其他非存款性金融机构、企业发行，以及不存在特定发行机构的。第一种如银行或其他非银行金融机构发行的电子货币；第二种典型代表为支付宝、微信钱包等；第三种典型代表为各类服务币、游戏币、比特币等虚拟货币。首先，我们来看第一种，由于商业银行在支付体系中占据主导地位，信用度和接受度较高，加上人民银行统计的货币供应量基本上也是根据其对公众和机构的负债，因此商业银行发行的电子货币流通性非常高，支付范围较广。而对于非金融机构发行的互联网货币，发行机构往往也是电子货币所能消费的产品和服务的提供方，流通性较小。但随着移动支付和网络支付的不断发展，加之支付体系的产业整合，非存款性金融机构发行的互联网货币流通范围也将逐渐增大，如，"支付宝"内的货币金额可在"淘宝网"商城之外的许多电子商务平台或缴费平台中使用，甚至可用于生活中支付的方方面面。而对类似于比特币这种无特定发行机构的互联网货币，其可免于货币政策的影响，是非常理想的跨国货币、无国界货币，在世界贸易中自由流通。因此，互联网货币具有流通手段的货币职能。

（二）价值尺度职能

价值尺度，是指货币作为一种社会工具能够衡量不同商品所含价值的大小。目前的互联网货币并未完全脱离原来的货币体系，如，信用卡，其体现的电子货币可以随时转换成等额的具有价值尺度的法定货币，因而可以确定电子货币中所包含或代表的价值，也即互联网货币因其能够与法币自由兑换，而使得现有的互联网货币基本能够发挥价格标准的职能，作为衡量商品的一般等价物，衡量商品的价值高低。

（三）支付手段职能

货币的支付手段，是指结束流通过程时货币所承担的作用。一般而言，支付手段蕴含在交易媒介职能中。互联网货币的创立初衷就是为了便利经济生活中的支付行为，大大加快商品流通进程。货币作为延期支付手段的特征是：经济行为的发生与货币支付在时间上有差距，若两者同时发生，货币便是作为流通手段。因而对于互联网货币来说，只要它能够充当流通手段，也必然能够充当支付手段，即可以发挥交易媒介的职能。

（四）储藏手段职能

储藏手段，是指货币可以作为一种财富持有方式，主要考察货币的购买力、风险程度和长期稳定性。互联网货币可以充当支付手段职能，那么在作为支付手段被支付之前则可以起到储藏手段的作用，因而具备价值储藏的职能。当前互联网货币在形式、用途、适用范围和流通方式上各有不同，没有相对广泛的接受度，储存价值也难以定论。如，一些超市购物卡只能用于购买超市商品，一旦超市倒闭，卡中的金额无法有效赎回。由于电子货币的许多法律法规尚未完善，且其发行机构远没有中央银行的权威性和可信度，没有长久的保值稳定性，因此也不适合作为保值或升值工具储藏。而诸如比特币这种互联网货币，其本身由区块链规则规定的算法决定，具有稀缺性，一共只能有 2100 万个比特币；且又具备价值尺度与流通手段功能，类似于黄金，显然具有较高的储藏价值职能。

（五）世界货币职能

世界货币，是指货币能够在世界市场上流通，被作为真正的货币所接受。在流通手段职能中已经提到部分互联网货币（如超市购物卡、公交卡等）的流通受到发行商设定的产品和服务范围限制，在目前阶段仍不能被定义为世界货币。但是现在很多有网络基础的互联网货币已经能实现跨国转账和交易，且随着金融领域的全球化推进，不同国家之间金融壁垒不断弱化，支付方式更加兼容，届时互联网货币将顺应市场需求成为重要的跨国交易货币形态。如，上述所提到的比特币，由于本身发行主体不定，不受限于任何国家与政府，完全具备在世界贸易中自由流通的职能。

综上分析，互联网货币包含形式多样，不同类型的互联网货币，其表现出来的职能和特性也不一样。从整体上以及未来发展的趋势来看，互联网货币基本具备货币的五大核心职能，即流通手段、价值尺度、支付手段、储存手段与世界货币的职能。因此，互联网货币是真正意义上的货币，是货币体系中重要的组成部分。

三、电子货币与传统货币的差异

货币在不断地发展和变革之中进入 21 世纪网络时代，货币的意义和价值也在发生着不断地变化。现阶段的互联网货币正是传统货币的发展和延伸，所以它在具有传统货币所具有的功能之外同时还存在一些与传统货币不一样的特征。

（一）互联网货币与传统货币的产生背景不同

互联网货币产生的社会背景、经济条件和科技水平不同；传统的货币出现主要是充当一般等价物的流通职能与价值尺度职能，从实物货币到信用货币，可以单独进行流通与交易，无须依赖于各种设备。而互联网货币是现在电子科技技术发展的必然产物，也是人们对于提升商业贸易效率、加快资金的速度周转乃至于促进经济快速发展的必然要求。互联网货币为交易带来的便捷性与安全性都是毋庸置疑的，但是互联网货币的支付过程需要依赖一定的介质，即离不开现代高科技设备，如，计算机、手机等，不能单独完成支付功能。

（二）传统货币只能在特定的领域内流通

各国的法定纸币只能在特定的领域内流通，且流通速度远远低于互联网货币的流通速度。互联网货币可以在任何地区流通使用，如，比特币可以在全世界范围内自由流通。传统货币是国家发行并强制流通的，对社会的影响范围更广、程度更深。而互联网货币发行主体不定，其使用只能靠宣传引导，不能强迫命令，并且在使用中要借助法定货币去反映和实现商品的价值，结清商品生产者之间的债权和债务关系。

（三）互联网货币与传统货币所占有的空间不同

传统货币面值有限，大量的货币必然要占据较大的空间，而互联网货币所占的空间很小，其体积几乎可以忽略不计。一个智能卡或者一台计算机可以存储无限数额的互联网货币。

（四）互联网货币与传统货币传递渠道不同

传统货币传递花费的时间长，风险也较大，需要采取一定的防范措施，较大数额传统货币的传递，甚至还需要组织人员武装押运。而互联网货币可以在短时间内进行远距离传递，借助电话线、互联网在瞬间转移到世界各地，且风险较小。

（五）互联网货币与传统货币计算所需的时间不同

传统货币的清点、计算需要动用较多的时间和人力，直接延缓了交易速度。而电子货币的计算在较短时间内就可利用计算机完成，大大提高了交易速度。

（六）互联网货币与传统货币匿名程度不同

传统货币都有印钞号码，同时传统货币总离不开面对面的交易，这在很大程度上限制了传统货币的匿名性。而电子货币的匿名性要比传统货币强，主要是加密技术的采用及电子货币便利的远距离运输。

第三节　电子货币的分类

综合目前国内外学者对互联网上使用的货币定义研究，互联网货币主要包括电子货币与虚拟货币。电子货币和虚拟货币都是基于互联网技术的以电子信息为载体的数字货币，通过信息网络进行传播和使用，在功能和特性上有很大程度的相似性，但是在货币性质、法律地位等方面有着很大不同，必须加以区分。虚拟货币不同于电子货币，电子货币是指银行等金融机构发行的代替纸币流通且具有法币功能的电子数据，而虚拟货币是指在网络虚拟环境中产生，由非金融私人公司发行或没有发行主体的，能购买虚拟商品或服务的充当一般等价物的近似货币。因此，在对互联网货币分类时，主要分为电子货币与虚拟货币，电子货币包括银行卡、电子现金、电子支票、电子钱包等，虚拟货币则包括泛虚拟货币、服务币、游戏币以及类货币（如比特币、莱特币等）。

一、银行卡

银行卡（Bank Cards）是银行或金融公司发行的，授权持卡人在指定的商店或其他场所进行消费的信用凭证。当前，银行卡已成为占主导地位的交易支付方式。银行卡的主要特点如下：

多功能：银行卡种类繁多，功能各异，主要具备四种功能，即转账结算功能、消费借贷功能、储蓄功能和汇兑功能。

高效便捷：一般来说，发卡人（如银行）可以为持卡人提供高效的结算服务，因此对消费者有较大的吸引力。银行卡支付可以减少现金货币的流通量、简化交易手续。

成本较高：交易中卖方需向发卡人支付手续费，有时持卡人（买方）也需向发卡人交纳一定的费用。因此，银行卡支付也是一种成本较高的支付方式。

银行卡可分为三种类型：信用卡（贷记卡）、借记卡和记账卡。

（一）信用卡

信用卡（或贷记卡）持卡人可以在发卡人规定的金额内购物，并根据透支金额支付利息。例如，Visa卡和Master卡等信用卡是按用户的信用限制，事先确定一个消费额度。在每次结算期内，信用卡用户可以使用信用额度内的金额，并在下一个结算期内偿还。对于未偿还的透支额度，发卡银行会收取一定利息。信用卡被世界各地的商家广为接受，它为消费者和商家都提供了安全保证。在网上购物用信用卡结算同传统商店一样方便。商家也放心接受未曾见面的消费者用信用卡结算。由于在传统商店能够接受信用卡结算的商家已经有商家账户，因此可以立即在网上商店接受信用卡在线结算。在线结算要求更高的安全性，因为消费者不在现场，也不像在传统收款台对面那样容易识别。

（二）借记卡

借记卡的使用很像信用卡，但它不能赊账，即借记卡的持卡人必须在发卡行有存款，在使用借记卡时银行将交易金额直接从持卡人银行的存款账户中减去，转入商家的账户。借记卡由持卡人银行发行，卡上印有发卡行签约的信用卡组织的名称（如 Visa 卡和 Master 卡）。

（三）记账卡

记账卡没有事先确定消费限制，在结算期末要交清所有开销。记账卡没有信用限制也不收取累积利息。在美国，像百货店、经营加油站的石油公司等都发行自己的记账卡。

二、电子现金

（一）电子现金概述

电子现金是以数字化形式出现的现金货币，也称数字现金。电子现金指的是只通过电子手段交换的现金。通常需要使用计算机网络、Internet 和数字储值系统。电子现金一般由公司（非政府）发行，以代替政府发行的通货，因此就需要所有电子现金发行公司都遵从共同的标准。这样，一家发行公司就可以接受另一家公司发行的电子现金，但目前还无法做到这一点。每家发行公司都有自己的标准，所以电子现金还不能像政府发行的通货那样被广泛接受。

（二）电子现金的优缺点

1.电子现金的优点

电子现金的固定成本非常低。传统通货所跨越的距离和其处理成本是成正比的，通货跨越距离越远，移动它所需的成本就越高。但将电子现金从底特律转到旧金山同从旧金山转到北京所需的成本一样。

电子现金适用于小额支付。小额交易对只有信用卡结算方式的商家来说是不盈利的。互联网上存在低额采购的市场，比如采购额不到 10 美元，这就是电子现金发挥作用的地方。

电子现金具有独立和便携的优点。电子现金的独立性是指它同任何网络或储存设备无关。电子现金的转账只需现有的技术设施、互联网和现有的计算机系统即可，人人都可以使用电子现金。企业间的交易可用电子现金来结算，而消费者彼此之间也可用电子现金进行结算。在信用卡交易中，信用卡结算的接收方必须在银行建立商家账户，而电子现金不需要这个前提条件，电子现金不需要信用卡交易所要求的特殊认证。

2. 电子现金的缺点

电子现金有其独特的安全问题。电子现金和实际通货有两个重要的共同特征，首先是只能消费一次，其次是匿名性。换句话说，要采取相应的安全措施来保证在买卖双方之间的电子现金交易确实发生了，以便收付者知道收到的电子现金不是伪造的，也没有在两次不同的交易中重复使用。

首先，电子现金同实际现金一样很难进行跟踪。也就是说，用电子现金支付没有审计记录。买卖双方的合同、票据都以电子形式存在，且电子凭证可以被轻易修改而不留痕迹。电子现金的匿名性使税务机关难以掌握纳税人的现金流量，难以获取交易价格及款项的支付信息，增加了税务稽查的难度。由于真正的电子现金无法进行跟踪，这会带来另外一个问题：洗钱。用非法收入换得的电子现金可以匿名采购商品和服务，而所购商品又可以公开销售以换得真正的现金。商品的采购和销售可能发生在不同的国家，这又使管辖权复杂化。如果黑客或者其他犯罪分子进入到电子现金系统中去，他们可以马上窃取他人的电子资产。

其次，像传统现金一样，电子现金也可以伪造，尽管难度越来越大，但还是能够伪造并消费。除需要防止伪造外，还有一些对数字经济有潜在威胁的破坏因素，如，由于银行向消费者或商家的银行账户贷出电子现金而引起货币供应扩大，会影响中央银行货币政策的制定。在传统的货币流通体系中，中央银行通过控制、刺激和紧缩货币流通数量来维持社会经济的稳定运行。在政府和央行对货币流通数量的控制已经放松的状态下，随着电子现金的持续增加，现金从国内高速涌入、流出，没有任何记录，这将弱化政府对经济的控制能力并减少税收。电子现金系统的无限增加会破坏银行和政府控制的货币系统，造成系统的无效和混乱。

电子现金目前在某些地区取得了成功，但还没有在世界各地全面成功。只有拥有计算机的人才能使用电子现金，而那些没有计算机的低收入家庭就不能使用。电子现金普及的前提是为电子现金的结算和接受制定一个标准。此外各家提供商提供的电子现金应该能够相互兑换，以方便顾客在需要的时候用一种现金兑换另一种现金。

（三）电子现金的交易流程

使用电子现金交易一般包括以下步骤：

1. 购买电子现金

消费者必须亲自到电子现金的发行场所（如发行电子现金的银行或电子现金供应商）去开设账户，并提供身份证明等证件。

2. 存储电子现金

消费者使用计算机上的电子现金终端软件将电子现金取出，并存储在计算机硬盘上（如电子钱包里）。

3. 使用电子现金

当消费者到支持该种电子现金支付的商业网站消费时，就可以将电子现金发送给商家来支付所选的商品或服务的费用。在这一过程中，商家要验证电子现金是否伪造，是否属于该消费者，是否是重复消费。经验证无误后，双方达成交易。

4. 资金清算

当商品或服务送达消费者时，商家才将电子现金交给电子现金的发行场所，电子现金的发行场所收回电子现金，并保留其序列号备查，再将等值的货币存入商家的银行账户，同时收取少量的手续费。

在这个系统中有一个电子现金发行机构，记为 E-mint，它根据客户所存款额向客户兑换等值的电子现金，所兑换的电子现金须经其数字签字。客户可用 E-mint 发行的电子现金在网上购物。①客户为了获得电子现金，要求他的开户行把其存款转到 E-mint。②客户的开户行从客户的账户向 E-mint 转账。③ E-mint 给客户发送电子现金。客户将电子现金存入其计算机或 Smart 卡。④客户挑选货物并且把电子现金发送给商家。⑤商家向客户提供货物。⑥商家将电子现金发送给 E-mint，或商家把电子现金发送给他的开户银行，由他的开户银行负责在 E-mint 兑换。⑦ E-mint 把钱发送给商家的开户银行，商家的开户银行为商家入账并收取服务费。

三、电子支票

（一）电子支票概述

1. 电子支票取代传统纸基支票的原因

传统支票由银行和清算中心进行处理。消费者在零售店签署支票购物后，零售店要将支票存入自己的银行账户，零售店的开户银行再将纸基支票送交清算中心，后者负责从消费者账户到零售店账户的转账。纸基支票接着会转到消费者的开户行，把处理过的支票交给消费者。除了运输成本，纸基支票的处理成本也很高。商家的处理成本包括一些人力资源成本，例如，填写信封，输入和再输入支付信息，填写、归类和制作存款单、平账等。银行的处理成本包括填写单据、结算余额、分类、兑现、制作报告书等。

除成本高昂外，纸基支票的另一个缺点是签写支票与支票兑付之间的延时。这种延时使账户余额不够时也能签写支票，只要几天后资金到账即可。结果银行的客户就可以在这几天免费使用银行的资金，而银行在同期却无法使用这部分资金。尽管延时通常只会持续几天，但有时也会拖延很长时间，给银行带来不同程度的损失。而在电子支票处理中，借助互联网可以将顾客账户取钱与存入零售商账户两个过程同时进行，这样就不存在交易中的延时。

纸基支票系统的管理较为宽松，因而会发生很多错误。例如，时间、签名、数量都有可能发生错误，自动处理工具也有可能读不出支票上的内容。而电子支票系统管理较为严格，它实际上不允许发生错误。由于电子支票使用数字签名以及软件的自动编辑功能，因而电子支票一定是完全正确的。在电子支票被处理以前，有认证机构保障它的正确性。这将在很大程度上减少电子支票系统的错误，使得系统的成本更低，效率更高。

2. 电子支票的产生

用电子方式实现纸质支票的功能，并将其应用到银行网络的资金划转乃至开放互联网上，成为一种新型的电子支付方式，即电子支票。

电子支票是纸质支票的电子版本，是一种借鉴纸张支票转移支付的优点，利用数字传递将钱款从一个账户转移到另一个账户的电子付款形式。用电子支票进行支付的事务处理费用较低，且银行可以为参与电子商务的商户提供标准化的资金信息，能够及时查询出票人的信用情况，因此是一种有效的网上支付手段。

（二）电子支票的优缺点

1. 电子支票的优点

电子支票的优点在于改进了支票支付系统，增强了银行业的核心竞争力；适应现有的商务流程，从而不必进行昂贵的流程再造，它与纸张支票作用类似，但完全以电子化方式进行，减少了人工环节；适应21世纪企业和消费者的需要，电子支票使用了最先进的安全技术；它可以被任何拥有支票账户的银行客户所使用，包括那些没有电子支付系统的中小企业；它为现有的银行账户增加了电子商务功能。

2. 电子支票的缺点

电子支票使用数字签名技术，数字签名的法律效力要由各个国家的数字签名法进行认可。另外，电子支票也带来一系列监管上的难题。

（三）电子支票的交易流程

①客户访问商家的服务器，商家的服务器向客户介绍其货物。②客户挑选货物，并向商家发出电子支票。③商家通过其开户银行对支付进行认证，验证客户支票的有效性。④如果支票是有效的，则商家接收客户的这宗业务。⑤商家把电子支票发送到他自己的开户行。至于何时发送，商家可根据需要由其自行决定。⑥商家的开户行把电子支票发送给交易所以兑换现金。⑦交易所向客户开户行兑换支票，并把现金发送给商家开户银行。⑧客户的开户行为客户下账。

电子支票与电子现金的系统架构类似，最大的不同是电子现金需要发行单位为其所发行的现金担保。因此电子现金发行单位在电子现金上的数字签名很重要，而电子支票的开票人即付款人要为其所开出的支票兑现作担保，因此付款人在电子支票上的数字签名很重要。

四、电子钱包

（一）电子钱包概述

随着消费者对在线购物的热情越来越高，他们开始厌倦每次采购都重复输入送货地址和结算信息，因而电子钱包应运而生。电子钱包的功能和实际钱包一样，能够存储信用卡、电子现金、所有者身份证书与所有者联系地址等信息。电子钱包让消费者在网上冲浪时也可以使用钱包。消费者不必在每次执行交易时都输入自己的私密信息，比如，信用卡号码等。银行卡存储在电子钱包里都有昵称以示区别，购物时选择这些昵称就能选中相应的银行卡。此外，顾客还可以通过用户界面再次检查所有的确认信息、购买信息和卡信息。

（二）电子钱包的分类

根据存储位置可将电子钱包分成两类：服务器端电子钱包和客户端电子钱包。

服务器端电子钱包是在商家服务器或电子钱包软件公司的服务器上存储消费者的信息。这种方式最大的缺点在于客户机与服务器间的安全漏洞可能会导致数千用户的个人信息（包括信用卡号）泄露给未经授权的第三方。服务器端电子钱包一般会采取非常安全的措施杜绝或尽可能减少未经授权的信息泄露。

客户端电子钱包是在消费者自己的计算机上存储消费者的信息。早期的许多电子钱包都属于客户端电子钱包，需要用户自己下载钱包软件。客户端电子钱包的一个主要缺点就是需要将软件下载到每个计算机上。而服务器端电子钱包则是存储在服务器上，不需要下载和安装。

（三）电子钱包的优缺点

1.电子钱包的优点

电子钱包提高了购物效率，给商家、客户和银行都带来了极大的方便。

有了电子钱包，消费者只需输入一次个人信息，不需要在每个网站都重复输入同样的资料。未来的电子钱包还可以跟踪用户的采购并保存购物的发票，它使用网络机器人帮助用户发现经常购买的商品的最低价格。

2.电子钱包的缺点

如果有人袭击电子钱包供应商的服务器或客户的个人计算机，那么所有的敏感信息都会泄露。

（四）电子钱包的交易流程

①持卡人在交易之前，向自己的开户银行申请安装电子钱包软件，并在电子钱包中添加相应的账户名称、账号等信息。②持卡人与商家达成购买协议并下订单。③持卡人选择使用其中特定账户向商家发起付款通知。④商家通过电子商务服务器将账单转送至自己的开户行，开户行向对方开户行发送请求支付验证。⑤付款方此账户余额足够支付，则付款方开户行与收款方开户行进行资金清算。⑥商家开户行收款成功后通知商家，商家将电子收据转送付款方并发货。

如上述第⑤个环节，如果付款方账户余额不足，则开户行会通知持卡人使用另一账号进行支付。

五、比特币

（一）比特币的概念

比特币是虚拟货币的一种特殊形式，基于数学算法，天生独立于国家或机构之外，具有类似贵金融的投资品性质和纸币支付的便捷性，是世界上第一个也是迄今为止最成功的区块链应用。2009 年，中本聪在其论文《一种点对点的电子现金系统》中，首次提出比特币一词。现有的比特币系统是以中本聪的设计思路为基石，开发出的开源软件以及建构在其上的点对点网络。作为一种虚拟数字货币，比特币可以在网上进行交易。2010 年 5 月 22 日，有一位程序员用一万个比特币买了两个棒约翰比萨。这是史上第一宗用比特币完成的现实交易，因此这一天被定为"比特币比萨日"。

此外，比特币银行是一家世界银行，它不属于任何权威管辖，由一个去中心化网络构成，比特币银行发行了一个货币，恰好叫"比特币"。同样，比特币也可以被理解为比特币银行的股票。

（二）比特币的优点

比特币是有别于其他网络虚拟货币的，其特征主要体现以下几个方面：

1. 去中心化

比特币基于网络开发设计，任何有意愿加入全网数据运算的人都可以凭借自身贡献的运算力获得比特币。它天生独立于任何国家、任何政府、任何央行、任何企业。比特币的去中心化限制了任何国家或机构超发货币，使其成为人类史上最有可能避免不断贬值的货币。

2. 全球参与性

只要有一台可联网的计算机和加入比特币大军的意愿，所有人都能够挖掘比特币。无论身处何方，只要有设备保障，用户可以在众多平台上挖掘比特币，确保了比特币在全球分布的分散性，避免集中于某个地区或某些人群手中。

3. 专属所有权

比特币所使用的区块链是一种非常安全的加密技术，它的交易是由全网比特币参与者共同背书，保证了其自身安全性。另外，比特币采用公开密钥技术，每次交易可以产生新的私钥，且其可以保存在任何存储介质中，携带方便，操作安全。

4. 低成本的独立支付方式

比特币完全可以脱离第三方支付机构或银行，独立承担支付业务。另外，由于比特币应用数字签名原理，其支付安全性能很高。同时比特币交易的手续费极低，通常来说，使用信用卡消费的手续费大约是交易额的 2%～3%，使用 Paypal 支付的手续费是每次 0.3 美元加上交易额的固定比例，而使用比特币交易手续费仅为交易额的 0.1%。

5. 稀缺性

比特币是严重稀缺的，因为区块链规则规定了一共只能有 2100 万个比特币。

6. 免于货币政策的影响

比特币的生产基于网络算法，其供给总量一定，且每个时段的比特币增长量被控制，不会骤增或骤减，避免了通货膨胀的风险。这并不是由某个机构或国家作为担保，而是由一个公认的数学公式提供保证的。

7. 无国界货币

国际社会对于比特币的态度较为宽容。目前德国、加拿大、比利时、澳大利亚、芬兰、美国部分州等政府已经将比特币定义为虚拟商品或可流通货币。比特币跨越了国界，极有可能成为世界性货币。此外，比特币是一串数字，可以无限分割，具有匿名性，支持支付者和收款方都匿名。

（三）比特币的缺点

①由于交易双方皆可实现匿名性，可能会助长地下不良交易的进行。②比特币市场结构畸形，规模偏小，波动极为剧烈，风险很大；比特币的世界并不单纯，虽然没有中央发行机构，但今天全世界一半的比特币供应来自特定人群，其需求市场也较为集中。③未来可能被政府干预。比特币由算法决定供应，匿名在全世界自由往来，不利于国家政府对国内外经济贸易的监管，也可能政府会慢慢渗透比特币，达到相互制衡的状态。④通货紧缩问题。比特币虽然不会产生通货膨胀的问题，但是其难以逃离通货紧缩的问题。即使在 2100 万个比特币开发完毕之后，这个问题依然存在。随着经济发展，比特币将慢慢被人们所接受，人们开始意识到单位比特币的升值空间巨大，可能会造成延迟消费，原因就在于部分人群为了在未来支付较少的比特币进而选择了延迟消费。⑤普遍接受性问题。比特币的所有问题都建立在一个非

常重要的基础之上——普遍接受性。比特币本质上来说是一种经过密码学等技术加工出来的虚拟符号,这种符号的存在对现实不存在任何影响。一旦比特币成为了大众货币,成为经过市场竞争的产物,那将改变许多东西。而这种巨大的影响的基础就是市场,如果市场的主体最开始不接受这种虚拟符号,那比特币的巨大潜力和价值仅仅是概念的空想。例如,我国对比特币采取的就是一种防范的处理方式,通过发布通知文件规范比特币的风险,一定程度上影响了我国金融市场上比特币的交易和其发展。

(四)比特币生态链

比特币源于哈耶克的货币非国家化思想,基于中本聪的去中心化的开源分布式电子支付系统的设计,经由矿工、交易商、比特币基金会及相关比特币从业者的支持,经过不到 7 年时间,成为了一个新的经济增长引擎,形成较为完善的比特币产业链和科学的比特币交易市场。围绕比特币生产、储存、流通、兑换、支付,比特币已经聚拢大量的利益相关者,构建了自己独特的权利契约,打造出日益成熟的生态链。

普通消费者获取比特币的方法一般有三种:挖矿、购买和接受转账。挖矿需要矿机和矿池,矿工利用矿机在矿池里"挖掘"比特币;购买则既可以通过线下交易,也可以通过网上交易和中间人的途径交易。消费者获取比特币后可以用比特钱包存储比特币。事实上,由于比特币计算法的特殊性,比特钱包里只储存私钥,用户的比特币具体数额是记录在全网数据库里面的。用户使用比特币的途径目前主要有三种:转账、兑换和兑付。下面介绍比特币生态链中的几个重要环节及概念。

1. 挖矿

挖矿是所有比特币的根本来源,也是用户获取比特币的途径之一。首先涉及的是挖矿软件,这些软件可以从网络上免费下载。早期,个人可以通过计算机的显卡轻易挖掘比特币,但随着比特币的热门,挖矿难度增加,大型矿机开始出现。

2. 购买

直接向他人购买比特币是获得比特币最简单、最直接的方式,省去了挖矿的琐碎。其交易分为两种情况:一是统存中心(网上交易所,如 Bitstamp 或 BTC-e 等)与普通用户之间的交易,二是普通用户之间相互的交易。

3. 存储

比特币官方客户端自带比特币存储功能，即"软件钱包"，也可以通过钱包备份功能把比特币备份在硬盘或其他存储设备上。

4. 转账

比特币官方客户端自带转账功能，但是由于比特币机制的设计，每次转账的时间至少要花费一个小时，这一点严重影响比特币的实时体验。为解决这一难题，许多比特币支付公司开发了新服务，由用户把比特币充值进网站由网站统一管理，大大缩短了客户等待支付时间。在很多时候，转账是为了实现比特币的支付功能。比特币线下购物类似现金支付的运作方式，比特币的网络购物则类似于电子商务支付系统，只不过不用受制于第三方支付平台，买家和卖家可以用邮件的方式直接收付款。如果商家不愿意接受比特币，将采用"兑付"的方案来解决。

5. 兑换

兑换的方法和途径与购买相似。通过比特币交易所或线下达成的协议，买卖双方可以就比特币和法定货币进行兑换，也可以选择比特币兑换其他虚拟货币。

6. 兑付

兑付包括兑换和支付，两者基本保持时间同步。兑付主要应用于买卖双方一方要求比特币支付，一方要求其他货币支付的情况。比特币支付公司作为中间人，将买方的比特币兑换成卖方要求的货币后实时转账给卖方。这种方式完美实现了比特币与其他货币在支付中的转换，操作简单用户体验良好，且打破了地域限制，合法避免了汇率风险，有利于促进国际贸易的发展。

六、其他类型

除前面所介绍的比特币之外，虚拟货币按照其实现功能及自身特点可以大致划分为以下四类：

第一类是泛虚拟货币，主要是一种积分形式，可抵扣相应现金。比如积分宝，是由支付宝提供的积分服务，它可以作为现金使用，用途范围也非常广泛，可以在与支付宝合作的网站使用，比如在淘宝网、天猫商城等网站抵扣相应现金进行购物，同时还支持还信用卡、缴水电煤费用、兑换彩票或礼品，也可以捐款献爱心。

第二类是服务币，主要是指虚拟社区运营商为了鼓励用户之间进行资源共享而设立的一种虚拟货币，用户要获得这种虚拟货币，必须按照虚拟社区的规则参与特定的虚拟社区活动。如，豆瓣小豆，是豆瓣社区为了促进用户互动而设立的虚拟货币，除了系统的不定期奖励发放外，用户可以通过在豆瓣社区创作优秀的作品来获得小豆，然后通过小豆换取折价券或代金券，去与豆瓣合作的网站购买实体商品。

第三类是游戏币，是虚拟社区发行的可以通过现实货币来购买的一种虚拟货币，购买后一般不能或者很难兑换回现实货币。通过游戏币可以在虚拟社区购买虚拟商品或服务，一般不能购买实体商品或服务。如，腾讯公司发行的 Q 币，可以用来购买腾讯公司自己提供的虚拟商品或服务。再如 Amazon 为了刺激用户在其市场购买应用程序，进而激励 Android 开发者为其编写应用而推出的亚马逊币（Amazon Coins），用户可以通过亚马逊币来购买 Kindle Fire 里的应用程序和道具。同时也包括像"第二人生"这种大型角色扮演游戏系统中的可以与美元自由兑换并拥有浮动汇率的林登币，不但可以购买虚拟商品和服务，也可以购买实体商品和服务。

第三章　第三方支付

第一节　第三方支付概况

支付宝（中国）网络技术有限公司是国内领先的第三方支付平台，致力于提供"简单、安全、快速"的支付解决方案。与支付宝相似的第三方支付平台，还有常用的微信、QQ钱包等等。第三方支付的产生和发展给生活带来了极大的便利，越来越多的人习惯不带钱包出门，通过手机就可以完成支付。

一、第三方支付的定义

第三方支付是指具备一定实力和信誉保障的独立机构，采用与各大银行签约的方式，通过与银行支付结算系统接口对接而促成交易双方进行交易的网络支付模式。

采用第三方支付模式，买方选购商品后用第三方平台提供的账户进行货款支付（支付给第三方），并由第三方通知卖家货款到账，要求发货；买方收到货物，检验货物并且进行确认后再通知第三方付款；第三方再将款项转至卖家账户。

《中国人民银行办公厅关于实施支付机构客户备付金集中存管有关事项的通知》的发布明确了第三方支付机构在交易过程中产生的客户备付金今后统一交存至指定账户，由央行监管，支付机构不得挪用、占用客户备付金。

二、第三方支付的背景

第三方支付采用支付结算方式。按支付程序分类，结算方式可分为一步支付方式和分步支付方式，前者包括现金结算、票据结算（如支票、本票、银行汇票、承兑汇票）、汇转结算（如电汇、网上支付），后者包括信用证结算、保函结算、第三方支付结算。

在社会经济活动中，结算属于贸易范畴。贸易的核心是交换。交换是交付标的与支付货币两大对立流程的统一。在自由平等的正常主体之间，交换遵循的原则是等价和同步。同步交换就是交货与付款互为条件，是等价交换的保证。

在实际操作中，对于现货标的的面对面交易，同步交换容易实现，但许多情况下由于交易标的的流转验收（如商品货物的流动、服务劳务的转化）需要过程，货物流和资金流的异步和分离不可避免，同步交换往往难以实现。而异步交换，先收受对价的一方容易违背道德和协议，破坏等价交换原则，故先支付对价的一方往往会受制于人，自陷被动、弱势的境地，将承担风险。异步交换必须附加信用保障或法律支持才能顺利完成。

同步交换可以规避不等价交换的风险，因此为确保等价交换就要遵循同步交换的原则。这就要求支付方式应与交货方式相适配，对当面现货交易，适配即时性一步支付方式；对隔面或期货交易，适配过程化分步支付方式。过程化分步支付方式契合了交易标的流转验收的过程性特点，款项从启动支付到所有权转移至对方不是一步完成，而是在中间增加中介托管环节，由原来的直接付转改进为间接汇转，业务由一步完成变为分步操作，从而形成一个可监可控的过程，按步骤有条件地进行支付。这样就可货走货路、款走款路，两相呼应同步起落，使资金流适配货物流进程达到同步相应的效果，使支付结算方式更科学化、合理化地契合市场需求。

传统的支付方式往往是简单的即时性直接付转和一步支付。其中钞票结算和票据结算适配当面现货交易，可实现同步交换；汇转结算中的电汇及网上直转也是一步支付，适配隔面现货交易，但若无信用保障或法律支持，异步交换容易引发非等价交换风险。现实中买方先付款后不能按时、按质、按量收获标的，卖方先交货后不能按时如数收到价款，被拖延、折扣或拒付等引发经济纠纷的事件时有发生。

在现实的有形市场，异步交换权且可以附加信用保障或法律支持来进行，而在虚拟的无形市场，交易双方互不相识，不知根底，故支付问题曾经成为电子商务发展的瓶颈之一。卖家不愿先发货，怕货发出后不能收回货款；买家不愿先支付，担心支付后拿不到商品或商品质量得不到保证。博弈的结果是双方都不愿意先冒险，网上购物无法进行。

为迎合同步交换的市场需求，第三方支付应运而生。第三方是买卖双方在缺乏信用保障或法律支持的情况下的资金支付"中间平台"，买方将货款付给买卖双方之外的第三方，第三方提供安全交易服务，其运作实质是在收付款人之间设立中间过渡账户，使汇转款项实现可控性停顿，只有双方意见达成一致才能决定资金去向。第三方担当中介保管及监督的职能并不承担什么风险，所以确切地说这是一种支付托管行为，通过支付托管实现支付保证。

三、第三方支付的特点

除了网上银行、电子信用卡等支付方式以外，还有一种方式也可以相对降低网络支付的风险，那就是正在迅猛发展的利用第三方机构的支付模式及其支付流程。而这个第三方机构必须具有一定的诚信度，在实际的操作过程中这个第三方机构可以是发行信用卡的银行本身。在进行网络支付时，信用卡号码以及密码的披露只在持卡人和银行之间转移，降低了通过商家转移而导致的风险。

同样，当第三方是除了银行以外的具有良好信誉和技术支持能力的某个机构时，支付也通过第三方在持卡人或者客户和银行之间进行。持卡人首先和第三方以替代银行账号的某种电子数据的形式（例如邮件）传递账户信息，避免了持卡人将银行信息直接透露给商家，另外也可以不必登录不同的网上银行界面，而每次登录时都能看到相对熟悉和简单的第三方机构界面。

第三方机构与各个主要银行之间又签订有关协议，使得第三方机构与银行可以进行某种形式的数据交换和相关信息确认。这样第三方机构就能实现在持卡人或消费者与各个银行以及最终的收款人或者是商家之间建立一个支付流程。

可以看到，第三方支付具有显著的特点：

第一，第三方支付平台提供一系列的应用接口程序，将多种银行卡支付方式整合到一个界面上负责交易结算中与银行的对接，使网上购物更加快捷、便利。消费者和商家不需要在不同的银行开设不同的账户，可以帮助消费者降低网上购物的成本，帮助商家降低运营成本；同时，还可以帮助银行节省网关开发费用，并为银行带来一定的潜在利润。

第二，较之 SSL、SET 等支付协议，利用第三方支付平台进行支付操作更加简单而易于接受。SSL 是应用比较广泛的安全协议，在 SSL 中只需要验证商家的身份。SET 协议是基于信用卡支付系统的比较成熟的技术。但在 SET 中，各方的身份都需要通过 CA 进行认证，程序复杂，手续繁多，速度慢且实现成本高。有了第三方支付平台，商家和客户之间的交涉由第三方来完成，使网上交易变得更加简单。

第三，第三方支付平台本身依附于大型的门户网站，且以与其合作的银行的信用作为信用依托，因此第三方支付平台能够较好地突破网上交易中的信用问题，有利于推动电子商务的快速发展。

在通过第三方支付平台的交易中，买方选购商品后使用第三方支付平台提供的账户进行货款支付，由对方通知卖家货款到达进行发货；买方检验货物后就可以通知付款给卖家。第三方支付平台的出现，从理论上讲，杜绝了电子交易中的欺诈行为，这也是由它的特点决定的。

四、第三方支付的分类

（一）行业分类

第三方支付企业类型分为互联网型、金融型。

1. 互联网型第三方支付企业

以支付宝、财付通为首的互联网型第三方支付企业，以在线支付为主，捆绑大型电子商务网站，迅速做大做强。

2. 金融型第三方支付企业

以银联商务、快钱、汇付天下、易宝、拉卡拉等为首的金融型第三方支付企业，侧重行业需求和开拓行业应用。

3. 第三方支付公司为信用中介

非金融机构的第三方支付公司为信用中介，类似银联商务、拉卡拉、嘉联支付这类手机刷卡器产品，这类移动支付产品通过和国内外各大银行签约，具备很好的实力和信用保障，是在银行的监管下保证交易双方利益的独立机构，它在消费者与银行之间建立一个某种形式的数据交换和信息确认的支付流程。乐富支付向广大银行卡持卡人提供基于 POS 终端的线下实时支付服务，并向终端特约商户提供 POS 申请或审批、自动结账或对账、跨区域 T+1 清算、资金归集、多账户管理等综合服务。

（二）主流品牌

1.PayPal

其中用户数量最大的是 PayPal 和支付宝，前者主要在欧美国家流行，后者是阿里巴巴旗下的产品。拉卡拉则是中国最大线下便民金融服务提供商。另外，中国银联旗下的银联电子支付也开始发力于第三方支付，推出了银联商务来提供相应的金融服务。

2. 支付宝

支付宝（中国）网络技术有限公司是国内领先的独立的第三方支付平台，是由阿里巴巴集团 CEO 马云先生创立的第三方支付平台，是阿里巴巴集团的关联公司，支付宝致力于为中国电子商务提供"简单、安全、快速"的在线支付解决方案。

3. 拉卡拉支付

拉卡拉支付是一种技术融合产品，即将银行严格的风险控制与支付企业的技术创新相结合。招行、广发等手机银行已经内置拉卡拉移动支付功能，解决了手机银行只能受理本行银行卡的问题。

4. 财付通

财付通是腾讯公司于 2005 年 9 月正式推出的专业在线支付平台，它致力于为互联网用户和企业提供安全、便捷、专业的在线支付服务。

5. 宝付

宝付推出的"我的支付导航"主要分个人支付导航与商户支付导航两大板块。从网上缴纳水、电、天然气费等基本生活需要，到旅行买机票、火车票、定酒店再到网上购物、话费充值等各种类型的"日常便民服务"，"我的支付导航"不仅为广大个人用户提供了便利生活的支付服务，也给企业商户提供了行业解决方案、一站式解决方案及增值服务等产品服务。

6. 国付宝

国付宝信息科技有限公司（国付宝）是商务部中国国际电子商务中心（CIECC）与海航商业控股有限公司合资成立的，是针对政府及企业的需求和电子商务的发展精心打造的国有背景的、引入社会诚信体系的独立第三方电子支付平台，也是"金关工程"的重要组成部分。

7. 迅银支付

北京迅银支付网络科技有限公司（迅银支付）是由国内金融、支付、科技等领域资深从业人士组建的，公司以自有创新技术努力为国内企业、行业客户和投资者提供安全、便捷、稳定的互联网金融支付科技平台，拥有成熟而完善的管理经验及服务体系。

迅银支付以终端消费群体的需求为核心，其智能终端中还包括信用卡还款，话费充值，水、电、天然气费代缴等一系列便民服务，最大化地服务消费者。除此之外，加盟迅银支付的审批也十分简单，办理较便捷，安装完即能使用。除此以外，迅银支付还拥有金融服务 T+0 平台、商盟生活服务平台、数据外包服务平台等。

迅银支付作为行业中的佼佼者，首先考虑的是商户的利益，保证商户交易不停、结算不缓，不让任何商户损失一分钱。这些商户是给予迅银支付最大信任的人，有他们的信任，才有迅银支付的未来。其次要考虑的是经销商的利益，保证经销商分润不停、业务稳定。经销商是迅银支付的核心伙伴，迅银支付与各经销商同进退、同成长、互利共赢。

五、第三方支付的交易流程

在第三方支付交易流程中，支付模式使商家看不到客户的信用卡信息，同时又避免了信用卡信息在网络上多次公开传输而导致信用卡信息被窃。

以 B2C 交易为例：

第一步，客户在电子商务网站上选购商品，最后决定购买，买卖双方在网上达成交易意向。

第二步，客户选择第三方作为交易中介，客户用信用卡将货款划到第三方账户上；

第三步，第三方支付平台将客户已经付款的消息通知商家，并要求商家在规定时间内发货；

第四步，商家收到通知后按照订单发货；

第五步，客户收到货物并验证后通知第三方；

第六步，第三方将其账户上的货款划入商家账户中，交易完成。

六、微信的支付方式及优势

使用微信支付非常简单，用户只需要在微信中关联一张银行卡并完成身份认证，即可将装有微信 APP 的智能手机变成一个全能钱包，之后便可以购买合作商户的商品及服务，进而采用微信支付即可完成交易，整个过程简便流畅。微信支付正在以其方便、快捷、高效等诸多方面的优势吸引着越来越多的用户使用。目前微信支付主要通过以下方式实现：公众号支付、扫码支付、APP 支付、刷卡支付。这些支付方式可以为客户实现快速付款，为商户实现高效收款。具体的支付使用流程如下：

（一）公众号支付

微信公众号是开发者或商家在微信公众平台上申请的应用账号，该账号与 QQ 账号互通，通过公众号商家可在微信平台上实现和特定群体的文字、图片、语音、视频的全方位沟通、互动，形成一种主流的线上线下微信互动营销方式。

首先商家要注册公众平台账号，可以选择账号类型为服务号，然后填写相关资料并通过微信支付认证。在资料提交后，微信支付会向其结算账户中打一笔数额随机的验证款，进行商户验证。待资料审核通过后查收款项，登录商户平台填写款项额，数额正确即可通过验证。验证通过后在线签署线上协议，完成之后商户即可将产品上线进行售卖。

公众号支付，即在微信内的商家页面上完成支付。首先在公众号内进行商品消息推送，其次在公众号内选购商品，然后将自己要购买的商品下单，再输入个人微信密码，就可以实现微信支付。

（二）APP 支付

首先商家要注册微信开放平台账号，通过开发者资质认证提交 APP 基本信息，通过开放平台应用审核；然后填写相关资料，再进行商户验证及签署线上协议，完成后就可以在 APP 内调用微信支付发起支付。例如，现在比较广泛应用的滴滴快车软件。

用户在相关的 APP 内选择好自己想要购买的商品，然后放入"购物车"提交订单，进行商品信息的确认，再输入微信支付密码，即支付成功。

（三）微信扫描二维码支付

商户首先要注册公众平台。选择账号类型为服务号，填写相关资料并通过微信支付认证。然后商户填写自己的资料信息，再进行商户验证，验证通过后，在线签署线上协议，即可将产品上线进行售卖。

用户首先选好商品，然后扫描商品二维码，再进行商品信息确认，输入自己的微信支付密码，即可支付成功。

（四）刷卡支付

商户要注册公众号，然后填写相关企业资料，再进行商户验证，验证通过后，在线签署线上协议，即可将产品上线进行售卖。

微信支付的优势：

第一，全民微信，人人都是 POS 机，微信支付 + 公众号为商家连接每一个客户。

第二，支付方式简单、快捷、安全，支持所有主流银行卡，金融级别的支付安全体系有五大安全保障为用户提供安全防护和客户服务。

第三，营销推广，高效便捷。99% 的用户习惯用微信扫二维码，可低门槛开展线下活动。依托微信海量用户与关系链使营销活动快捷传播（如微信红包）。

第二节　第三方支付的模式

如今第三方支付公司在线下与 POS 机市场打得不可开交，为了占领市场和利益最大化纷纷选择代理商模式，与直销模式渐行渐远。代理商模式虽然成本较低、发展商户较快、获得效益也较快，但是弊端也很明显，比如无法与商户直接交流、无法获取商户的真实信息、风险事件频发，以往传统意义上的营销商户已经变成了营销代理商。

一、第三方支付机构

第三方支付公司的组织架构，我们以支付宝为例。

（一）设总裁或者总经理办公室（为集团总部领导人员）

总裁办公室下设行政部办公室，管理日常琐碎事务。如，所有人员的考勤和出差订票等。

（二）市场部

（1）分支机构管理部门：管理全国分支机构，用于协调全国分支机构和总部各部门的沟通。

（2）产品规划部：用于规划全国产品和营销方案的设计。

（3）集团项目部：用于全国的项目规划落地。

（4）商圈建设部：实现全国的商圈建设和商户的接入。

（5）分支机构的省市分公司：实现全国各地区的销售和后续的维护和管理。

（三）运营部

（1）客服部：负责全国用户的咨询和事务的处理。

（2）运维技术部：负责整体系统的维护。

（3）产品测试部：负责产品的测试和上线。

（4）对外宣传部：负责对外宣传和官方网站的建设。

（5）运营合作部：负责配合市场做技术支撑和活动。

（四）技术研发部

负责产品的研发和技术服务支撑，根据项目设立部门。

（五）风险规范部

（1）风险管理部：负责数据监督和风控事宜。

（2）金融行业部：负责金融行业协调和配合市场做相关事务处理。

（3）清算中心组：负责每日的数据核对和相关数据清算。

（4）合同管理部：主要负责法律事务和合同管理事宜。

二、第三方支付的运营模式

第三方支付平台运用先进的信息技术，分别与银行和用户对接，将原本复杂的资金转移过程简单化、安全化，提高了企业的资金使用效率。如今的第三方支付已不仅仅局限于最初的互联网支付，而是成为线上线下全面覆盖、应用场景更为丰富的综合支付工具，并且依前文所述，从第三方支付平台的功能特色来看，第三方支付可以分为支付网关模式和支付账户模式。目前市场上第三方支付公司的运营模式可以归为两大类，一类是以快钱为代表的独立第三方支付模式；另一类是以支付宝、财付通为代表的依托自有B2C、C2C电子商务网站，提供担保功能的第三方支付模式。

（一）独立第三方支付模式

独立第三方支付模式，是指第三方支付平台完全独立于电子商务网站。

不仅有担保功能为用户提供支付服务和支付系统解决方案，平台前端还联系着各种支付方法供网上商户和消费者选择，同时，平台后端连着众多银行，平台负责与各银行之间的账务清算。独立的第三方支付平台实质上充当了支付网关的角色，但不同于早期的纯网关型公司，它们开设了类似支付宝的虚拟账户，从而可以收集所服务的商家的信息，作为为客户提供支付结算功能之外的增值服务的依据。

独立第三方支付平台主要面向 B2B、B2C 市场，为有结算需求的商户和企业单位提供支付解决方案。它们的直接客户是企业，通过企业间接吸引消费者。独立第三方支付企业与依托电商网站的支付宝相比更为灵活，能够积极地响应不同企业、不同行业的个性化要求，面向大客户推出个性化的定制支付方案，从而方便行业上下游的资金周转，也使其客户的消费者能够便捷付款。独立第三方支付平台的线上业务规模远比不上支付宝和财付通，但其线下业务规模不容小觑。独立第三方支付平台的收益来自于银行的手续费分成和为客户提供定制产品的收入。但是，该模式没有完善的信用评价体系，容易被同行复制，迅速提升在行业中的覆盖率以及用户黏性是其制胜关键。

（二）有交易平台的担保支付模式

有交易平台的担保支付模式，是指第三方支付平台捆绑着大型电子商务网站，并同各大银行建立合作关系，凭借其公司的实力和信誉充当交易双方的支付和信用中介，在商家与客户间搭建安全、便捷、低成本的资金划拨通道。

在此类支付模式中，买方在电商网站选购商品后，使用第三方支付平台提供的账户进行货款支付，此时货款暂由平台托管并由平台通知卖家货款到达、进行发货。待买方检验货物进行确认后，通知平台付款给卖家，此时第三方支付平台再将款项转至卖方账户。这种模式的实质是第三方支付平台作为买卖双方的信用中介，在买家收到货物前代替买卖双方暂时保管货款，以防止出现欺诈和拒付行为。

支付宝和财付通由各自母公司的电商业务孕育而出，本是作为自有支付工具出现。在淘宝、拍拍等 C2C 电子商务网站上聚集的个人商户和小微企业商户没有技术实力来解决网络购物的支付问题，双方通过网络直接交易对消费者而言也缺乏信任感，这就需要中立于买卖双方有技术实力又有担保信用的第三方来搭建这个桥梁，支付宝和财付通即在这种需求下应运而生。担保支付模式极大地促进了它们所依附的电商网站的交易量，电商网站上的消费者也成为支付平台的使用者。担保交易模式所打造的信任环境为其带来了庞大的用户群，这些海量的用户资源为这类第三方支付平台创造了强大的优势地位。

三、第三方支付的产业链

根据产业链的企业形态，可以将产业链分为产品链和价值链。

（一）第三方支付的产品链

传统的产业链是上下游产品的投入与产出之间的关系。产品链是产品的流动和为了实现产品流动而产生的资金流动以及信息流动，其实就是专业分工后的产品流动。在第三方支付的产业链当中，第三方支付平台是产业链的核心所在，它贯穿了整个交易活动的始终，有别于传统产业链当中某个具体的位置，只能停留在其上下游的中间位置。第三方支付之所以能贯穿整个产业链，是因为第三方支付服务的具体形态表现为支付工具与支付服务的产品链。产品链的服务对象是进行商品交易与资金清算的客户。

第三方支付平台由于其对商家、客户、银行的优势，使其在缺乏有效信用约束体系的网络交易环境当中脱颖而出。首先，对商家而言，通过第三方支付平台可以规避无法收到客户货款的风险，同时能够为客户提供多样化的支付工具。尤其为无法与银行网关建立接口的中小企业提供了便捷的支付平台。其次，对客户而言，不但可以规避无法收到货物的风险，而且货物质量在一定程度上也有了保障，增强了客户网上交易的信心。最后，对银行而言，通过第三方平台银行可以扩展业务范畴，同时也节省了为大量中小企业提供网关接口的开发和维护费用。可见，第三方支付模式有效地保障了交易各方的利益，为整个交易的顺利进行提供了支持。

第三方支付产品链要求具备非常高的合作程度，但是其中也存在十分激烈的竞争。假如银行需要提高利润，就会压低第三方支付的服务和电子交易费用，而第三方支付势必也会向客户收取更高的费用以维持一定的利润空间。一旦商户从第三方支付中获益大大降低，就会有可能退出第三方支付平台继而选择直接支付等方式。产业链当中一旦出现合作关系的改变，就极有可能损害整个产品链的利益，无法达到共赢。因此在第三方支付产业链当中必须合理处理各方的关系，尤其是第三方支付平台与银行的关系。如果第三方支付提供的支付结算业务趋近于银行的支付结算业务，两者之间的竞争会加剧，从而影响整个产品链。第三方支付平台当中的企业应当采取差异化战略，提供不同的产品。

（二）第三方支付的价值链

波特认为："每一个企业都是在设计、生产、销售、发送和辅助其产品的过程中进行种种活动的集合体。所有这些活动可以用一个价值链来表明。"第三方支付的价值链体现为平台内部各业务单元的价值以及与第三方支付相关行业的行业价值链。

第三方支付平台的竞争，不只是内部企业与企业之间的竞争，更是这个价值链之内的竞争。整个价值链的综合竞争力决定企业的内部竞争力。第三方支付平台需要生存和发展，就必须为平台内部的企业以及相关的利益集团，包括消费者、供应商、银行等创造价值。创造价值，即增值活动，在第三方支付产业链当中，增值活动会直接影响到第三方支付的竞争力。

支付宝是在线支付的一个例子，从事第三方支付的服务活动，银行专门从事金融产品的研发与清算，而将在线交易服务外包给支付宝。生产销售本是企业内部的增值活动，现在第三方支付打破了这种陈规。银行支付业务外包使企业内部价值链由不同企业组成，因而消费者获得产品的渠道不再是产品链运动的结果，而是由价值链完成价值创造之后的结果。可见价值链容易达到共赢效果。但是对于这种外包模式来说，外包企业即第三方支付企业更占优势，因为它们可以通过自身的赢利模式比银行赚取更高的利润。假若以产品互补结成价值链，价值活动创新会更容易实现第三方支付产业共赢。

第三方支付为企业和个人提供良好的互动结算系统，并按照客户的需求不断地改善和升级。银行的服务体系也随着第三方支付的发展需要不断完善。通过第三方支付与银行的合作，达到了银行、第三方支付企业、客户共赢的效果。

（三）第三方支付产业链的维护

从对价值链的阐述中可知，第三方支付产业链是一环扣一环的，任何一个环节的疏漏或利益变迁都会引起整个产业链的波动。银行更希望借助于第三方支付企业的高成长性和创新性来提高自身的竞争能力，而第三方支付企业与银联的竞争将不可避免。对于支付企业，创新和效率仍然是其未来发展的根本。对于用户和商户而言，支付成功率、便捷程度才是决定其如何选择的关键，用户体验将是决定未来竞争格局走向的根本因素。

（四）第三方支付产业链的兴盛

在恶性竞争进行的同时，各家第三方支付企业使出浑身解数，创新业务模式不断涌现，合作衍生了更多发展机会。

第三方支付的经济及政策地位已日益明确，更多的行业和企业正在向第三方支付企业开放。以传统行业 B2B 电商、物流、行业解决方案为代表的全新的业务体系开始在整体的交易规模中逐步放量。支付企业提供的服务逐步渗透到整个产业链，由单纯的提供支付结算服务向提供行业解决方案发展，涉及行业包括钢铁、物流、基金、保险等诸多传统领域。可以预见的是各支付企业将在不同的细分市场逐步形成稳定的市场竞争优势，多元化格局将逐步显现。

四、第三方支付与传统支付方式的对比

第三方支付通过采用二次结算的方式实现了大量小额交易在第三方支付公司的轧差后清算，在一定程度上承担了类似中央银行的支付清算功能，同时还能起到信用担保的作用。

在移动支付产生以前，客户与第三方支付公司建立联系主要通过电脑端实现，移动支付诞生以后，客户与第三方支付公司的联系逐渐向手机端转移。移动支付主要指通过移动通信设备，利用无线通信技术来转移货币价值以清偿债权债务关系。近年来我国移动支付发展迅速，移动支付的形式更加多样，出现了短信支付、NFC 近场支付、语音支付、二维码扫描支付、手机银行支付、刷脸支付等移动支付方式。国外的移动支付模式在发达地区与我国比较相似，而在贫穷地区主要表现为手机银行，一般不需要第三方支付来配合。

我国的移动支付模式如果是由银行推出，则需要开通手机银行，同时为了配合近场支付，可能还需要手机具有 NFC 功能。如果是三大运营商推出的移动支付，一般是通过在 SIM 卡植入芯片来完成支付（如手机贴膜卡、翼支付的 RFID-UIM 卡等）。如果是纯粹的第三方支付公司推出，不用开通手机银行就可直接进行支付，如，支付宝的"碰碰刷"、微信支付等，其

特点就是方便快捷，最大限度地满足客户对速度的要求。但第三方支付公司推出的移动支付，安全性不及手机银行，多数情况由保险公司来进行承保。个人的金融账户不再专属于传统金融机构，支付与账户紧密相连，账户是支付的起点与归宿，没有了账户也就没有了支付，在电子货币时代账户尤其重要。国泰君安证券公司董事长万建华认为，"未来金融业，得账户者得天下"。支付是将货币从一个账户转移到另一个账户，支付的过程就是货币在账户之间转移的过程。在电子货币时代，要使货币同时具有支付与金融商品的属性，个人账户不可或缺（如果是现金交易则可以不需要）。而能够作为支付手段的金融商品，一般具有低波动率、高流动性的特征。

随着互联网金融的兴起，个人的金融账户不再专属于传统金融机构，一些互联网公司也可以提供，如，支付宝账户、QQ账户等。在一段时间内账户提供主体将呈现多元化的态势。而随着个人账户的逐步集成（如超级网银可以集成不同银行的账户，支付宝账户向第三方应用开放等），个人账户最终可能由中央银行这类机构来提供，因为集成后的个人账户具有公共产品的属性。

在电子货币时代，信息技术的发展使得移动支付与第三方支付具有金融产品的属性，这是区别于其他支付手段的典型特征。支付的金融产品属性不仅增加了移动支付与第三方支付的吸引力，也增加了货币控制的难度。支付的金融产品属性具有一个典型特点，即作为支付手段的货币要么本身就是金融产品，要么能够自动在金融产品与支付手段之间进行转换，通过转换来实现价值。

在贵金属货币时代与电子货币时代，货币在没有进行支付时，都可以成为金融产品。而二者的不同之处在于在进行支付时，货币与金融产品相互转化的交易成本不同，在贵金属时代货币与金融产品转化的交易成本较电子货币时代要高。此外，在电子货币时代，移动支付的可移动性与支付的移动性特征不谋而合，这本身就大大降低了货币与金融产品转化的交易成本。

在电子货币时代，只需要拥有一个账户（如支付宝账户），通过电脑或者是移动终端，动动手指就可以把货币与金融产品连接起来。不进行支付时，个人账户上的数字是金融产品，进行支付时，个人账户上的数字是货币，这一过程的转换在瞬间完成。这一切在以前根本无法想象，而在互联网时代则轻而易举，这就是技术的力量，但这也给货币控制带来了挑战。

第三节 第三方支付风险分析及风险防范

第三方支付是为了解决电子商务中的安全交易问题而创设的，为网络交易中的商家、银行和消费者之间搭建的安全、互信、方便、快捷、实时、低成本交易平台，即和产品所在国家以及国外各大银行签约，并具备一定实力和信誉保障的第三方独立机构提供的交易支持平台。在网络交易中买卖双方的资金流转通过第三方支付平台来完成，保证了由于买卖双方互不了解而引发的信用问题，促进了网络交易的发展。在经历了多年的发展之后，第三方支付在我国已被大众所熟知，一大批第三方支付机构日益壮大起来，如支付宝、快钱、财付通等第三方支付巨头占据了大部分市场份额。但随着第三方支付的快速发展，其风险也日益受到关注，如果不能有效地对第三方支付的风险进行分析并找出防范对策，将会给第三方支付市场发展带来不利影响。

一、第三方支付的主要风险

（一）合规风险

合规风险主要是针对第三方支付机构而言的，它包含两层含义：一是第三方支付机构因未能遵循法律监管规定和规则、自律性组织制定的有关准则，以及适用于机构自身业务活动的行为准则，而可能遭受法律制裁或监管处罚、重大财务损失或声誉损失的风险；二是第三方支付监管法律法规缺位，致使第三方支付机构业务被叫停或者面临更加严格的监管而遭受的风险。前一种风险主要是强调第三方支付机构因为各种自身原因主导性地违反法律法规和监管规则等而遭受的经济或声誉的损失，后一种则强调因支付监管法律法规缺位使第三方支付机构面临被关闭或整顿的风险。合规风险的性质通常较为严重，造成的损失也较大，是第三方支付机构所面临的最基础性的风险。

随着第三方支付在我国发展壮大，中国人民银行相继出台了《非金融机构支付服务管理办法》《非金融机构支付服务管理办法实施细则》，正式将第三方支付机构界定为非金融机构，并由中国人民银行进行监管，同时国家开始通过颁发牌照的方式来规范市场准入和业务范围。为了进一步规范每类业务的具体运作，中国人民银行针对预付卡、移动支付业务、客户备付金存管等又先后出台了一些具体管理办法，主要有《支付机构预付卡管理办法》《中国金融移动支付系列技术标准》《支付机构客户备付金存管办法》。随着国家对于第三方支付行业的重视以及监管措施的逐步完善，第三方支付机构在运作时必须首先保证合规守法，否则会给机构带来严重的负面影响。

在我国，第三方支付面临的最大合规风险是监管法律法规缺位，致使第三方支付机构的业务可能被叫停或者面临更加严格的监管的风险。一般而言，国家通常是在第三方支付某项业务发展过于迅速并出现相应问题时推出相关管理办法加以规范。因此，第三方支付机构的创新类业务可能随时受到监管的约束。

（二）沉淀资金风险

1. 第三方支付机构沉淀资金的形成机理

"信用担保、二次结算"的模式使得第三方支付机构内部滞留了大量的客户备付金，第三方支付机构的中介性质使得资金在平台内部有可控性的停顿。具体来说，沉淀资金主要包括以下两种形式：

（1）在途资金

第三方支付机构的运作模式即为买卖双方提供一个交易的中介，因此，资金需要通过第三方支付平台来实现最终的支付。具体做法是买方选购商品之后将资金转入第三方支付平台中，待其最终确认付款时再由第三方支付平台转入卖家账户内。而在这个过程中资金从转入第三方支付平台开始至实际确认付款之间通常有数天的时间差，在此期间这笔资金存在于第三方支付平台内部，形成了所谓的在途资金，这是第三方支付机构沉淀资金最主要来源。

（2）支付工具吸存资金

对于交易担保型账户模式而言，客户需要在第三方支付机构内开立虚拟账户来完成交易。通常情况下，该虚拟账户内部会有一定的留存资金用于交易，其具体的运作类似于银行的活期存款账户，当有交易需求时通过转账即可完成交易。平时这笔资金留存于虚拟账户中，形成了沉淀资金的又一大来源。

2. 沉淀资金的风险

对于沉淀资金，央行已出台了《支付机构客户备付金存管办法》，其中要求第三方支付机构的客户备付金必须全额缴存至相应的备付金专用存款账户且不得擅自挪用、占用或借用，这就限制了第三方支付机构擅自动用沉淀资金。但是《支付机构客户备付金存管办法》同时也允许第三方支付机构在满足日常支付业务办理需要后，可以以单位定期存款、单位通知存款、协定存款或者中国人民银行认可的其他形式存放客户备付金，这时沉淀资金风险转化为一种间接风险，即沉淀资金的风险取决于备付金存管银行沉淀资金运用的收益情况，如果备付金存管银行出现流动性风险时，不能按时足额支付定期存款或协定存款的利息，沉淀资金的风险就会产生。

（三）网络系统风险

1. 移动端风险

移动支付是指移动支付工具使用者通过以手机为主的移动终端完成支付的一种新型支付模式，它代表着支付结算领域新的发展方向。随着我国移动支付的快速发展，其风险也随之而来。移动端的风险是指第三方支付移动端系统安全设计方面存在漏洞而导致的客户资金被盗、交易失败等风险。目前移动端的设计上仍存在漏洞，以支付宝为例，移动支付需要客户输入支付密码，一旦客户手机丢失不法分子就可以通过"忘记密码"选项重新申请新的密码进行转账和支付，从而将客户账户的资金盗走。

2. 内部软件程序风险

内部软件程序风险是指第三方支付机构在具体运作时处理业务的流程设计不当所引发的风险，具体来说包括合同条款的设计、转账支付流程设计、报账流程设计等，如果这些内部的软件程序设计有误将会影响使用者使用。

对于第三方支付机构这样依托互联网经营的企业，其内部的软件操作流程设计至关重要，它直接影响着第三方支付机构所提供服务的质量。如果流程设计不当，即使未发生人员操作问题也可能产生交易失败的风险。一方面，第三方支付机构在处理常规业务时，可能因为内部软件流程设计引发相关问题；另一方面，当客户的账户出现异常时，可能因为没有相应的风险防控流程设计而导致客户遭受损失。

3. 硬件系统缺陷风险

硬件系统缺陷风险是指第三方支付机构在运营过程中因为计算机硬件设备故障而导致的风险。由于第三方支付机构的特殊性，计算机硬件设备对其经营起着至关重要的作用，一旦计算机硬件设备出现故障将导致交易无法完成，会给客户和第三方支付机构带来不小的损失。

以支付宝为例，"双十一"期间由于淘宝网和天猫商城推出一年一度的优惠活动，吸引了不少网络用户参与，当天的交易量达到一年内的最高值。如此大的交易量需要计算机系统有效运作来保证，否则，一旦交易量激增超过其设备所能处理的交易上限，将导致系统不能正常交易。不少网友曾表示，在"双十一"期间的高峰时段很难完成支付，当系统恢复时其心仪的商品已经被抢购一空。因此，由于计算机硬件设备引发的风险不但影响消费者的网络交易，也会使第三方支付机构自身的信誉受到损害。

此外，网络支付中还有一类特有的风险，称为"掉单"，是由于网络故障、客户端故障等引发的在客户完成支付后信息传递发生中断的风险，可导致商家未能及时收到货款，只能通过各方协商对账来进行解决。但在实际过程中这种对账费时费力，第三方支付机构可能由于免责而不能提供有效的解决方案，使得商家和消费者受损，影响第三方支付机构的公信力。

（四）网络欺诈风险

在虚拟交易环境下不法分子会利用网络漏洞进行欺诈使得消费者受损，这种情况通常是不法分子利用消费者自身的防骗意识较弱得以实现的。具体而言，一般是通过注册网店，然后推出一些优惠活动吸引消费者参与，并告知若想参与此活动只能通过所给链接进行支付，从而诱使消费者付款。此外，还有一种方式是以第三方支付机构的名义给消费者发邮件，通过窃取消费者的账户信息来实现其不法行为。随着网络交易的丰富，各式各样的欺诈形式层出不穷，其本身多与第三方支付机构无关，但是不法分子正是利用消费者对第三方支付机构的信任或第三方支付机构本身运作时存在的漏洞实施不法行为，最终使得消费者蒙受损失。

对于第三方支付机构来说，其对网络交易未能进行有效的监控，并通常设有免责条款。以支付宝为例，其明文规定："本公司对您所交易的标的物不提供任何形式的鉴定、证明的服务。"这本身就是不承担相关的监督责任。此外，由于对第三方支付机构业务操作的具体流程没有相关规定，导致无法对其注册用户的信息进行有效的核实和管理，这也使得不法分子能够利用虚假信息来实现网络欺诈。

作为网络交易重要组成部分的消费者，权利得到保障才能安全地享受网络交易的便利快捷。网络欺诈行为的发生不仅影响消费者的交易，也会破坏交易秩序，对第三方支付机构本身也有很大的影响。因此，网络欺诈风险也是第三方支付在运营过程中的一个重要风险。

（五）纠纷处理风险

纠纷处理风险是第三方支付机构在经营过程中一直存在的一类风险，但是又未能像上述风险一样被给予足够的重视和研究。纠纷处理风险是指在第三方支付运营过程中，由于网络欺诈、机构自身软硬件设备故障以及买卖双方纠纷而导致交易不能正常完成或使得客户发生损失等情况时，由于第三方支付机构未能有效解决问题而产生的风险。这种风险具有普遍性，它直接影响着第三方支付机构的公信力和社会的认可度。

具体而言，纠纷处理风险主要有三大类：

1. 由于网络欺诈所引发的纠纷导致的风险

如前所述，网络纠纷是由于不法分子的违法行为所引起的，通常情况下第三方支付机构本身不存在相关的违规操作，但是不能因此就不承担相应的管控和防范责任。如果任由不法分子采取欺诈行为，最终也将降低第三方支付机构的公信力。因此对于第三方支付机构而言，这种潜在的风险应予以重视，并采取相应的措施。

2. 由于机构自身软硬件设备故障而引发的风险

这类风险是机构自身导致的，当这类风险发生时，买卖双方可能因此受到不同程度的损失，所以往往也产生相应的纠纷。即使软硬件设备故障没有造成实际损失，也可能影响客户的使用，不利于客户群的巩固。由于这类风险是机构自身所致，因此及时有效地提供客户满意的解决方案会增加客户黏性。相反，若是对此置之不理或者推卸责任，虽然短时间内不会有明显的影响，但是不利于机构的长远发展。

3. 由于买卖双方纠纷而引发的风险

一般是由于买卖双方对交易未能达成一致意见，买方不认可商品质量而选择退货，但是过了 7 天无理由退货的期限，在申请退货时遭到拒绝。此时由于第三方支付的中介性质，资金尚未转移到卖方账户，但是买方同样无法要回款项。在双方达成一致意见前资金一直滞留于第三方支付平台，虽然资金安全得以保证，但是纠纷没有得到有效处理。目前，国内第三方支付机构大都选择第三方来进行纠纷调解，但是谁来扮演第三方的角色，这个问题一直未能解决，而买卖双方通常会首先向第三方支付机构来寻求帮助。如果第三方支付机构能够采取相应的措施帮助此类纠纷的解决，不仅能够维护交易秩序，而且能在买卖双方间建立起一定的公信力，有利于机构的长远发展。

二、第三方支付风险的防范建议

（一）强化合规监管

现阶段，针对合规监管，国家应该采取如下措施：

1. 制定针对第三方支付机构的评级制度

目前国家对第三方支付机构采取颁发牌照的方式进行准入，但是获得牌照的第三方支付机构仍然鱼龙混杂。如果国家权威部门能针对第三方支付机构建立相应的评级标准，就能对持有牌照的第三方支付机构有一个科学的了解，在缓解信息不对称问题的同时有利于规范第三方支付行业的发展，促使第三方支付机构自身不断改进技术、提高服务质量，从而降低风险。

2. 制定针对第三方支付的反洗钱办法

第三方支付的运作给洗钱活动提供了一个新的途径，不法分子利用第三方支付的中介性质隐匿资金来源，这对经济的发展造成了不利的影响。现阶段，虽然国家已有《支付清算组织反洗钱反恐怖融资指引条例》，但是未出台针对第三方支付的相关办法和规定。因此，应尽快制定有针对性的管理办法并加强相关监管，重点监控第三方交易过程并要求第三方支付机构及时上报可疑交易，保存相关交易记录，以利于市场的有序发展。

（二）建立健全社会信用体系

信用体系的建设关系到市场的方方面面，在网络信息时代，虚拟交易更需要相应的信用体系来规范其发展。第三方支付机构掌握着大量的客户数据，充分利用这些信息有利于我国信用体系的建设。具体而言主要有以下两个方面。

1. 完善个人征信系统

目前，我国的社会信用体系尤其是个人征信系统以中国人民银行的个人征信系统为主导，商业性的征信系统尚在建设中。中国人民银行的征信系统主要纳入了个人银行信贷信用信息，绝大部分非银行信用信息还未被纳入。由于第三方支付机构掌握着数以万计的买卖双方的信息数据，在互联网金融快速发展的今天，如果能将第三方支付所掌握的大数据纳入个人征信系统中，形成庞大的个人信用信息数据库，不但能够完善我国的社会信用体系，消除交易中的信息不对称现象，防范经济交易中的各种信用风险，而且能够减少甚至杜绝各种诈骗的发生，规范市场秩序，维护市场交易主体的经济利益，促进经济社会的健康发展。

2. 建立个人信用评分制度

目前，我国还没有建立科学规范的信用评分制度，这在一定程度上导致了信用风险的增加。如果第三方支付机构能对已有客户信息进行科学的分析评估，形成对客户的信用评分，将会缓解由于信息不对称导致的一系列问题，使得市场的发展更加透明化、规范化。

（三）强化第三方支付机构内部控制

对于第三方支付机构而言，其内部的风险防控至关重要，严格的内控可以有效地防止风险事件的发生，减少由此带来的损失。具体而言主要是从以下三方面入手。

1. 健全内部管理办法

第三方支付机构内部应该制定相应的管理办法，这些办法可以有效地规范机构自身的运营，例如，建立操作流程的相关制度、风险防控的指标及应对措施等。通过这些办法的制定，可以为企业内部的操作提供依据，避免因为机构自身行为不当而导致违反相关规定的情形发生，同时也能提高服务质量和服务效率，形成良好的管理架构。

针对移动支付的发展，第三方支付机构应该在拓展相关业务的过程中注重安全性问题，在保证安全性的前提下进行支付结算的创新，而不能单纯为了追求快捷而忽视安全。具体而言，第三方支付机构应该在符合《中国金融移动支付系列技术标准》的前提下，通过完善移动支付风险管理机制建设、提升支付技术水平等措施来提升移动支付的安全性，保护客户移动交易支付。

2.实行程序化管理

第三方支付机构应该在健全内部管理办法的基础上实行程序化管理。程序化管理不仅包括第三方支付机构的某种活动或者完成某项工作的内容、操作方法及其相应的规则和前后衔接递进的关系，还涉及营运结果的反馈机制等内容。程序化管理可以明确操作人员的职责权限、规范各类人员的行为，防止由于第三方支付机构内部员工操作不规范而导致风险事件的发生。同时，程序化管理可以和员工的绩效考核相结合，使员工在遵循基本方法和原则的基础上能够发挥自身的能动性和创造性，高效完成工作。

3.提高人员素质

第三方支付机构掌握着大量的客户信息，如果内部员工不重视职业道德，将客户信息泄露会给客户造成损失，同时也会使第三方支付机构自身的声誉受损。因此，机构应该重视对员工职业道德的培训和自身企业文化的宣传，使员工认同企业，这样才能更好地完成工作。

另一方面，第三方支付的运作依赖网络和计算机的支持，如果员工操作不当将会造成交易失败等问题，影响正常的支付。因此，第三方支付机构应该对人员严格进行技术培训，使其操作符合规范，保证交易的正常进行。

第三方支付以其独特的运作模式方便了人们的生活，改变着人们的消费习惯。随着普惠金融的推进以及国家监管的不断完善，第三方支付市场将会朝规范化的方向迈进，在不断创新业务、服务大众的同时，为经济可持续发展注入新的生机和活力。

第四节　三方支付发展趋势

第三方支付已成为互联网金融领域最为成熟的行业，作为基础服务广泛应用于各个行业。已经进入成熟期的第三方支付，未来也将呈现出多种发展趋势。

一、竞争激烈、监管趋严挤压行业利润

第三方支付企业同质化的程度高，市场竞争激烈，导致同业之间过度竞争，利润不断下降。由于央行不再发放新支付牌照，大企业纷纷通过购买支付牌照的方式挤进目前已经很拥挤的第三方支付市场，比如，美团推出支

付应用、万达收购快钱等，这加剧了市场的竞争和利润的下降。

另一方面，监管逐步严格规范行业形成的"潜规则"，大力打击了资金挪用等不规范行为，第三方支付机构必须将客户备付金（客户交易时间差产生的资金沉淀）逐步集中存管，而且客户备付金不计利息，防止第三方支付机构以"吃利差"为主要赢利模式。央行的数据表明，备付金利息收入一直是第三方支付机构的主要利润来源。

在竞争和监管的双重挤压下，第三方支付行业利润下降幅度较大，已经成为"红海"，这迫使企业运用新技术、挖掘新市场和提高服务来进行战略优化。

二、服务企业和垂直行业领域尚有深挖空间

面向消费者的标准化的第三方支付的增速也逐渐放缓，市场格局短期很难改变。新的消费者支付场景往往由于非高频交易而无法形成规模，或者新场景形成一定的规模吸引了支付宝和财付通的进入，两大巨头的挤压效应导致其他企业很难找到发展空间。但是针对某个行业细分领域的支付需求还有精细化和多样化的空间，这样的需求无法由大而全的标准产品来满足，比如，旅游、教育、医疗等特殊行业。第二梯队的第三方支付机构通过深耕垂直行业、积累行业数据和业绩品牌巩固了自己擅长的领域，也拓展了第三方支付的发展空间。

企业面对众多的支付接口和系统，如何优化和管理是个问题。因此产生了"聚合支付"等新型的面向企业的支付服务，其本质是为商户提供融合多个支付渠道、统一和优化支付接口的一站式综合支付服务。这不仅可以节约成本、提高效率，还能帮助企业摆脱过于依赖特定支付接口的现状。虽然聚合支付刚起步，也面临一些挑战，但是深挖企业端服务的方向是符合行业目前趋势的。

三、从支付到多元金融服务

支付作为金融的基础服务，天生有切入其他金融服务的优势。支付交易所积累的数据具有真实、高频和高质量的特点，可以作为金融交易数据的必要补充，从而丰富数据维度，提供精准营销、客户管理、信用评级和金融产品推广等增值服务。第三方支付机构经过多年的积累，拥有了大量的行业

和个人的交易数据，纷纷开始着手基于支付数据的多元金融服务，这一业务主要集中在征信和理财领域。

目前大部分支付机构基于数据提供的增值服务业务尚处于探索期，唯独蚂蚁金服在这方面做得最早，也走得最远。蚂蚁金服依托支付宝多年运营数据和超过2亿活跃用户的积累以及淘宝、天猫生态圈场景，打造出涵盖现金余额管理（余额宝）、投资理财（招财宝）供应链和消费金融服务（蚂蚁微贷）、个人征信平台（芝麻信用）、线上财产保险（众安保险）和全面金融服务（网商银行）这样一些全面而丰富的消费端金融平台服务。蚂蚁金服虽然还未上市，但已经估值700亿美元，单支付宝就估值500亿美元，支付宝对其他金融服务的重要性可见一斑。

中国的第三方支付行业的高速发展得益于巨大的人口和市场规模、快速的互联网化潮流，特别是电子商务的兴起和互联网金融的高速发展以及宽松的监管。随着这些红利慢慢消减，第三方支付未来将把竞争重点从消费端转入行业端，并利用支付数据提供多元金融服务。

第四章 众筹

第一节 众筹的内涵

一、众筹的定义

众筹，翻译自国外 Crowd-funding 一词，即大众筹资或群众筹资。它是指用团购＋预购的形式向网友募集项目资金的模式。众筹利用互联网和 SNS 传播的特性，让小企业、艺术家或个人对公众展示他们的创意，争取大家的关注和支持，进而获得所需要的资金援助。众筹的概念来源于众包（Crow-dsourcing）和微型金融（Micro-finance），在一定程度上可以被认为是众包的一部分。融资者借助互联网上的众筹融资平台为其项目向广泛的投资者融资，每位投资者通过少量的投资金额从融资者那里获得实物（例如预计产出的产品）或股权回报。

现代众筹指通过互联网的方式发布筹款项目并募集资金。相对于传统的融资方式，众筹更为开放。能否获得资金也不再是以项目的商业价值作为唯一标准，只要是网友喜欢的项目，都可以通过众筹方式获得项目启动的第一笔资金，为更多小本经营或创作的人提供了无限的可能。

举个例子：筹资人想开发一个鞋底内置滑轮的鞋子但是缺少资金，那就可以在互联网上展示出想法和已经做的准备。然后设定 10 块、100 块或者其他不同的资助额度，让网友们进行资助，前提是必须给不同资助额度设定各种不同的、有创意的回报方式，它们可以是产品开发阶段或与产品有关的纪念品，也可以是最终的成品。在一定期限内达到目标筹资额后，如果项目顺利完成，则需要在约定的期限内给予捐赠者相应的回馈；如果一直没有获得足够的资金去启动，则筹资者只需要返还资金给捐赠者即可。

二、众筹的起源

众筹的雏形最早可追溯至 18 世纪，当时很多文艺作品都是依靠一种叫作"订购"的方法完成的。例如，莫扎特、贝多芬就采取这种方式来筹集资金，他们去找订购者，这些订购者给他们提供资金。当作品完成时，订购者会获得一本写有他们名字的书，或协奏曲的乐谱副本，或可以成为音乐会的首批听众。类似的情况还有教会捐赠、竞选募资等。但上述众筹现象既无完整的体系，也无对投资人的回报，不符合商业模式特征。

众筹作为一种商业模式最早起源于美国，距今已有10余年历史。近几年，该模式在欧美国家迎来了黄金上升期，发展速度不断加快，在欧美以外的国家和地区也迅速传播开来。

美国网站 KickStarter 是当今影响力最大的众筹网站，也被许多人认为是互联网众筹的起源。事实上，世界上最早建立的众筹网站是 ArtistShare，被称为"众筹金融的先锋"。与西方众筹的历史渊源相吻合，这家最早的众筹平台主要面向音乐界的艺术家及其粉丝。

ArtistShare 公司的 CEO 创建这家公司时的想法是支持粉丝们资助唱片的生产过程，获得仅在互联网上销售的专辑，艺术家则可以获得更加合理的合同条款。艺术家通过该网站采用"粉丝筹资"的方式资助自己的项目，粉丝们把钱直接投给艺术家后可以观看唱片的录制过程（在很多案例中，粉丝还可以观看"特别收录"的内容）。

"众筹"的概念最初深入人心大概要归功于 Kickstarter.com 等一批文艺青年创建的网站。通过 Kickstarter.com 的平台，网友可以为艺术和非盈利事业捐募资金。例如：在底特律建立一座机械战警雕像，或者为计划出版新专辑的草根乐队等等。捐款者获得的可能是一件艺术复制品、一块感谢牌，或仅仅是助人为乐的欣喜之情。

最初的众筹形式给予了热心人士和粉丝一个途径来表示其支持之心，尽管他们并不获得什么财务回报。然而，这一新颖的筹款形式迅速在美国和欧洲各地流行开来，并且从文艺领域扩大到商业领域，像 Crowdfunder.com，Bloom Venture Catalyst 等一批网站如雨后春笋般冒出来。越来越多的企业和个人逐渐参与到众筹领域中来，寄望找到互利共赢的机会。

而美国前总统奥巴马签署的《创业企业扶助法》（JOBS 法案）则为众

筹又加了一把火。该项法案旨在帮助振兴美国经济，改善长期低迷的就业状况。而该法案中最具革命性的一项条款便是：允许公司通过"大众融资"的方式来筹集资金，并由众筹参与者获取资本所有权（相当于股票）或债权（相当于债券）。

具有非常意义的是，这一法案的通过将众筹的参与者从捐款者演变成了投资者，同时也帮助缔造了一个新的"公民投资者"群体。许多评论者表示，众筹有可能使得美国经济不但更具竞争力，而且更加民主。与此同时，众筹可能是少有的同时受到"茶叶党"支持的一个新事物。

2011年5月，众筹模式来到中国，国内第一家众筹网站——点名时间正式上线。"点名时间"不同于一般的商业融资方式，项目发起人享有对项目100%的自主权，不受支持人控制，完全自主。而对于项目支持人，若项目在规定时间内支持金额未达到100%，所支持的款项将全额退回，即采用"达标入账"的方式；若成功，在项目完成后将得到事先约定的回报。此后追梦网、淘梦网、乐童音乐、众筹网、天使汇等在内的一批同类网站先后成立。

三、国内外众筹平台介绍

（一）Kickstarter 概况

Kickstarter 目前是全球最大的综合型众筹平台，也是较早的众筹平台之一，总部位于美国纽约。自上线以来，Kickstarter 屡创奇迹，在世界范围内抛起了一场"众筹风暴"，是商品众筹领域的标杆平台。

成立之初，Kickstarter 只接受来自美国本土创业人员提交的项目，随后逐渐扩展至英国、加拿大、澳大利亚和新西兰。后来 Kickstarter 对于支持者的来源地没有限制，全球各地的支持者都可以为自己喜欢的项目提供资金支持。唯一的限制在于支持者只能以美元或者英镑支付。

目前，Kickstarter 上的项目按内容划分为13个大类：音乐、影视、艺术、出版、戏剧、游戏、设计、视频、漫画、摄影、时尚、舞蹈和技术。所有项目需要通过审核才能上线筹资，且必须预先设定目标金额和筹款期限（期限一旦设定，不可更改，通常在3个月内）。在期限之内筹款达到目标金额即项目成功，否则按失败处理，失败后需将筹集到的资金返还给支持者。Kickstarter 允许项目发起人同时发起数个项目，也支持将一个项目分成数个子项目，按进展和阶段进行筹资。平台会收取成功筹款金额的5%作为服务费，另有 3% ～ 5% 的第三方支付费用需要项目发起人承担。

（二）Indiegogo 概况

总部位于旧金山的 Indiegogo 起初主要针对电影类垂直项目，后来逐步发展为综合性众筹平台。

Indiegogo 是一个完全开放的平台，来自世界各地的人们都可以在这里展示自己的奇思妙想或对项目进行支持。项目发起人无须申请，注册后即可开始筹资活动，还可以利用平台提供的免费工具和 24 小时客服获取更加便捷的服务。目前，Indiegogo 上的项目包括电影、科技、艺术、戏剧、舞蹈、设计、游戏、音乐、影视等 24 个类别。项目的筹资方式比较灵活，分为固定型和灵活型两种，发起人可根据实际需求任选其一，筹资期限可以短到 1 天，也可以长达数年。项目结束后，对于固定筹资且未达到目标金额的，所筹资金将全部返还给支持者，平台不收取任何费用。对于其他情况，Indiegogo 会收取所筹资金的 4% ～ 9% 作为服务费（如果项目发起人是通过美国国税局认证的非营利性机构则可享受 25% 的优惠）。

（三）点名时间

"点名时间"的创办人是一群拥有梦想、热爱创新的年轻人。点名时间上的项目分为科技、音乐、影视、设计、出版、游戏、动漫、摄影和其他 9 个类别，所有的项目都有目标金额和时间限制，必须在发起人预设的时间内达到或超过目标金额才算成功，否则支持款项将全额退回。所有项目都需要经过网站工作人员和大众评委的审核才能上线。平台开创性地引入"预热机制"，即在正式筹资前不设期限地将项目在网上展示，获得足够的关注度、潜在支持者和反馈后，对项目加以完善，再正式开始筹资。如果你想拍一部纪录片但缺乏资金，就可以在点名时间里发起项目，通过视频、图片以及文字介绍等内容告诉大家你想拍一部什么样的纪录片并怎样执行，同时设定拍这部纪录片所需要的目标金额及达成天数，所有看到该项目并喜欢该项目的人就可以选择支持，并通过类似"微支付"的形式支付资金，若你在达成天数内集得了最初所设资金额，你就可以如愿以偿地实施该计划并给予所有的支持者以回报。

（四）众筹网

网信金融集团是由多家知名金融企业与专业投资机构共同创办的，定位于中国互联网金融综合服务提供商，其旗下囊括了众筹、第三方支付、在线理财、网络征信等全线业务，建立了众筹网、先锋支付、壹金融、金融工场、点财网等多个专业金融服务板块。

网信金融以"智慧金融创造美好人生"为愿景，凭借持续的创新和敏锐的市场洞察力，构建全国性的经营网络和多牌照的服务平台，在国内建立华北、华中、华东、华南等4个区域总部。在旧金山建立美国站，员工逾500人。网信金融以开放与合作的精神与清华大学五道口金融学院、新华手机电视台及多家金融机构建立战略合作伙伴关系，并成为首批入驻北京互联网金融产业基地的企业之一。

众筹网作为中国最具影响力的众筹平台，为项目发起者提供路演、筹资、投资、孵化、运营一站式综合众筹服务。自成立以来，已上线众筹网、众筹制造、开放平台、众筹国际、金融众筹、股权众筹六大板块。其中众筹网板块已经在音乐、影视、科技、艺术、出版、动漫、公益等领域占据领先地位。

众筹网十分重视产业生态圈建设，先后通过成立众筹大学、投资乐童音乐并成立原创音乐基金、战略合作口袋音乐并成立Live巡演基金、战略合作V电影并成为微电影产业基金、战略合作友成基金会推进公益、战略投资科技产业供应链等多种方式，为推动中国互联网金融产业发展做出积极贡献。

四、众筹在我国面临的风险

（一）法律风险

众筹在中国可能遇到的第1个刑事法律风险就是可能触犯刑法规定的非法吸收公众存款罪。根据最高人民法院关于审理非法集资刑事案件具体应用法律若干问题的解释，非法集资应当同时满足如下四个条件：未经有关部门依法批准或者借用合法经营的形式吸收资金；通过媒体、推介会、传单、手机短信等途径向社会公开宣传；承诺在一定期限内以货币、实物、股权等方式还本付息或者给付回报；向社会公众，即社会不特定对象吸收资金。

众筹模式在形式上似乎已经同时满足了这四个要素，即未经审批、通过网站公开推荐、承诺一定的回报、向不特定对象吸收资金。因此，众筹模式很容易被界定为非法集资。但众筹融资不是一项吸收公众存款的行为。支持人的出资不是以获得利息、固定回报或高额回报为目的，而是一种项目资助、捐款，或是对模型产品预付款的性质。但这只是一种法理上的解释和判断，相关执法部门的意见往往能直接决定项目的生死，众筹的法律风险犹存。

（二）代持股的风险

凭证式和会籍式众筹的出资者一般都在数百人乃至数千人。部分股权式融资平台的众筹项目以融资为目的吸收公众投资者为有限责任公司的股东，但根据《公司法》第二十四条"有限责任公司由五十个以下股东出资设立"的规定，股东人数限制在50人以内时，将无法筹集到足够数额的款项来进行公司运作。因此，在现实情况中，许多众筹项目发起人为了能够募集到足够的资金成立有限责任公司，普遍建议出资者采取代持股的方式来规避《公司法》关于股东人数的限制。

当显名股东与隐名股东之间发生股东利益认定的相关争端时，由于显名股东是记录在股东名册上的，因此除非有充足的证据证明隐名股东的主张是正确的，否则一般都会倾向于对显名股东的权益保护。因此这种代持股的方式可能会使广大众筹项目出资者的利益受到损害。

（三）知识产权受到损害的风险

主要是针对回报型众筹，其特点是众筹项目以具备创新性为主。回报型众筹平台成立的目的在于挖掘创意、鼓励创新；上线众筹项目的发起人的主要目的在于实现并贩卖其创意；而出资者的投资出发点在于支持创意、购买新颖的产品。但是发布在回报型众筹平台上的众筹项目大都是还未申请专利权的半成品创意，故不能按照知识产权相关法律保护其权益。

（四）众筹平台的道德风险

众筹平台的收入依赖于成功筹资的项目，因此它容易存在降低项目上线门槛、允许更多项目进入平台进行募资的冲动。这种冲动在股权众筹中更易滋生，因为股权众筹的投资回报周期长，回报不确定性高，投资者自担风险的意识强。更严重的问题在于，众筹平台可能会疏于资料核实或尽职调查导致错误资料误导投资人。如果这种情况发生，投资人很难对平台进行实质性的追偿，因为举证会非常困难，而要界定众筹平台是出于主观故意还是客观疏忽，则更加困难。

从众筹平台的业务性质上讲，它首先是信息中介。但是这一信息中介应掌握、核实、披露多少信息并无严格规定。在创业者与平台之间，平台与投资者之间均存在信息不对称，这些不对称就造就了众筹平台道德风险的温床。

目前对众筹平台的法律争论集中于平台地位与合法性问题，包括众筹平台的登记注册等事项，对众筹平台的经营限制主要是不能在自己的平台上为自己的项目融资（即"自融"），整体上缺乏非自融项目的运作细则，也没有清晰界定众筹平台在一般项目上的责、权、利，因而并未消除众筹平台的道德风险。

事实上，众筹平台要维护两方面的平衡，其一是项目准入门槛和分成收益之间的平衡，其二是项目发起者和投资者之间的利益平衡。前者决定着众筹平台的短期收益，后者决定着平台的长期收益。目前并无既定规则限定众筹平台究竟应在多大程度上介入项目的标准制定和投融双方之间的协调。但从长远角度，非常有必要对众筹平台的基本商业模式做出一定的限制，设立一些约束性指标，避免平台可能出现的无视道德风险的过度自私冲动和利己行为，并防止出现恶性竞争导致逆向选择。

众筹网站从无到有，功能从简单到逐步完善，归结起来都是从最基本的融资者与投资者需求出发，以商业利益为诉求自然而然发展起来的。平台的约束和管理尚处于基于商业伦理的自发阶段。众筹行业的发展必然会催生更多众筹平台，不规范平台，事件的出现无法避免。如果放任自流，消费者的利益必然会受到严重损害，进而导致整个众筹行业的形象与利益受损。

（五）信用风险

国内的个人消费和金融信用数据库由央行征信局管理，众筹网站没有权限共享相关资料，进而难以判断项目发起人的信用情况。因此，若筹资人有意隐瞒项目用途、资信状况时，很容易导致投资人把资金浪费在糟糕的项目上，甚至令经验不足的投资者陷入欺诈事件。

（六）投资者维权难的风险

投资者权益保护是一个体系性的问题，在以上的机制风险、项目风险和道德风险部分都有所涉及。除此之外，众筹模式下投资者权益保护的棘手之处在于损失的认定、举证、计算与追偿都比较困难，因而维权成本高昂，投资者有不易维权的风险。

以股票市场作为对比，股票市场本着"风险自负"的原则对普通百姓全面开放，但由于相关程序、规定极为严格，数据保存与信息披露制度相当完善。因此无论上市公司还是股票交易所出现违法、违规行为，导致投资者出现损失时，认定与举证都相对容易，损失的计算与追偿大多可依照法律法规直接进行办理。而对于股权众筹来说，如上文所述，几乎不存在财务审核、信息披露的规范，想对损失进行举证非常困难，后续损失计算与追偿更加困难。

再以商品众筹为例，项目失败是大概率事件，但项目失败本身并不是对投资者权益的侵害。真正损害投资者的行为来自两个方面：第一是项目发起人故意做出误导性宣传，项目风险提示不足；第二是项目发起人自我认识不足，过分乐观或过度承诺。二者之间的界限很难区分，而通过各种交流机制判断项目发起人或者团队的实力是否有可能完成项目本身就是众筹投资者的职责，是投资能力和投资技巧的门槛。这种情况导致即使出现创业者的主观恶意，平台也往往归咎于投资者的能力不足。既然损失认定都难以成立，后续的举证、估算和追偿只能是无本之木，投资者也只好自认倒霉。

对于诈骗性质没有这么明显的案例，如果需要投资者与项目发起人对簿公堂，涉案金额小，每个投资者的投资额低，又要承担案件花费和起诉失败的风险，投资者是否有足够的动力和精力、金钱去打这样的官司，也值得怀疑。因此，种种因素制约之下，众筹投资者的维权难将是一个客观现实，同样提升了投资者的风险。

五、众筹的监管

（一）国内众筹的法律监管

国内众筹面临的可能法律问题主要包括两点：非法集资和非法发行股票。前者主要针对商品众筹，若众筹平台在无明确投资项目的情况下事先归集投资者的资金，形成资金池，然后公开宣传、吸引项目上线，再对项目进行投资，则存在非法集资的嫌疑；若平台在投资人不知情的情况下将资金池中的资金转移或挪作他用，更有导致"集资诈骗罪"的可能。

为避免触碰非法集资的红线，我国的商品众筹平台大多采用"预售"形式对众筹程序进行规范。众筹项目上线后，项目发起人的支持请求与回报承诺构成邀约，该邀约向不特定对象发出，一旦支持者接受该邀约并支付了资金，他将获得一份商品预购订单，项目发起人与支持者之间形成商品购买合同关系。

在上述过程中，支持者向项目发起人的资金转移发生在项目上线之后，即先有特定的"预售"商品，才有"预购"行为，事前没有资金池，众筹平台就在一定程度上就避开了非法集资的嫌疑。其次，平台以"订单"的形式明确了项目发起人与支持者之间的法律关系。"订单"作为合同受《合同法》《产品质量法》《消费者权益保护法》等相关法律法规的保护、规范与约束，项目发起人和投资者之间的责权明确。众筹平台在此过程中的角色与职责可类比于网络购物中的电子商务平台，并无特别之处。目前需要亟需规范的是众筹平台在项目发起人与支持者的交易关系中所需承担的职责与义务，包括信息保护职责、审查职责与纠纷处理机制等。

我国商品众筹平台遇到的另外一个法律问题是沉淀资金的管理与规范。在项目支持期结束之前，支持者的"预购"资金大多沉淀在平台内部，按照某些平台的规定，项目成功筹资之后，支持者的"预购"资金也会按期发放给项目发起人，在此过程中同样存在沉淀资金。如何保证平台不挪用这些沉淀资金或者规范平台对沉淀资金的使用，确定资金的受益权同样是一个需要在立法层面考虑的问题。

在股权众筹方面，我国的部分平台通过线上＋线下的两阶段模式对其中的法律问题进行规范。平台首先展示项目的股权转让与融资额信息吸引感兴趣的投资者。在意向投资人与意向投资金额达到预期后，所有的活动转入线下，意向投资人严格按照《公司法》等法律法规进行股权投资操作。

根据这种两段式流程，众筹平台主要承担线上信息展现、披露的职责，在活动转入线下以后，平台提供流程、法律等方面的一些辅助服务。股份的转让以增资扩股方式由投资人与项目发起企业直接协调，依法完成，理论上不涉及股票发行。由于股权的交割不在平台上进行，平台不是承销商，亦不直接介入股份转让过程，从一定程度上避免了非法发行股票的嫌疑。但是如果严格按照"非法公开发行股票罪"的规定，股权转让信息一旦在互联网上公布，即满足"信息公开"的要件，如何界定这种行为的法律性质需要做进一步的探讨，以期在鼓励金融创新与保护投资者利益、维护金融市场秩序之间做出合理折中。

部分平台亦会承担资金交割职责，与商品众筹类似，只要资金的流动在项目披露之后，平台不事先归拢资金，不存在资金池，就减少了投资人风险和金融诈骗风险。平台在股权众筹中的首要职责应体现于项目信息的核实，要保证融资企业资料的真实性和客观性，防止企业通过欺骗性、夸大性宣传误导意向投资人，或故意隐瞒对本企业不利的信息。从法律层面，应防止众筹平台与融资公司之间的关联交易、内部交易，乃至平台的"自融"行为。

无论众筹平台通过何种方式力图实现合规经营，众筹的高风险性都不容忽视。商品众筹的风险明显高于普通的商品预售，股权投资更是包含高度的不确定性，二者都需要进行相关的投资者教育，并强化风险警示。

尤其对于股权众筹是否需要建立特定的合格投资者门槛，部分平台作了一定尝试，例如，对投资者的身份进行审核、认证，限定普通投资者的投资金额等；再如通过领投人制度，由领投人作为企业董事会成员代行投资人职责；甚至领投人与所有跟投人签订有限合伙协议，以有限合伙企业的形式与企业签署投资协议等。这些措施的效果值得深入观察和评估，与此伴随的小股东利益保护问题不容忽视。

（二）对众筹监管的一些建议

众筹作为新兴行业，在其成长过程中不可避免会出现泥沙俱下的局面，必然要经历一个大浪淘沙的过程。因此，要加快互联网金融监管研究，借鉴国外在众筹监管方面的做法，明确监管措施。

1. 实施对投资者的适当性监管

设定一般性的准入门槛，注意适当扩大投资者的参与范围；限制投资规模，设定单个投资者的投资上限，引导合理控制风险。投资上限应根据投资者的收入水平、财富净值、投资经验等实行差异化；对认可的投资者采取相对宽松的管理规则，鼓励认可的投资者参与众筹投资。

2. 加强对融资主体的监管

发行人的信息披露制度要求发行人通过平台向投资者披露公司的基本信息、股本及股东情况、财务状况、主营业务、治理情况、募投项目信息等；对发行项目的募资金额设立上限，把众筹跟传统融资模式区分开来，具体金额应根据发行主体的行业、资产规模、营业收入的不同进行设定。

3. 严格众筹平台的准入标准

实行牌照准入制，对众筹平台的信息技术水准、业务流程、风险控制等方面设定准入标准；引入第三方机构（如银行、券商）以负责资金托管，代理众筹平台在投资者账户、平台账户与发行人账户之间的资金划转，保证资金的安全性；平台的内部风险控制规范要求平台在发行主体信息核实和募集资金监控方面承担一定的责任；对平台的业务范围做一定的限制，如，不可以提供投资建议或推荐；不可以参与发行人与投资者之间的交易等；要求平台在向投资者介绍发行项目时，要在显要位置进行风险揭示，提醒投资者参与众筹后会面临的风险。同时重视个人隐私保护，强化平台作为数据掌握者和数据使用者在数据保护方面的责任，加强对投资者的教育和保护。

完善资本市场发展赖以生存的社会信用体系和司法体系。建议在国家层面上建立统一的综合社会信用体系，提高失信成本。完善投资者司法救济措施，在《证券法》修订中增加代表诉讼、公益诉讼等条款，确实加强保护投资者的力度。

六、众筹的未来展望

（一）市场规模继续扩大

互联网众筹模式在美国兴起之后，迅速地在世界各地得到传播和效仿。美国的立法机构和监管机构已经承认了众筹平台作为泛金融机构的地位，本身拥有世界上最大、最成熟的众筹市场，面对如此高速成长的市场，大量新的众筹网站已在酝酿之中。尤其是未来美国的 SEC 可能进一步开放众筹市场，允许国外众筹机构进入美国开展业务（前提是这些机构愿意接受相关的监管）。在股权众筹发展的最大障碍合法性问题得到解决后，此前持观望态度的大量投资者很可能会进入这一市场，进一步扩大众筹平台的数量。甚至部分传统金融机构，例如，风险投资基金，也会直接参与到股权众筹的大潮之中。

由于商品众筹的模式较为容易复制，传统的商业巨头也开始做出一些尝试。淘宝已经推出了名为"淘星愿"的众筹子频道，但未进行大力宣传，频道内的内容也不多。一旦淘宝以自身巨大的流量和号召力发力推广，相信能够吸引到大量的用户加入。淘宝的示范作用一方面会激发人们对众筹模式的关注，另一方面则可能会对国内的现有平台造成冲击。

（二）平台专业化、垂直化、国际化发展

由于众筹平台希望借力于市场分工，专业的和按产业与项目分类的平台正随着市场分工呈现出来。评价众筹平台表现的是投资回报，而该项表现中特别突出的是针对某一种行业或项目的众筹平台，如，关注电子游戏、唱片、艺术、房地产、餐饮，时尚、新闻业等的平台。目前，各家众筹融资公司都是融资不足，可以收购的资产很少，而且对众筹融资网站缺失标准化的估值方式，因此在未来几年，各大众筹融资平台将会通过国际化扩张而并非并购来使自身发展壮大。虽然目前存在一些收购交易，但是多数是收购相关运行网站的负债，然后投入更多的资金以吸引流量，因为众筹融资存在一个固有的挑战即促使流量流向自己网站的成本如同无底洞。未来将会看到一轮淘金热在全球扩张的公司将会抢占市场份额，以创新作为明显优势实现内生性增长。

（三）投资本土化

"本土化投资改革"的兴起对众筹融资的本土化有很大的促进作用。大型公司、协会等开始把目光投向众筹融资，探索这一融资方式如何帮助团体提高社会知名度，检验市场使得创业公司融入市场。这些团体采用众筹融资的好处不仅在于为众筹平台吸引了额外的资金，还将原本由公司内部做出的决定放到民主的决策平台上。

（四）线下活动增加，推动众筹经济发展

由于众筹的社会知名度以及其联系小型企业方面的作用，包括世界银行、美洲发展银行在内的许多银行和类似机构都正在寻求通过支持众筹以推动经济发展的方式。众筹平台，尤其是基于捐赠的众筹和无利息众筹，向来都能获得慈善企业的支持。小型企业因为其融资需求量非常小，与众筹平台的供给条件非常匹配，个人捐赠或贷款就可能成为成功融资的契机。对这些部门来说，众筹是宏观经济发展升级的先决条件。通过融资活动开始仪式或现场融资展示不仅能吸引媒体注意，创造巨大的市场机会，还能帮投资者获得互联网所不能实现的排他性。现场融资在展示新产品、新交易的排他性方面远超在线融资。

（五）未来盈利模式多元化

目前，主流众筹互联网平台大都依靠佣金的商业模式盈利，但收取佣金并不是众筹平台盈利的唯一渠道。伴随着众筹模式和众筹平台的不断发展，未来众筹盈利的新商业模式大概还有以下几种：一是做资源平台，把网

站上的创意产品和硬件公司、VC 结合起来；二是做"内部投资"，由于掌握着众多优质项目，想要在商业模式上寻求突破的众筹平台在未来完全可以投资平台上的优秀项目，甚至直接转型为孵化器；三是在众筹平台互联网流量足够大时，也会自然衍生出广告这一互联网平台中非常成熟的商业模式。

（六）流程管理将成为众筹平台竞争力的关键

无论是商品众筹还是股权众筹，其风险不仅体现于投资标的（如项目和企业）的选择，更体现于投后管理，即如何确保项目正常运作或企业健康发展，即使是有价值、有前景、可行性强的项目和企业，也会在执行过程中遇到各种主客观问题导致失败，使得投资人血本无归。

投后管理的关键在于及时、准确的信息披露，异常事件的提早处理，重大事件的集体协商，以及项目、企业失败后的资产处置。要在不显著提高企业信息披露和外部管理成本的前提下实现上述目标，实质上意味着企业流程管理的完善化、标准化与透明化。在这方面，众筹平台责无旁贷。

以商品众筹为例，从样品研制开始到设计定型再到寻找制造商、投入批量生产，会涉及众多环节，耗费大量时间。在此时间段内，若相关信息一直不透明，支持者未免会焦虑。若项目产生拖延甚至失败，支持者更易产生不满情绪。众筹平台搭建合适的流程管理系统，要求众筹企业使用该系统进行流程管理，记录企业相关的研发、经营信息，由流程管理系统定期自动导出重要信息在平台上公开发布，或在异常事件发生时回溯流程信息进行真实披露，将有助于建立企业与支持者之间的常态沟通机制，及时发现风险并予以调整。

如果将流程管理延伸至投前，创业个人或团队在提交项目时，便自动开通流程管理系统，项目的审批、上线、宣传与募资过程均在该系统中进行完整记录，就等于为大量创业者建立了创业档案，这些数据不但有利于潜在支持者完整了解项目发起人的相关信息，也有助于强化发起人的信用，降低后续融资成本。

把投前流程与投后流程对接，支持者可以全面了解创业企业的业务、资金状况，平台亦因为掌握有企业的融资数据，可随时根据流程管理系统记录的信息，提示相关异常事件与风险，实现及时披露和及早介入。因为众筹平台上的项目发起人众多，流程管理系统的用户量大，系统研制与运营成本可被有效摊薄，并不显著增加平台和创业者的负担。

更重要的是，流程管理的作用不仅在于信息披露与风险防范。由于众筹平台上大量项目的类型划分较明确，类似项目会涉及相同环节，例如，科技产品的研发进度控制、寻找制造商、批量生产的质量与周期控制、寻找物流公司、处理贸易事项、销售渠道铺设等等都是共性问题。以初创团队的精力和经验，应对这些问题困难重重。众筹平台可发挥中介作用，联合平台上的其他科技产品项目共同对相关环节进行处理，采用经验交流、集体协商、分工协作、联合议价等方式打通产业上下游，为初创团队提供切实帮助。在项目失败时，众筹平台也可以联系相关企业接收后续工作或联系资产处理机构处置剩余资产，把创业者、支持者的损失降低到最小。

众筹平台介入初创团队的流程管理与服务，意味着它将演变为创业联盟平台，兼具创业辅导、孵化器和流程管理商、资产处置中介的职责，形成创业支持的全方位服务，而不仅仅局限于投资端。一些垂直众筹平台已经开始类似的尝试，但是工作尚不系统。角色转变和职能扩展使得众筹平台与初创企业建立更加紧密的联系，形成全链条的"一揽子"解决方案，有助于形成众筹平台的核心竞争力，避免以单纯吸引筹资项目为目的的粗放式业务发展，实现初创团队、平台、支持者的三方共赢。

股权众筹的流程管理思路与商品众筹类似，不过由于股权众筹企业让渡的股份有限，本身是独立实体，众筹平台难以全面介入其流程管理，思路上可以侧重于企业的财务管理、财务信息披露和相关资产处置。只要确保企业核心的财务制度、资金运用健康有序，投资者的风险便可大大降低。

众筹平台对企业流程管理的深度介入涉及商业道德问题，需要相应的法律法规和监管规范。在商业伦理方面，由于创业者采用众筹这种完全公开化的方式进行募资，募资对象又是风险承受能力有限的普通民众，导致它成为特殊的社会化组织，应以特殊社会化组织的新标准进行要求，因融资便利让渡更多的私有权利，强化社会化监督机制。

这种做法同样有利于解决小型企业和众筹平台的监管成本问题，以更低成本实现有效监管，同步提升效率与安全，达成二者之间的更好平衡。在鼓励创新的同时避免投资者风险，保护普通投资者的权益。

第二节 众筹融资的模式

国际上已有不少对众筹平台的研究，主流的观点将众筹分为以下四类。

一、债权众筹（Lending-based crowd-funding）

投资者对项目或公司进行投资，获得其一定比例的债权，未来获取利息收益并收回本金。

债权型众筹指向众多投资者借贷，其应用在我国大体上可分为三类：一是宜信模式，特点为拥有强大的线下团队；二是陆金所模式，主要特点为大数据运算；三是拍拍贷模式，即传统的基于纯中介的模式。

二、股权众筹（Equity-based crowd-funding）

投资者对项目或公司进行投资，获得一定比例的股权。

股权众筹分为个人直接投资和集合投资。个人直接投资这种投资方式与网上购物类似，投资者直接浏览平台上列出的可投资项目，然后挑选个人认为有潜力的企业进行投资。筹资项目成功，投资者支付资金后，包括转让协议、股权凭证在内的文件都通过众筹平台的电子化程序进行处理。当然，与购物时关注产品的型号、性能不同，投资者此时需要关心的是企业创始人的背景、行业情况、主要产品、发展潜力，在此基础上综合做出风险收益分析。

如果项目投标满额，投资者会收到股权证明、投资协议书等纸质文件，以证明投资者作为股东的身份和未来收益凭据。一般情况下，众筹平台都会委托专门的投资公司或者律师事务所来处理文件内容。例如，Crowdcube 聘请了 Ashford LLP 来处理合同和股权手续。筹款结束后 Ashford LLP 会先给投资者发送电子邮件，投资者在 7 天之内可以提出问题或者撤回资金。最终确定之后，投资者会收到纸质版的文件。

个人直接购买股份的方式对于投资人的要求比较高，投资人须对项目非常熟悉，具备一定的行业经验。平台上一般会提示投资风险，强烈建议投资者采取小额单笔投资，多样化行业项目的方式分散风险。有些平台还会代表投资者持有股份和管理投资，投资者可从平台及时得到投资反馈和企业的发展状况，公司发放分红或者转让股份同样由该平台转移给投资者。这样就免去了同时持有多个公司股票的投资者的烦琐日常管理事务。当然，平台会收取一定的管理费用。

为了加快筹资进程，让专业投资者和普通投资者更好地分配时间与精力，提高众筹的效率，股权众筹平台开始引入一种"领投 + 跟投"的制度，俗称"领投人"制度。

"领投人"制度的普遍做法是指定一名具备资金实力、投资经验或某方面专业技能的人员充当投资的领导者与协调人，其他投资人追随领投入进行投资。较早实施这种制度的是国外著名的股权类众筹平台 AngelList，称为辛迪加（Syndicates），其运作原理是如果某个投资人对某个项目感兴趣可以创建一个辛迪加，自己投出该项目所需的部分资金，然后通过自己的社交网络、人际圈子，快速募集剩下的资金。在这种模式下，辛迪加的组织者承担着类似于 VC 的职责，发掘项目、识别风险。与此同时，他也享有额外的好处，第一，杠杆效应，组织者通过自身资金撬动更大一批资金；第二，附加收益，由于组织者承担了组织工作，可以多得部分股权或收益；第三，组织者拥有更大的议价权和影响力，甚至可与筹资人签订协议，担任公司重要股东，参与公司的管理。

参加辛迪加的其他投资者相当于投资了一个无年费的风险投资基金，他们往往信赖组织者的专业经验，愿意把自己的资金投入辛迪加的项目中，这种方式省却了投资者在挑选项目、后续管理方面的时间和精力。另外，这种方式突破了最低投资额限制。辛迪加机制使得"贫穷"的投资者可以成为公司的股东，这也是投资者投资陌生行业的技巧方法。

辛迪加模式客观上要求组织者具备较强的能力，如，创投经验、声誉、号召力和社交能力等。因此，知名的天使投资人在辛迪加模式中大受欢迎，初创企业也更愿意接受明星级别投资人的投资，一方面知名投资人能使项目获得高度关注；另一方面，能帮助企业在短时间内筹集到预定目标的资金。

三、回报众筹（Reward-based crowd-funding）

投资者对项目或公司进行投资，获得产品或服务。

回报型众筹不提供金融回报，对不同出资额的投资人回馈不同类型且与该项目有关的产品或者服务，这类公益化、慈善化项目往往难以持续激起出资人的热情。譬如，你资助我开演唱会，我给你门票或光盘；你资助我出书，我给你书籍或印上你的名字等。

由于法律方面的限制，大多数众筹平台只能展开这种回报型众筹模式。世界上最大的众筹平台Kickstarter就明确规定"通过互联网向公众筹集资金，融资方以相应的产品或服务作为回报，禁止股权、债券、分红、利息形式的交易。"

回报型众筹被很多人认为是一项团购+预售的商业模式。其市场现状是：①商业前景良好，扩展性强；②典型的轻资产公司，成本较低；③行业逐步细分；④中国商业性市场相对较小。

四、捐赠众筹（Donate-based crowd-funding）

投资者对项目或公司进行无偿捐赠。

一般众筹平台对每个募集项目都会设定一个筹款目标，如果没达到目标钱款将打回投资人账户，有的平台也支持超额募集。

捐赠型众筹指众多投资者为某个项目无偿捐赠资金，不在乎自己的出资能获得多少回报，更看重"重在参与"的属性，他们的出资行为带有更多的捐赠和帮助的公益性质。

第五章 传统金融机构的互联网化

第一节 互联网银行

在我国，银行业一直是金融业的主体。互联网金融的快速发展给传统金融业带来巨大的影响，以商业银行为代表的传统金融机构正面临前所未有的挑战和冲击。面对这一新变化、新挑战，传统银行正在发生新的变化。

一、商业银行电子化、网络化历程

银行属于商品经济的产物。自从 1580 年在意大利威尼斯诞生第一家银行起，随着商品交换、货币流通的迅速扩大以及国际贸易的迅速发展，银行业获得了飞速的发展，银行业的地位、作用日益加强，其工作效率和货币流通能力成为整个经济发展速度的重要的决定因素之一。科学技术是人类现代文明的基石，是社会发展的推动力。20 世纪 50 年代计算机的发明及广泛的应用前景为银行业的发展奠定了坚实的基础，一些大银行纷纷将这一新技术运用于银行业务的改革和银行业工作方式的更新，从此银行业迈出了电子化的步伐，使具有数百年历史的银行业发生了本质性的变革。

（一）银行电子化发展历程

1. 美国银行业金融电子化

美国作为信息技术极为发达的国家，在银行业竞争加剧以及客户多元化需求的压力下，大力发展银行电子化事业，不断开拓新的服务领域，投入巨资建立了以计算机网络为支撑的全开放、全方位、全天候现代化银行体系。

第一阶段：20 世纪 60 年代的后台电子化。

第二阶段：20 世纪 70 年代的前台电子化。

第三阶段：20 世纪 80 年代的网络化发展。

第四阶段：20 世纪 90 年代以来，美国银行业利用外部集成服务来增加以前内容信息技术处理的价值，通过综合内外各方面的资源，从各种专业角度打破了银行的常规，进行创造性思考，更加注重创新，使新的金融产品和服务不断涌现。

2. 日本银行电子化

比起美国银行，日本银行电子化稍有落后，但紧跟计算机技术、通信技术和金融工程发展步伐，为日本金融事业称雄亚洲起到了举足轻重的作用。日本银行界一般把全国计算机系统划分为行内系统（Inner Bank system）和跨行系统（Inter Bank system）。

3. 我国银行电子化

我国银行电子化的发展，相对发达工业国家而言起步较晚，从 20 世纪 70 年代开始至今只有短短不到半个世纪的历程，但发展速度较快。我国银行电子化建设经历了三个重要的、具有历史意义的发展阶段。

第一阶段：起步阶段。20 世纪 70 年代中后期到 80 年代初，以中国银行引进第一套 RICOH-8 型主机系统为标志，我国银行电子化建设进入试点。

第二阶段：推广应用阶段。从 20 世纪 80 年代后期到 90 年代初，商业银行以全面实现柜台业务处理计算机自动化为目标，开发了许多业务应用系统，这一阶段主要还是以计算机代替手工操作为主，进一步在大中城市推广应用各类柜台业务处理系统。

第三阶段：发展创新阶段。20 世纪 90 年代中期至今，是我国银行电子化建设发展的高潮，不仅体现在计算机数量规模的扩大上，而且还体现在网络框架建设的统一性和标准性上，更主要体现在应用的深度和广度上都有极大的拓展。

（二）网络银行的发展趋势

网络银行是现代银行业的发展方向，指引着银行未来的发展趋势。在全球化的金融浪潮下，网络银行是国际上各银行业面对日趋激烈的国际竞争谋求变革、谋求生存、谋求发展的必然选择。在国际银行业竞争不断加剧的情况下，银行业开拓业务受到阻碍，促使金融机构努力拓宽服务领域和提供便捷服务手段，现代化的通信和信息技术的高速发展使网络银行成为必然选择。随着我国金融市场的逐步开放，金融一体化进程不断加快，银行、证券、保险、信托之间的业务混合经营趋势加剧，面对来自其他行业的竞争，突显出现代市场格局的繁荣。为了提升自身在市场中的份额，各金融机构都使出浑身解数，不断推出金融创新产品，抢占市场份额。然而，传统银行要在市场竞争中领先，则必须抢占互联网金融的高地，利用强大的用户群体，推出适合于现代消费者的消费服务。但是，金融机构不是互联网公司，也成为不了互联网公司，在这名为"互联网金融"的战场上，银行要做的不是拥抱互联网，而是改进自身的业务体系。因为和互联网公司相比，虽然他们拥有的网上客户数据和消费信息强大，但是和银行数百年来积累的信誉优势和强大网店带来的储户数据资料相比显得更加微不足道，甚至在这场"战争"中，银行占据的优势更为明显，因为在消费者的消费观念中银行仍然是首选的，互联网公司如今的火热之势迎合了广大消费者的从众、好奇心理，一旦用户对某一项体验感到疲惫时，大规模的用户便会流失。

当今金融经济活动中，网络银行已经越来越多地成为企业和个人生活资金管理及资金转移的必要工具。随着信息技术的不断进步发展，网络银行必将降低经营成本、超越时空限制，成为人们信息生活中不可缺少的一环，其趋势也将主要呈现以下几个方面：

1. 未来的网络银行交易会更加安全

安全问题是网上银行的一个基本问题，也是一个突出问题。机密交易资料被盗用或改变、客户账户密码被窃取或非法篡改、账户资料被挪用等情况时有发生，诸如此类的安全问题已经成为网上银行风险防范的重点。目前，各银行虽然都采取了各种安全手段，例如，设立防火墙，采用数字证书、CA认证等加强身份识别，使用密码数字键盘、验证码、加密狗等加强信息传输安全，但是安全事故仍然不能避免，采用诸如更复杂的加解密算法、指纹识别等更加安全的技术措施和风险管理方案，进一步加强安全风险监控仍将是各网络银行的重点关注点。发展互联网的核心要素便是对安全的更高要求。随着计算机网络安全技术的不断进步，从网络银行客户到服务器的整个环节将会采取更加安全的加密、传输、存储、验证技术来保证交易过程的安全，用户的安全意识、银行的风险监管将会在网络银行的使用过程中得到加强。

2. 具有合规与标准化

网上银行以虚拟化的方式方便快捷地为客户提供丰富的金融产品和服

务，与传统银行的传统业务相比，网上银行具有新渠道、新产品、新特性，但也面临新问题、新风险、新环境，过去制定的相关法律法规、流程规则已不能满足需要，制定和完善适当的行业标准，业务流程、法律法规，采用标准的网络、软硬件平台和工具将是网上银行的一大发展方向。随着各家银行对网络银行应用技术的认知程度不断加深以及开发技术的优选创新，用户的网上冲浪行为越来越多地突破终端环境配置水平的限制，从而更好地体验网络银行功能的简便性所带来的方便。

3. 交易的内容更加丰富

互联网的发展，就是为了应对人们日益变换的消费需求。消费者的需求是不断变化的，未来能在竞争不断激烈的市场环境中抢占市场高点的公司必定是能够为消费者提供交易内容更加丰富的公司。随着金融活动在普通居民中变得日益频繁，银行业务将会被不断改进和创新。网络银行的使用，将驱使银行整合尽可能多的银行业务提供给网上用户使用。同时，银行也会在成本、质量、客户满意度和反应速度上有所突破，继而能够集中核心力量，获得可持续竞争的优势，最终使网上银行进一步加快向业务综合化、国际化和高科技化的方向发展。这就是人们常说的金融创新带来的业务突破。

4. 交易介质发生变化

网络银行发展到现在，为了保证用户消费时的安全，用户在网上使用支付转账、汇兑、结算等功能时，必须输入动态口令或者交易密码等作为防伪的标志，这在一定程度上保证了用户的个人信息不被他人非法窃取。随着未来互联网技术的高速发展，技术的不断进步，用户进行交易时的介质会不断升级，向更安全更便捷的方向发展。

5. 金融服务线上化

随着视频通信技术的成熟，数据传输速度的加快，远程面对面的人工服务得以通过网络实现，过去受制于物理空间的金融服务开始通过网络技术向线上延伸，突破了电子银行只能做标准化程度较高、程序比较固定的业务模式，金融服务的线上化将对未来银行业带来三种变化。首先，银行线下渠道将弱化业务办理的功能，而强化金融服务的功能。线下渠道将更多地为电子银行提供支持，当用户对电子银行新业务存在疑虑时，线下渠道将有效为之解答和做详尽的介绍；其次，由于视频技术突破了人工智能的束缚，使得未来银行所有的业务都可以从线上渠道办理，因此会有更多更复杂的金融服务通过线上办理；最后，金融服务线上化使用户的行为习惯用数据能够得到完整记录和积累，后期银行通过数据分析将进一步优化已有的复杂金融服务流程，进一步提高现有金融服务的合理性和办理效率。

二、传统商业银行的互联网应用

（一）互联网银行

1. 概念

互联网银行又称网络银行、在线银行，是指银行利用 Internet 技术，通过 Internet 向客户提供开户、销户、查询、对账、行内转账、跨行转账、信贷、网上证券、投资理财等传统服务项目，使客户可以足不出户就能够安全便捷地管理活期和定期存款、支票、信用卡及个人投资等。一般来说网上银行的业务品种主要包括基本业务、网上投资、网上购物、个人理财、企业银行及其他金融服务。

2. 发展背景

比尔·盖茨曾经预言，"传统商业银行是要在 21 世纪灭绝的一群恐龙"。预言是否成真现无从判断，但是就目前互联网行业进军金融领域的趋势来看，传统商业银行面对的将是一个根本性的挑战，挑战的根源来自于互联网技术在现代社会的应用，互联网技术不仅仅改变了传统的信息传播形式，而且逐渐影响着现代人的思维方式，"互联网 +"行业的创新发展也成为"新常态"经济背景下中国经济转型升级的新引擎，具有互联网色彩的新金融生态环境为网络银行的"出世"提供了外在有利条件。目前，我国的传统商业银行提供的网络银行业务已经有了较快的发展，特别是招商银行更是在国内同行业中遥遥领先。而且，其网络银行业务已经初步形成了比较完备的体系，业务分类和市场定位日益清晰和成熟。比如，工行、建行和招行的业务都包括了个人网上银行、企业网上银行等。这些体现出当前我国各类商业银行都对网络银行业务的发展给予了充分的重视和足够的资金、技术、人才的投入。

3. 特点、优势与风险

（1）特点

与传统的银行业务相比，网上银行业务有以下特点：

a. 以计算机技术为基础，以网络为媒介。

b. 灵活便捷的 24 小时服务。

c. 客服自助服务。

d. 边际经营成本低。

e. 业务综合性强。

（2）优势

互联网银行的出现改变了商业银行的竞争方向和发展模式，也改变了商业银行风险管理的范畴。与传统银行相比，网上银行的优势有：

a. 打破地域和时间限制，在降低服务成本的同时提升了服务的便捷性和可访问性。

b. 采用网络化、无纸化运作，提高了服务的速度和效率。

c. 扩展了服务范围，有利于服务创新，向客户提供个性化、多样化服务。

d. 服务更加标准、规范，避免了人工服务质量参差不齐的不足。

e. 减少了银行的网点、人员、设备等投入，节省了银行成本。

f. 有利于银行业务向大范围开拓以及全球化目标的实现。

（3）风险

在经营管理活动电子化、网络化的大趋势下，银行对计算机的依赖程度越来越高，业务应用的范围越来越广，新的金融经营管理模式也必将衍生出与传统金融风险不同的风险，网上银行操作风险与信用风险、市场风险等与传统金融风险相互依存、相互影响、相互制约，形成了以信息技术为主要特征的操作风险。这些风险具有与传统风险不同的特征与内涵。

a. 易受攻击，案发率高。由于网上银行业务基本上是人机对话，客户自助交易，交易过程中几乎无人监管，这就让犯罪分子有了可乘之机。没有经济成本和现场作案的心理恐惧，作案者只需按动键盘和点击鼠标就有可能获得巨大收益，并且由于作案隐蔽，不受地域限制，查处困难，继而导致犯罪率不断攀升。

b. 风险广泛，监控困难。网上银行操作风险广泛存在于银行的产品开发、内部管理、日常运营、系统操作等各个层断和环节，存在于软、硬件环境、网络环境和运行环境等各个环节，存在于电子化建设的规划、实施、维护和应用等各个阶段。不仅如此，网上银行提供的每天 24 小时的服务，使整个业务时刻都存在着发生风险的可能性。

c.事件概率小，经济损失大。网上银行业务近年来呈爆炸式发展，业务量激增，每一秒钟都在发生业务，日常运营一旦出现问题，将会给客户和银行带来无法估计的损失。同时，商业银行数据处理中心逐步集中到总行层面，这虽然减少了中间环节，降低了风险发生的概率，但是当这些数据中心一旦出现问题，就有可能带来灾难性的后果。

d.偶然发生，负面影响大。近年来，网上银行的发展一再受到资金安全问题的困扰，尽管银行已经使用了足够多的安全机制来保证资金的安全。一旦发生客户密码被盗、假网站、银行操作导致资金发生差错等问题，虽然是偶然事件，金额不大，但是由于媒体的宣传会致使用户对网上银行运行安全有一定担忧，使这些问题在无形中扩散，给网上银行业务和银行机构的声誉带来一定的负面影响。

（二）直销银行

直销银行是互联网时代应运而生的一种新型银行运作模式。这一经营模式下，银行没有营业网点，不发放实体银行卡，客户主要通过计算机、电子邮件、手机、电话等远程渠道获取银行产品和服务，因为没有网点经营费用，直销银行可以为客户提供更有竞争力的存贷款价格及更低的手续费率。降低运营成本，回馈客户是直销银行的核心价值。

直销银行是几乎不设立实体业务网点的银行，主要通过互联网、移动终端、电话、传真等媒介工具实现业务中心与终端客户直接进行业务往来。直销银行是有独立法人资格的组织，其日常业务运转不依赖于物理网点，因此在经营成本费用支出方面较传统银行更具优势，因此能够在经营中提供比传统银行更具吸引力的利率水平和费用更加低廉的金融产品及服务。

虽然随着互联网技术和电子商务的发展，国内大部分银行均设立了网上银行、手机银行、电话银行等业务，业务的电子替代率持续上升，但这些业务依然作为传统银行整体的一部分而存在，更多的是充当对传统物理网点的补充，并没有完全脱离实体网点而独立存在。随着国内金融改革的推进，开设直销银行成为广泛关注的焦点。

1.特点

直销银行模式充分利用现代化信息通信技术，借助互联网开展金融业务，具有低成本和方便快捷的优势，具有广阔的市场发展前景。直销银行模式具有以下特点：

①几乎没有实体营业网点，运营成本低。

②以低价格、高收益的金融产品和高质量服务吸引客户。

③通过大数据技术进行准确的客户定位，提高交易效率。

④简单舒适的交易体验。

2. 模式

作为主要依托电子手段的销售渠道，在内部竞合关系中建立针对目标客群、独立封闭的渠道体系是直销银行模式成立的关键。

从当前国际直销银行的实践来看，直销银行主要有以下几种模式：

（1）纯粹的网络银行

以美国的 Security First Network Bank（SFNB）为代表，它是全球第一家纯网络银行。纯粹的网络银行建立之初，以服务网民为宗旨，其业务模式和用户体验更贴近互联网用户的习惯，更能吸引年轻的个人用户。但是，由于完全缺乏母银行的品牌、安全的基因，在商业模式、信息安全和客户服务方面，纯粹的网络银行面临更大的挑战，对所在国网络用户普及率和监管政策依赖度较高。

（2）全球性的直销银行

以 ING Direct 为代表。在成立 ING Direct 前，荷兰国际集团在海外的对公业务和保险业务已占据一定的市场规模，但尚无零售业务。20 世纪末，在加拿大首创大获成功后，迅速向全球多个国家复制。ING Direct 通常是目标国家市场的首位直销银行，三年左右即实现盈亏平衡。经历 2008 年金融危机后，ING Direct 逐步收缩，出售了在北美和英国等多处的直销银行业务，专注在欧洲的业务发展。

从发展海外零售业务开始的 ING Direct 模式，成为目前直销银行的样板，但是由于直销银行的市场份额和先发营销模式，ING Direct 模式是很难复制的。

（3）作为子品牌的直销银行

依靠母公司集团，针对独立的客户群建立独立的子公司和子品牌，通过电子渠道进行直接销售，这是目前欧洲国家比较多的直销银行模式。如，德意志银行集团下除德意志银行外，还有 Postbank 和 Norisbank 两个独立的银行品牌，其中 Postbank 中低端客户居多，大量依靠邮储的网点开展银行业务。Norisbank 是德意志银行集团的直销银行品牌，瞄准数字精英，曾经有过网点但已经关闭。与 ING Direct 不同，作为子品牌的直销银行，没有建立完全独立的组织架构，基本上是前台独立，中后台与母银行共享。依托母银行集团的品牌影响、企业信誉、资金实力和后台支持使作为子品牌的直销银行模式得以大力发展，在北欧等互联网渗透率高、市场集中度低的国家成为主流。

（4）作为事业部的直销银行

以汇丰 Direct 为代表。汇丰 Direct，仅作为客户的附属增值账户，关注能带来存款额的客户，强调模式创新和低成本。汇丰 Direct 发展的初衷和目前我国中小银行面临的负债压力大、网点偏少的情况有些类似。但是，作为事业部的直销银行，如何真正建立独立的网络用户群和接受度高的品牌仍然是一个挑战。

结合国内电子银行的发展和监管实际，我们认为，将具有独立银行牌照作为直销银行模式成立的主要标准并不合适。直销银行模式成立的关键应该是具有独立的门户、独立的客群、独立的产品体系、独立的核算体系，特别是前台销售渠道一定要独立。

三、互联网银行的价值与效应

互联网银行作为一个全新的概念出现在人们面前，颠覆了传统银行的操作概念，给广大的用户带来了全新的体验模式。它通过互联网与银行的直接相连，在网上使用各种支付命令给人们的消费方式带来了革命性的体验。互联网银行所产生的价值和效应主要有：

节约客户和银行的成本。以往客户办理银行业务必须到银行的营业网点去，工作日往往时间不够充裕，而在周末去办理则需要等待很长的时间，这既是对银行工作人员的业务挑战，也是对客户的挑战。但是互联网银行的设立很大程度上解决了这些问题。一方面，客户在网上可以全天候、24 小时随时随地办理自己的业务。另一方面，银行也可以根据自己的需要随时随地为用户提供更加个性化的体验。

增加客户数量，提高服务水平。由于互联网有许多优势，所以客户数量在不断迅速增长，据有关数据统计，用户数量以每年 15% 的速度增长。

平台化效应更方便银行实施混业经营，提供各种金融服务，提高银行的竞争力。互联网银行的快速发展使得金融行业更像是一个巨大的"产品超市"，在这个琳琅满目的金融产品的"购物平台"上，众多的互联网银行不断地创新自己的产品，提升自己的服务水平。未来的互联网银行将为银行混业经营提供极大的便利。一方面，互联网银行有平台效应，在这个平台上，证券公司、保险公司、信托投资公司可以借助自身的优势出售理财产品，银行从而收取中间服务费用；另一方面，银行也可以吸取广大的同业金融机构的长处，提升自身的竞争力。在平台效应发挥作用时，未来便会是充满竞争活力的金融市场的天空。

第二节　互联网证券

一、互联网证券概述

（一）互联网证券的概念

互联网证券亦称网上证券，是电子商务条件下的证券业务的创新，网上证券服务是证券业以因特网等信息网络为媒介，为客户提供的一种全新的商业服务。网上证券包括有偿证券投资资讯（国内外经济信息、政府政策、证券行情）、网上证券投资顾问、股票网上发行、买卖与推广等多种投资理财服务。

（二）互联网证券的作用

对投资者来说，利用证券电子商务可以得到比较公平、公正、高效的证券行情、信息和交易服务，可以减少因行情延迟、信息时差或交易不及时等引起的交易损失。

对证券商来说，证券电子商务的实现，一方面可以大幅度降低成本，减少基础设施和人力资源的投入，另一方面可以方便扩展业务范围，通过远程证券交易的手段占领更广大的市场。对交易所来说，支持证券电子商务的发展，积极向电子商务靠拢是非常必要的，国际证券市场已广泛实现了电子商务，中国加入 WTO 必然对中国证券市场产生巨大的压力。

中国的证券交易所应尽早开展证券电子商务，这不仅有利于与国际接轨，也可以使我国证券交易所在国际市场竞争中处于有利地位。

（三）互联网证券产生的条件

互联网证券产生的条件主要有以下几个方面：

1. 互联网的发展与渗透

在互联网环境优化和终端技术进步的推动下，互联网的渗透率不断提升，互联网已成为生活的一部分，移动互联网的崛起，LBS（手机定位）技术、移动支付、二维码等技术的应用，大大提高了用户的便利性，越来越多的用户开始由线下转移至线上。互联网这个新兴行业是在第三次工业革命中诞生的，信息技术独特的技术平台和底层架构赋予了互联网强大的连接功能，这种连接摆脱了传统的时间、地点的限制，并且有着覆盖范围广、传输效率高、时效性强等特点，相对传统行业的信息连接有着极大的优势。慢慢地，这种具有极强连接性的互联网技术开始影响到各个行业，各个行业之间相互渗透和交叉越来越多，原来的产业界限也日益模糊化，新产品和新服务往往都是多个产业融合的结果。这又逐渐引发了一场新的产业革命。而金融业对这种融合有着天然的适应性，证券公司的产品没有实际货物，不需要配送运输，主要都是以数据的形式存储在系统后台。同时证券公司的产品从产生之初就有着电子化和虚拟化的特征，也完全可以通过远程实现，这使得互联网技术可以很好地应用到证券公司的产品上，利用互联网技术可以有效提高证券市场的效率。

2. 电子商务的发展

电子商务在我国发展得如火如荼，如今各种电商平台及垂直行业电商都已经非常普及，这使得在互联网上进行选购和支付成为用户易于接受的事情，而互联网化证券产品类似于电商产品，在这过程中也逐步为客户所接受。另外，一些大的电商在稳步推进传统电子商务的同时，也开始逐步涉足互联网金融，包括互联网证券，这也将倒逼证券公司互联网化，以应对互联网企业涉足证券行业的竞争。

（四）互联网证券的特点

1. 即时性

计算机客户端软件的出现使得即时性成为可能，而移动设备及移动互联网的发展使得即时性逐渐成为互联网证券的最大优势，当前用户可以通过各种软件或者移动设备随时随地实现转账、证券交易、产品购买等各种证券服务。而如今的各种软件及客户端还有许多信息整合及推送功能，让用户省去自己整合信息的时间，在最短的时间内获得所需信息。

2. 移动化

随着智能手机的发展和移动互联网络的发展，移动互联网金融也获得了快速发展，同时有了更多产业生态。目前支付宝和财付通等第三方支付平台的业务都在逐渐往移动端转移。而其中某些细分业务，如转账，已经有97%的支付宝用户通过移动端来进行操作了。互联网金融的移动化也将带动证券产品的移动互联网化，各大券商也纷纷推出手机客户端，而移动互联网技术的不断发展也使得通过移动互联网办理证券业务越来越有吸引力，未来将很难想象人们还需要通过营业网点购买证券产品，而更多的证券业务，如，证券开户、证券交易等都将可以通过智能手机及移动设备随时随地实现。

3. 低成本

21世纪以后，中国证券业的交易佣金率一直在稳步下降，证券行业的佣金战在逐步推进。佣金自由化本身就是金融自由化的一部分，互联网券商的出现只不过是加速了这一过程。日本从20世纪末到21世纪初推行的金融自由化和网络券商革命的叠加，网络券商的佣金率在短短两年左右的时间下了一个台阶，跌去60%以上。我国券商行业整体佣金率水平也因网络开户降至新低。未来，网上开户将进一步普及，而营业部也会往轻型营业部发展，进一步降低成本，券商佣金率还有继续下降的可能。

二、互联网证券在我国的实践

由于我国证券行业开始发展的时间正好是信息技术开始高速发展的时期，证券公司的发展的最初阶段就伴随着最先进的信息技术的使用。我国证券托管、交易、结算、支付等基础功能和体系的快速建立得益于最先进的信息技术和网络技术的应用。在包括移动支付、社交网络、搜索引擎和云计算等新一代的网络信息技术获得快速发展互联网金融的背景下，证券行业一方面要发挥自身优势，做大机构客户，另一方面应该继承其对高科技积极应用的传统，广泛使用新一代互联网技术，在针对中小客户的证券交易、客户服务、产品销售、营销推广等方面重塑现有的商业模式，提升核心竞争力。因此，当前及未来一个时期内互联网证券可以开展的业务范畴和服务内容包括以下几个方面：

1. 网络开户（转户）和交易

随着监管层对非现场开户管制的放开，未来通过网络进行非现场开户和证券交易将大大降低证券交易和客户营销服务成本。另外，智能手机终端的进一步普及将进一步提升移动终端在证券交易中的使用。

2. 网络证券投资顾问

互联网技术的进一步发展将大大丰富证券公司的客户服务和营销渠道，可以通过短信、微信、微博、电子邮件等多种网络渠道向客户推送资讯和投资建议，提供投资顾问服务。

3. 金融产品网上销售

通过无线和有线的互联网终端向客户销售各类金融产品，风险偏好的评估、产品的选择、交易合同的签署、支付的环节均通过非现场的网络进行，无须到营业部，将大大提升产品销售过程中的用户体验。

4. 网上支付

通过与第三方支付合作，用客户保证金账户进行网上支付，提高客户资金的使用效率。该业务目前仅在个别券商进行试点。

5. 网络营销

通过微博、微信等现代信息和社交网络平台的海量信息，充分挖掘目标客户，拓展营销渠道，扩大潜在客户群。通过互联网平台销售证券类金融产品是未来互联网金融的又一发展方向。

6. 证券网上发行

未来可通过网络直接公开发行证券募集资金。该种模式在国外已有先例，Google 在 IPO 时采用了在线荷兰式拍卖方法，而不是通常的投资银行路演和询价方式。

未来可能的情景是股票、债券等的发行和交易在社交网络上进行。

三、互联网金融对证券行业产生的影响

互联网金融可以达到并实现与当前直接和间接融资一样的资源配置效率，并在促进经济增长的同时大幅减少交易成本，这将对证券行业的发展产生深远的影响。

（一）改变证券行业价值实现方式

互联网金融的虚拟性为证券行业带来了前所未有的价值创造速度，必

然导致价值的扩张，同时互联网金融也引发交易主体、交易结构上的变化和潜在的金融民主化，引发券商传统的价值创造和价值实现方式根本性转变。

一方面，互联网技术能最大限度减小信息不对称和中间成本，把所有的信息由原先不对称和金字塔型转化为信息的扁平化，最终个体可在信息相对对称中平等自由地获取金融服务，逐步接近金融上的充分有效性和民主化，从而证券行业的服务边界得以扩大。当前券商积极布局的非现场开户、搭建网上平台以及移动终端产品等正是券商引入互联网行业模式的尝试，这为券商带来了新的盈利增长点。

另一方面，社交网络、电子商务、第三方支付、搜索引擎等互联网技术形成的大量数据产生价值，云计算、神经网络、遗传算法、行为分析理论等更使数据挖掘和分析成为可能，数据将是金融的重要战略资产，阿里小贷正是基于大数据挖掘小微企业信用完成的价值实现。未来券商的价值将更多通过充分挖掘互联网客户数据资源，并开发、设计针对满足客户个性化需求的证券产品或服务来创造和实现价值，从而实现"长尾效应"。

（二）引发证券经纪和财富管理"渠道革命"

证券与互联网的加速融合，有助于券商拓宽营销渠道，并优化现有经纪业务和财富管理业务以及传统的运营管理模式，进一步扩大服务边界。与此同时，网上开户和网上证券产品销售将使得券商的地域和物理网点优势不再明显，佣金率进一步下降，新产品经纪和资管业务的地位逐步提升，这将迫使券商经纪业务由传统通道向信用中介和理财业务终端转型。在不久的将来，网络将成为券商发展经纪业务、财富管理业务的主要平台。随之而来的将是目标客户类型的改变，市场参与者将更为大众化和普及化，追求多样化、差异化和个性化服务是客户的基本诉求。客户的消费习惯和消费模式的改变，要求券商经纪和财富管理业务要适应互联网金融趋势，从过去通道中介定位向客户需求定位转型。以客户需求为中心的转型，本质上要求证券公司能够根据不同的客户类型，通过一个对外服务窗口为客户提供包括融资、投资、理财咨询等一系列的服务。这意味着证券公司需要对原有的组织模式进行重构，加强各条业务线的协作，提升现有业务的附加价值，实现客户与证券公司共同成长。

互联网理财产品推出一年多时间，用户规模达到 6 383 万，使用率达

10.1%。互联网的便捷性打通了资金链条，降低了理财产品管理及运营成本。互联网的"长尾效应"聚合个人用户零散资金，既提高了互联网理财运营商在商业谈判中的地位，也使个人零散资金获得更高的收益回报。

（三）弱化证券行业金融中介功能

哥伦比亚大学教授雷德里克·米什金指出，金融中介的存在主要有两个原因：第一，金融中介有规模经济和专门技术，能降低资金融通的交易成本；第二，金融中介有专门的信息处理能力，能够缓解投资者和融资者之间的信息不对称以及由此引发的逆向选择和道德风险问题。媒介资本、媒介信息正是证券行业作为金融中介最为基础的两个功能。

媒介资本、媒介信息、挖掘信息等功能的发挥，在根本上都依赖于各类信息的搜集和处理能力，而这正是互联网金融的强项。互联网金融与证券行业的结合会使得交易双方的信息不对称程度降低，在金额和期限错配以及风险上分担的成本非常低，证券机构发挥的资本中介作用也日益弱化。未来股票、债券等的发行、交易和全款支付以及投资理财等都可直接在网上进行。比如，Google 上市时就没有通过投资银行进行相关上市服务，而是应用了互联网金融，其股票发行采用荷兰式拍卖的模式在自身平台上发行。另外，在国外，基于社交网络构建的选股平台，投资收益跑赢大盘，这也一定程度上取代了券商投资理财的业务。

互联网金融模式下，资金供需双方直接交易，可以达到与直接融资和间接融资一样的资源配置效率，市场有效性大大提高，接近一般均衡定理描述的无金融中介状态，这将极大的影响证券金融中介功能的发挥。

（四）重构资本市场投融资格局

互联网金融平台为资金供需双方提供了一个发现机会的市场，同时，现代信息技术大大降低了信息不对称性和交易成本，使双方对各自信息基本实现完全了解。证券行业投融资格局中，资金中介将不再需要，取而代之的可能将是一个既不同于商业银行间接融资，也不同于资本市场直接融资的第三种金融运行机制，可称之为"互联网直接融资市场"或"互联网金融模式""众筹融资，正是这种互联网金融新模式的代表。不同于传统借贷模式，在众筹的借贷环节中，由网络平台充当中介的角色。借贷双方在网络平台上自主发布信息，自主选择项目，基本不需要借贷双方线下见面，也无须抵押担保。平台公司则为借贷两方提供咨询、评估、协议管理、回款管理等服务，并相应收取服务费。网络信贷的兴起打破了传统的融资模式，在解决中小企业融资难题的同时，引领着资本市场投融资领域的革命性创新，这代表着未来趋势的投融资创新实现了社交网站和种子基金、股权投资的融合，是投融资业务脱媒的开端。

（五）加剧证券行业的业务竞争

互联网金融以其先天的渠道和成本优势迅速改变资本市场的竞争格局，随着监管的放松，这种竞争还将进一步加剧。一是互联网技术会降低券商业务成本，加剧同业竞争，如，各大券商积极布局的证券电子商务，这只是网络经纪业务第一步，非现场开户全面放行后，证券业能以更低成本展业，这不可避免引发新一轮的佣金价格战，通道型经纪收入将更加难以为继；二是互联网金融会改变券商业务模式，催生网络经纪等新业态，这将带来新的竞争机会，使得未来竞争更加复杂化；三是以阿里巴巴为代表的互联网公司携带客户资源、数据信息积累与挖掘优势向证券行业渗透，加剧行业竞争。近年来高速发展的互联网平台为互联网金融奠定了比传统证券行业更广泛的客户资源基础。互联网公司在运作模式上也更强调互联网技术与证券核心业务的深度整合，凸显其强大的数据信息积累与挖掘优势。比如，以阿里小贷为代表的网络贷款正在冲击证券行业的资本中介业务模式。

四、互联网证券发展趋势

受互联网金融的影响，我国证券行业商业模式发展趋势将主要体现在以下几个方面：

（一）盈利模式多元化，行业发展将进一步趋向差异化

在互联网高度渗透、信息量大增的背景下，目标客户的信息更容易获取，渠道也更加宽泛，证券公司可以选择适合自身特色的盈利模式。传统券商可以选择借助更加广泛的渠道，在更大的范围内拓展符合自身业务定位的目标客户；也可以选择在小范围内对目标客户提供低成本的、以提供交易通道为主的盈利模式。在美国互联网证券的发展时期，除佣金策略不断呈现差异化的趋势之外，为获得客户青睐，进而提供全面且具有鲜明特色的差异化服务是美国各证券公司所主要采用的经营策略；Zecco 专门研发了浏览器插件，使得客户在使用浏览器阅读新闻、广告或其他网络内容时，一旦网页文字中

出现了可交易的品种的名字，便可直接点击打开该证券的交易界面，为客户交易提供充分的便利条件；Scottrade 除提供线上交易服务之外，还在北美开设了超过 500 家线下轻型网点，为本地用户提供培训、使用帮助、投资分析等增值服务，试图获取轻量级的网络用户（可以上网，但不习惯或不擅长使用互联网）。总体而言，从美国的发展经验来看，互联网领域的探索并未使得行业在价格及业务上的竞争不断趋同，而是朝着多元化、差异化的方向不断演进。

（二）证券交易佣金竞争将进一步激烈，价格战将走向差异化定价

互联网的核心优势在于解决了传统客户所面临的地理区位差异及信息不对称问题，使得客户可以通过网络清晰地比较各家券商的服务内容及服务价格，传统地区展业及佣金方面的管制将不再适用。从美国的发展经验来看，20 世纪 90 年代，在网上交易推进之初，类似嘉信等折扣经纪商一方面通过网络化运营实现了自身成本的优化，另一方面，则积极推行低佣金策略，在实现自身迅速崛起的同时，迫使其他券商不断跟进，最终使得行业的佣金水平迅速下滑。尽管基本交易佣金随着证券公司互联网探索的深入而不断下滑，但从美国的实践来看，激烈的竞争并没有把全市场的佣金拉到成本线上，反而促使证券公司走向了差异化的定价策略，各家均涉及了复杂的收费标准，除基本的佣金之外，还有月费、季费、增值项目及各类优惠等，不同的最低投资金额和最低交易频率等限制均会大幅影响客户的实际佣金支出，从而使得普通投资者很难明确比较哪家证券公司的服务价格更为低廉，投资者必须根据自己的实际交易情况进行选择，同时这也促使证券公司更好地匹配资源，一定程度上保护行业的合理利益。

（三）营销和服务模式将更加多元化和精细化，对数据和客户信息的挖掘更加深入

随着客户对互联网形成高度依赖，其信息来源更加广泛，远远超出居住所在地的范围。

证券公司传统的以区域性驻点证券经纪人为主的营销模式和基于当地物理网点的客户服务模式必然遭遇发展瓶颈，证券公司必须通过信息传播速度最快、客户最容易接受的互联网渠道为存量客户提供服务，并通过更多元化的渠道挖掘增量客户源。通过利用微博、微信等社交网络平台，证券公司

可以实现营销和服务的地域限制，同时由于通过互联网产生和传播的信息具有留痕的特征，证券公司通过利用先进的云计算和数据挖掘技术对海量信息进行分析，并将结果应用在营销和客户服务实践中，实现精准营销和个性化服务。国外成熟的金融机构对客户信息的挖掘已经渗透到客户服务和战略决策的各个环节中，数据挖掘在成熟市场金融机构多年的实践证明基于数据挖掘和决策支持的营销服务体系能产生巨大的价值。美林证券在20世纪90年代耗费巨资打造的MIDAS系统专门从事对其客户信息和数据的分析，从而能准确地捕捉客户的需求，及时将合适的产品推送给客户，显著增加了其产品销售量，同时也改善了客户体验。

第三节　互联网保险

互联网保险随着网络经济的兴起而不断壮大，但是由于互联网保险发展速度快，发展模式处于不断演变之中，在实践中对互联网概念的理解，不同国籍、机构和个人存在着较大的差异。中国银行保险监督管理委员会印发了关于《互联网保险业务监管暂行办法》（以下简称《办法》）的通知。《办法》对行业属性给予官方定义：互联网保险业务指保险机构依托互联网和移动通信等技术，通过自营网络平台、第三方网络平台等订立保险合同、提供保险服务的业务。

数据收集和分析：同其他互联网子行业一样，数据对于互联网保险具有重要的价值。对消费者行为数据、消费数据等互联网数据加以收集，并运用保险精算技术，可以开发出更具需求针对性的保险产品。

保险产品个性化设计和精准营销：销量是影响保险公司盈利水平的关键。在这个环节中，互联网保险的优势是非常明显的，基于互联网技术的精准营销的运用已经十分成熟，通过互联网搜索引擎（如谷歌、百度等）进行定向推广已经被广泛使用。

提供专业的保险需求分析：互联网保险公司只需要通过网页上提供的保险需求评估工具对投保人的消费能力、风险偏好等信息进行评估，就能确定符合客户需求的保险。这种网上评估方式能有效降低客户选择困难，既专业又易于被客户接受。

提供保险产品购买服务：客户在确定自己需要的保险产品之后，下一步就是进行网上购买。这要求互联网保险公司做好网上购买对接服务，提供网上购买入口，开发购买网站和移动客户端。

提供在线核保和理赔服务：通过推出在线核保和理赔的作业流程、争议解决办法、理赔所需单证、出险联系电话和地址等透明化信息，客户可以方便地办理理赔业务。

提供在线交流服务：提供在线交流、售前咨询和评估以及售后保障和理赔服务，有效化解客户购买保险产品的疑虑。

一、互联网保险的模式

保险行业的商业模式关乎整个行业的综合竞争力，是行业转型升级的重要推进力量。经过十多年的发展，截至目前，我国互联网保险已建立起以官方网站模式、第三方电子商务平台模式、网络兼业代理模式、专业中介代理模式和专业互联网保险公司模式等五种模式为主导的基本互联网保险商业模式体系。

（一）官方网站模式

互联网保险的官网模式是指在互联网金融产品的交易平台中，大、中型保险企业、保险中介企业等为了更好地展现自身品牌、服务客户和销售产品所建立的自主经营的互联网站。建立官方网站的公司需要具备以下几个特点：一是资金充足。企业建立自己的官网更多的是为了展现品牌，销售产品。为此，企业需要雄厚的资本，获取更多的流量和广告投入。二是丰富的产品体系。互联网金融中，很多企业是利用产品优势获得成功的，拥有几个或一系列完整的产品体系满足客户在不同时期、不同状态下的需求，一直是选择官网模式的企业所追求的目标。三是运营和服务能力。一个官方网站要长足经营，需要充分建立和使用互联网快速、便捷、安全的线上管理信息系统、客户关系管理系统、企业资源计划系统等，对运营流程进行改造。

（二）第三方电子商务平台模式

第三方电子商务平台，是指独立于商品或服务交易双方，使用互联网服务平台依照一定的规范，为交易双方提供服务的电子商务企业或网站。通常来说，第三方电子商务平台具有相对独立、借助网络和流程专业等特点。

从金融监管角度看，第三方电子商务平台模式存在着诸多漏洞。很多在售保险产品的第三方平台网站没有保险中介资质，在实际意义上不受监管约束，从而给消费者带来一定的风险。

（三）网络兼业代理模式

互联网时代衍生出网络化的兼业代理模式，逐渐成为目前互联网保险公司中介行业最主要的业务模式之一，以其门槛低、办理简单、对经营主体规模要求不高等特点而受到普遍欢迎。

银行保险监督管理委员会下发《保险代理、经纪公司互联网保险业务监管办法（试行）》文件表明只有获得经纪牌照或全国性保险代理牌照的中介机构才可以从事互联网保险业务；另一方面，大量垂直类的专业网站在不具备上述监管要求的条件下，以技术服务形式使用兼业代理的资质与保险公司合作开展业务。

（四）专业中介代理模式

继下发《保险代理、经纪公司互联网保险业务监管办法（试行）》后，银行保险监督管理委员会向社会公布了第一批包括中民保险网等19家企业在内的获得网上保险销售资格的网站，互联网保险公司中介网销的大门就此打开。此后保险中介业务规模得到高速发展，但诸多问题也随之显现。

1. 产品单一

目前线上保险中介销售的产品同质性严重，各家都均以一年期短期意外险为主。线上保险中介没有很好地了解市场和客户。

2. 销售规模受到限制

很多公司担心线上销售收入扣除成本后不足以维系公司运转，故对该模式的投入停留在初期阶段。

3. 运营模式有待创新

虽然某些线上保险中介是互联网公司，但在公司内部的组织架构及业务运营基本走的是线下传统模式，运营方式创新有限。

（五）专业互联网保险公司模式

根据保险公司经营业务主体的不同，专业互联网保险公司大致分为两种：产寿结合的综合性金融互联网平台、专注财险或寿险的互联网营销平台和纯互联网的"众安"模式。

虽然专业互联网保险公司模式已得到社会广泛关注，但目前其线上成交的保费规模比较小，运营模式也都在不断地探索和尝试之中。随着互联网金融环境的逐步成熟，专业保险电子商务公司的不断创新，预计在不远的将来，线上交易会逐步以其独特的优势成为保险公司、金融互联网的中坚力量。

二、互联网保险的发展趋势

我国互联网保险正在经历从表层渠道变革向中层模式优化的发展，网络比价平台、直销网站、APP等模式基本已经落地，而基于线上场景的拓展和新技术的应用，包括从数据来源的扩展到业务流程数据的获取为风险定价、核保、理赔流程再造提供支持等内容，已成为现阶段互联网保险发展的重要内容。中国平安集团总经理、中保协互联网分会会长任汇川表示，从全球保险业发展态势来看，传统保险公司、大型互联网公司、保险科技创业企业以及监管机构共同参与的一个全新的保险科技生态系统正在形成。传统保险公司在已有的数据资源和风险保障能力基础上加大科技投入，将有望获取明显的竞争优势。科技的兴起扩展了保险产品和服务范围，也为一些互联网公司带来发展机遇，通过保险产业链的解构，此类公司有望构建起保险科技基础设施，为保险公司提供技术支撑并开展合作。

趋势一：保险产品创新空间、保险市场范围将不断扩大。

互联网快速改变了消费者的生活，也在推动保险产品创新、引导和创造客户需求、提升公众特别是年轻消费群体保险意识方面蕴藏巨大潜力。保险公司基于大数据、云计算，能够对消费者行为数据、消费习惯、支付偏好进行深度挖掘与分析。这为精准营销、精准定价提供了可能性，也为制定个性化、定制化、差异化的保险产品提供了数据基础。华泰保险与淘宝合作在"天猫"交易线中"嵌入式"运营"退货运费险"，并根据出险率进行保险定价。这是国内首个针对网络交易而设计的创新险种，也是首个实现保险产品动态定价的创新产品。未来，类似"退货运费险"这类保障消费者互联网消费、支付行为的创新型保险产品将大量涌现。

同时，互联网伴生的移动终端和大数据优势将持续拓展保险市场范围。消费者能够利用网络随时随地进行购买和支付，网络消费、网络支付等网络行为中蕴含的风险能够派生出新的保险需求，为保险行业开辟出新市场。并且随着大数据技术的深入应用，保险公司能不断提升风险定价与风险管理能力，可以将以前无法或难以有效管理的风险纳入保险公司能力范围。随着经济形势变化和市场化发展，保险市场还将出现大量的细分领域，保险公司能够借助移动互联发展和大数据技术优势，在实现对原有消费者资源深入挖掘的同时，还覆盖了不同地域、不同行业的消费者，提供传统上规模不经济的产品和服务，从而占领广阔的"蓝海"市场，进而获得更多的消费者资源和行为数据，形成发展良性循环。

趋势二：互联网保险进一步场景化，更多碎片化的保险需求将得到满足。

互联网不断普及和发展的伴生产物就是高频化、碎片化的各类需求，而场景化则是挖掘、满足这些需求的有效途径。线下场景产生的保险需求催生了传统保险产品的发展，而伴随着互联网技术的不断普及和发展，很多线下场景逐渐迁移到线上，线上场景的出现为互联网保险产品异军突起提供了契机。

未来，保险公司将会更多地基于互联网生态圈的高频化、碎片化风险需求，开发出可以嵌入互联网生态圈中某一个环节和应用场景（或者多个环节和应用场景）的"碎片化"创新产品，实现互联网保险产品设计和营销的突破，将互联网保险产品"无缝式"嵌入互联网消费的购买、支付、物流等各个环节，从而在不影响用户体验的前提下，以较低成本满足消费者的高频化、碎片化的保险需求。如，对持有保险牌照的电商平台而言，不论是采用与传统保险公司合作的方式，还是自行开发的方式，都可以向电商平台上下游合作方提供关于满足其产品开发、支付、物流等方面保险需求的保险产品；可以针对电商平台销售的产品设计个性化保险产品，在消费者支付时进行推送；亦可以根据消费者的消费习惯、支付习惯以及其他关联性资料，预判消费者潜在的保险需求，通过邮件、短信、网站弹窗等方式推送。

趋势三：互联网保险与其他互联网金融业态深入融合，风险不容忽视。

随着互联网金融逐渐被消费者认可和熟知，互联网金融各业态之间开始逐步融合，部分保险公司开始向众筹等行业提供保险服务，衍生出新的保险产品，为投资者权益提供保障。为规避众筹项目发起方逾期违约风险，增强客户体验，缓解项目方因为逾期而可能承担的延期赔付压力，互联网保险的风险保障功能使其能够为互联网金融投资者的权益提供保障。随着互联网金融的快速发展，互联网保险必将更频繁、更深层次地与其他互联网金融业态融合，同时也将面临更大的潜在风险，互联网金融业态之间的风险交叉影响不容忽视。这也就决定了未来互联网保险的监管有必要建立在金融协调监管的基础上。在明确互联网金融各业态监管主体的前提下，提升监管规则的一致性，加强各监管主体信息共享、协同处置风险的能力。可以考虑建立金融监管部门联席会议机制和宏观审慎监管部门，以促进互联网金融规范、健康发展。

趋势四：保险产品销售渠道将更加丰富多样，费率空间得到进一步释放。

由于保险公司营销体系中代理人制度的存在，支付给代理公司、代理人的手续费及佣金等构成了保险公司财务成本的重要组成部分。而随着保险行业市场化程度的持续加深和互联网保险的不断冲击，代理人在传统保险营销体系中的地位和话语权将不断被弱化。有研究表明，互联网可以使整个保险价值链的成本降低 60% 以上。未来保险产品多样化的销售渠道，将保险产品的销售环节转移到网络上，可能比传统保险行业营销方式节省58% ~ 71% 的费用，从而使保险行业进一步摆脱传统营销体系中代理人制度的束缚和制约，进而极大地减少销售成本。显而易见，销售成本的减少可以让保险公司让出部分利润用于降低各险种的保险费率，从而让消费者受益，同时也使保险公司在销售、理赔、管理和产品管理等方面的效率得到极大的提高。

趋势五：数据作为保险行业"核心资产"的地位将进一步加强。

在未来互联网充分普及的大环境下，数据成为了构建核心竞争力的关键。对保险公司而言，数据就是核心资产，数据分析能力就是核心竞争力。保险公司能够通过数据处理、分析、整合、挖掘等技术获得价值信息。从数据收集来看，要借助互联网不仅获得消费者的行为数据，也要获得潜在消费者的行为数据，为将来拓展市场、开辟新的市场需求做准备；从数据应用来看，保险公司应利用大数据分析能力充分挖掘消费者需求，通过数据采集了解每位消费者的特征及需求，为其提供更具个性化、定制化的服务与产品。

而消费者可能采用不同的支付方式在任何时间、任何地点使用不同的移动终端进行消费，从而形成了大量不规则的、碎片化的消费信息，对保险公司收集、整合、处理、分析信息的能力提出了巨大挑战，也对保险公司复杂灵活的运营能力提出了极高要求。保险公司应充分认识到移动互联、大数据等新兴互联网技术发展对保险行业带来的深刻影响，应清楚地看到这种深刻影响的发展趋势，进而加快自身创新步伐。

趋势六：互联网保险将从深层次更新保险行业的服务模式。

互联网技术的发展可以进一步突破保险服务的时间和地域限制，为服务模式创新提供无限可能。通过穿戴式设备、手机健康监测软件等获得消费者身体状况信息，可以让保险公司随时提供个性化的健康风险管理方案；通过物联网终端能够对承保财产实施实时的管理和控制，可以让保险公司以更加精细和动态的方式管理承保财产，提供更加精细化、个性化的防损减损方案；通过车联网获得驾驶行为信息和车辆、道路状态信息和事故信息，可以创新产品定价模式，提供驾驶行为管理、主动救援等服务。

趋势七："以消费者为中心"的理念将进一步凸显。

随着互联网深入人们生活的各个领域，保险的销售模式产生了根本性的变化，由原先以保险产品为主导的销售模式将逐渐转化为以消费者需求为核心的销售模式。互联网使得消费者不再被动接受保险公司推送的信息，消费者的需求成为新险种出现的原动力，消费者的行为数据成为保险产品设计的基础，这也意味着消费者能够化被动为主动，参与保险产品设计和服务的全过程。保险公司应积极融入这一潮流中，利用自身原有优势培养大数据分析能力，针对目标消费者、潜在消费者的需求，设计定制化保险产品，同时主动促使保费更加透明，保障权益更加清晰，这不仅可以吸引更多的消费者，也可以让保险销售的退保率大大降低。

趋势八：借助互联网技术，保险公司经营管理将不断优化改善。

互联网技术能够提升保险公司的市场反应速度和能力，能够及时掌握保险市场发展新动向、挖掘潜在的消费者群体、发现市场上出现的各种创新产品，并随时采取适当的经营策略；互联网技术的运用将使得保险公司核心运营流程和客户服务实现网络化和自助化，可以提高保险公司处理保险业务的效率、降低成本，提高管理水平，提高客户满意度；互联网技术动摇了传统保险营销体系的代理人制度，使得保险公司能够直接面对消费者，可以让保险公司大幅减少销售费用与管理费用。

趋势九：保险行业将更加注重保护消费者权益，加强信息披露。

互联网正在快速改变人们的生活，保险标的、属性和风险因素随时根据互联网技术的发展而发生变化。保险已经不是传统意义上只能保障生、老、病、死、残的产品和服务，而是发展到与消费者日常生活、工作、消费行为息息相关的各个领域，保险产品的形式、品种、保障范围、保障程度等都有巨大的创新空间。但中国金融消费者整体知识水平偏低，消费者知识水平滞后于互联网保险创新水平，可能会造成消费者权益受损、创新保险产品市场认可度低等一系列问题的发生。故而，如何提高消费者认识、选择保险产品的能力，提升消费者对风险的辨识与防范的能力，对保险行业未来的健康发展来说无疑是一个不可回避的重要问题。

另外，保险公司应借助互联网技术细化互联网保险产品的信息披露规则，在保险责任、告知义务、免责条款、退保的权利义务等方面明确披露要求，防止避重就轻、销售误导。通过机制设计，保险公司应开始尝试整合线上线下资源，在投保、查询、理赔等方面建立信息公开标准，保障消费者的知情权和选择权，不断提高市场透明度。

第四节 互联网金融理财

一、互联网金融理财概述

2013 年是中国互联网金融理财大发展的元年，两大互联网公司淘宝和腾讯分别推出了"余额宝"和"理财通"两个产品，几个月的时间快速发展到了几千亿的规模。互联网金融理财产品所针对的用户覆盖了数量庞大的闲置资产额不高的大众用户，其利率市场化的鲶鱼效应搅动了整个传统金融理财系统的定价体系和资金分布格局。互联网理财产品的出现不仅改变了网民理财行为，也使得理财观念深入人心。与传统金融理财营销方式相比，金融理财产品依赖网络营销的模式还在摸索着前进，不断寻求创新，但已对传统模式经营的理财产品产生了巨大冲击和影响。

（一）互联网金融理财的概念

金融是指在对现有资源进行重新整合之后实现价值的等效流通，是涉及货币、信用及两者整合生成、运作的所有交易行为的集合。其核心是跨时间、跨空间的价值交换，所有涉及价值或者收入在不同时间、不同空间进行配置的交易都是金融交易。互联网金融是依托互联网的方式来实现资金融通，是在实现安全、移动等网络技术水平上，在大数据、云计算及电子商务的积极发展和支持下，为适应客户新需求而产生的新模式及新业务。

从涉及业务上看，互联网金融业正从单纯的支付业务向转账汇款、跨境结算、小额信贷、现金管理、资产管理、供应链金融、基金和保险代销、信用卡还款等传统银行业务领域渗透。在金融产品和服务方面的创新弥补了传统金融业的不足。

（二）互联网金融理财的种类

随着互联网技术及大众理财模式的革新，互联网金融理财产品日益推陈出新，对现有市场上的理财产品，根据基金形式可分为以下三种：货币基金、证券投资基金、公募基金。

（三）互联网金融理财的创新

互联网金融理财产品未来发展会体现出如下趋势。

1. 对互联网金融理财产品实施存款准备金管理

自20世纪70年代起，美国就开始研究对货币市场基金进行准备金管理，且各国已普遍重视对货币市场基金的风险管理。从金融工具性质看，货币市场基金的流动性接近银行存款。在我国，余额宝类基金产品将绝大部分资金投向银行协议存款使其具有存款特性。因此，就我国金融市场而言，有必要对互联网货币市场基金产品进行存款准备金管理，以应对大规模集中赎回带来的流动性风险，控制货币创造以提高货币政策有效性，同时保证市场公平竞争，压缩监管套利空间，并使基金资产更多投向直接融资工具，促进金融市场的完善和发展。

2. 建立健全监管机制

在利率市场化的背景下，互联网金融与传统金融协同将成为大势所趋，因而对待同一类金融业务，无论线上线下，应适用统一的监管标准，坚守合规经营；同时，可通过健全法规、行业自律、普及公众教育等举措，引导互联网金融趋利避害，防范金融风险，特别是在技术安全、信息不对称及流动性管理等方面产生的新风险，切实保护普通消费者的利益。但在现阶段，对互联网金融采用的监管应以适当不能影响到金融创新的程度，且不应以监管的名义阻挠改革、以防范风险的名义干预市场微观行为。

3. 完善个人信用及资料联网

互联网金融理财产品的主力用户是80、90后，中老年人仍旧倾向于信用度及安全度更高的实体银行的理财产品。因而，完善个人信用评估系统，做到资料联网，可查可证，使政策和制度更趋信服是互联网金融吸引更多客户及扩大市场容量的考量之一。

4. 银行介入，参与实体经营

在当下科技高速发展的大背景下，金融业需要创新，需要改革，需要适应多元化的世界。互联网金融理财产品有着平等、互助、协作、分享的现代精神，而传统金融在安全和信誉方面更能获得大众的信赖，因而将互联网自身优势逐步与传统金融嫁接，实施纵向整合、重新分工洗牌是未来的大势所趋。当中，以余额宝为代表的互联网金融可以尝试帮助银行做好负债端业务，银行则可将精力重点放在资产端业务，做风险资产定价水平的核心产业。逐步将互联网企业变成传统金融机构的前端、销售渠道，让它去导流、去完成社会闲散资金的聚集；而银行在后端专心做大资产业务及大中型公司金融。

5. 培养专门的互联网金融人才

朝阳领域互联网金融，并没有对金融产品进行创新，而是在沿用了传统金融的产品组合的同时，提供了更便民且注重用户体验的服务。在长尾市场、碎片市场、小众市场日益重要，组织化、结构化、中间化逐渐落伍，金融业亟待改革的今日，传统金融业人才并不适用于互联网科技高速发展的产物——互联网金融。因而我们需要培养专门的互联网金融专业人才，应用互联网思维管理银行，追求迭代创新、跨界平台、简约高效、普惠共享的宗旨，以创新更多金融产品，促进金融业的发展及变革，给大众以更好的生活体验。

相较于传统营销模式来说，互联网金融理财产品的创新性主要体现在以下几个方面：

（1）营销模式的创新

"用户为王、产品优先、简约极致"是互联网的创新思维。互联网营销模式实现了从"产品思维"到"用户思维"的转变。例如，余额宝在产品设计中体现的所见即所得，所见即可用。它让你看到的跟传统的基金氛围不一样，过去有很多的基金术语才能解释的概念，在余额宝里做了一个产品的分割，对用户来说实现就是简单的两三步操作，只要能看见的都可以用于消费、转账、购物。互联网营销在后台 IT 系统做了很多工作，这个可能就是把简单留给客户，把复杂留给系统。传统金融理财行业在制定一些规则的时候其实是单向的，出于风险控制等原因，实际制定的是以"我"为中心，就是客户应该先怎么样，然后再怎么样。但是传统理财行业从来没有想过，客户他想怎么样。而互联网理财的作用，本质上是利用了资金的运作逻辑，规模越大，议价能力更强，同时满足了小众投资者的理财需要。虽然过程复杂，平台方和融资方之间的系统对接、资金匹配都事先通过流程设计确定，并满足资金兑现的最大峰值。但对理财者而言，这个过程是简单的，收益是明显的，赎回也是十分轻松的。也许这种收益简单、通俗易懂正是所谓的"互联网思维"。

（2）营销渠道的创新

互联网获取客户和流量的能力比传统营销渠道大。互联网客户有很高的黏性，而商业银行传统获取客户的方法显得迟缓而笨重，就像余额宝在短期之内获得大量客户，这是商业银行和互联网企业与其非常大的差距。金融理财通过网络渠道的新方式为传统金融理财连接客户的渠道提供了多元化的窗口。互联网金融理财为投资者带来效率、便捷程度相对更高的服务。余额宝的核心功能并非完全是金融产品的创新，而是渠道的创新。

（3）投资门槛的创新

传统的理财产品要么专业性强，要么收益率低、投资门槛高或产品结构复杂，让投资者难以抉择。互联网以公开、透明的交易模式颠覆以往的传统生活。今天，网络理财、手机支付、网上预订等各种通过互联网技术实现的服务正以越来越快的增长速度蚕食传统消费市场。在此，理财不再成为一种专业，不再是懂行者的专利，而是普通大众的共同需求。互联网把这个门槛降低了，在互联网上，没有所谓的客户等级，没有资金规模大小的限制，取而代之的是一体均沾的投资收益权和一视同仁的服务。互联网取代了人的主观，用客观的数据集成和批量化运作实现了成本和效益之间的合理嫁接。

（4）借助边际价格撬动传统金融理财，普惠大众拓展服务边界

传统金融理财体系中存在的用户群体覆盖死角包括了众多的小微企业、农村用户群体，以及众多的资金额度比较小的大量的个人用户，这些用户群体的共同特征是数量庞大，但个体资金量不大。因此在传统金融理财行业成本风险控制的体系之内往往被忽略它们的金融理财借贷需求，而借助于互联

网金融理财平台，可以实现对这些用户需求的覆盖，而且由于互联网金融理财不受地域限制，服务范围可以延伸到分布零散的广大农村地区。通过互联网，金融理财服务了更多的社会阶层和用户群体，拓展了金融理财交易的服务边际，同时也打破了传统金融理财定价体系和银行营销渠道及运营模式。

二、互联网金融理财实证分析

（一）国外商业银行的互联网金融理财

1. 构建有效的组织架构

从国外银行看，主要有两种模式：第一种，成立渠道管理部，统一管理电子渠道与物理渠道。以加拿大蒙特利尔银行为例，该行成立渠道管理部门，将网上银行、电话银行、手机银行以及 ATM 等电子渠道以及传统的网点柜台纳入专门的管理，由渠道管理部统一进行管理，向客户提供一整套的渠道解决方案，这种多渠道整合管理策略为商业银行合理调配渠道资源奠定了基础。第二种，电子银行部作为后台支持部门。以加拿大丰业银行为例，电子银行部门作为向其他业务部门提供销售的支持部门，对电子银行的产品开发需求通过与科技技术部进行沟通协调完成开发，再通知业务部门进行产品的销售推广。

2. 整合营销渠道

从引入网上银行以来，瑞典诺迪亚银行一直致力于不同渠道的整合，并继续引导客户面对诸如电视银行、移动银行等新界面。目前，诺迪亚银行的营销渠道包括电子银行、移动银行、电视银行、ATM 和以分行为基础的传统银行与呼叫中心。借助这些渠道，银行可以实现客户互联。当用户面临一般问题时，银行通过在线交互提供解决方案；当面临较复杂问题时，银行提供电话解决方案。如果以上渠道都不能解决用户问题时，客户可以选择分支银行，寻求面对面的解决方案。

3. 打造产品易用快捷性

在各家银行提供的网银功能相近的情况下，网上银行的易用性和便捷性将在很大程度上左右消费者的选择，美洲银行在网上银行的用户体验上下功夫，提供易用便捷的银行服务，从而拥有美国网上银行用户总数的1/3。瑞典诺迪亚银行是北欧客户访问最多的网上银行，为使客户更容易、方便地实现网上购物和办理网上银行业务，该行在网页设计上力求层次分明、通用性强、结构简单和分布合理,尽量用最简单画面和操作让客户完成各种交易。

4. 明确目标客户群

加拿大 INGDirect 有明确的目标客户群,且全力维护客户同质性,提供标准化服务,减少技术上的繁杂程度,以降低服务成本。该行目标客户定位年龄界于 30 ~ 50 岁之间的中产阶层,此部分客户工作繁忙,经常上网消费,财产规模有限,仅需要较为基本的网上支付及理财服务,并主要通过高息存款和低息贷款留住客户。

5. 引入社交网络模式

在国外,传统银行网点逐步消失,提供金融服务的体验旗舰店逐步增加。如,法国巴黎银行在法国西部城市开立了体验旗舰店,配备最新的技术、舒适的装饰,客户可以一边坐在沙发上喝咖啡,一边和银行顾问面对面沟通。这些银行顾问通过实时查询触摸显示屏向客户提供最新最全的信息。客户还可通过数字大屏幕了解银行的产品和服务;或者在咨询沙龙通过视频电话向各类银行专家咨询,了解存款、贷款等业务信息。在互联网时代,第三方支付、社交网络不仅是商业银行的竞争对手,也是商业银行的盟友,只要合作得当,双方可以共同开辟新的市场。花旗银行与 Facebook 合作,将积分分享从官方网站转移到社交网络,打通信用卡积分,允许用户出让自己的积分给他人。这一活动改变了人们分享积分的逻辑顺序,加强了客户与银行的互动,吸引了更多人来办理信用卡和注册积分会员。花旗银行基于社交网络收集到了客户的消费习惯、消费意向等数据,同时得到了一批具有共同爱好或特定思维的客户群,借此花旗银行在短时间内摆脱了常规市场调研、回馈环节,以更集中的精力和财力针对这些客户完成精准营销。

6. 依托非金融业务,推出相关金融服务、产品优惠服务

与第三方进行战略及业务合作,向客户提供多样化的非金融产品或服务。在提供保险、基金等金融产品的同时,国外商业银行也陆续推出了非金融产品或服务。比如,关注手机银行与移动电信业务的交合点,拓展相关服务产品。法国主流银行之一的法国工商银行通过其集团控股 95% 的电信运营商 NRJ Mobile 的电信平台,向该银行的客户推出 CIC Mobile 品牌的电信业务;法国邮政储蓄银行通过其母公司和法国主流电信运营商 SFR 合作成立的电信子公司,向客户提供手机和电信套餐服务。客户可通过这些银行的

物理网点或者网上银行直接选购手机或购买手机套餐，其优势在于将电信服务和手机银行的各类服务结合，利用电信运营商庞大的客户网络，在渠道和价格上赢得竞争力。再如，另一主流银行法国国民互助信贷银行通过和法国最大的在线独立汽车经销商 Groupe AMTT 合作，使得该银行的客户可获得 AMTT 提供的汽车购买优惠及相关服务，而银行则可向客户营销汽车保险、汽车贷款等金融产品，稳固和扩大了客户资源。

（二）余额宝类理财产品分析

1. 余额宝的产生发展

余额宝的问世无疑是互联网公司涉足金融理财业务最具代表性的例子。支付宝作为互联网公司不能直接销售、代销基金、股票等任何理财产品，但通过与天弘基金的合作，将天弘货币基金的申购程序与支付宝网站对接起来，只要投资者将资金投入余额宝账户，即可坐享基金的收益，免去传统金融机构购买基金的繁琐流程。这是个双赢的局面，第一，支付宝获得基金销售的中间费；第二，天弘基金通过与用户群广泛的互联网平台合作，增加了基金营销渠道，吸引了基金购买者，扩大了基金公司的影响力和知名度，获得了更多收益；第三，余额宝的投资者不但可获得远高于银行活期的存款利息，而且可以在不负担任何手续费的条件下将资金随时存取，用于支付宝转账和网上购物消费。

余额宝的实质是投资货币市场基金，货币基金资产主要投资于收益保本、流动性强的短期货币工具（投资期限通常在一年以内，平均期限120天）。

余额宝上线对商业银行的股票收益产生了较大的负面冲击。阿里巴巴推出余额宝产品之初，以其高年化收益率和快捷实时到账的特点吸引了大量支付宝户主购买，一时引起轰动。

由于其收益率比活期存款高出近20倍，并且不影响客户的流动性，大量散户也转移其在银行的资金来购买余额宝产品，分流了商业银行的存款业务。因此，余额宝推出的时间节点，上市银行股票实际收益率明显降低。深入分析余额宝对商业银行存款业务冲击较大的原因，可归结为以下三点：一是基金公司能够通过余额宝平台扩大基金的销量，冲击商业银行基金代销的垄断地位；二是余额宝作为连接中小散户与基金公司的桥梁，可以收取一定的中介费用，积聚大量的沉淀资金产生了可观的利息收入，分流了商业银行的存款业务和中间业务收入；三是散户通过余额宝进行碎片化理财，并且不影响客户的流动性，增加了客户体验的同时赢得了客户。

当然，余额宝上线事件发生一段时间后，对商业银行的冲击会减少，并趋于平稳。这是因为支付宝户主资金转移趋于结束，余额宝要开拓新的客户人群，作为新生事物的余额宝会在扩散中受到一定的限制，并且，商业银行通过改革创新来应对，从而导致了余额宝类互联网金融理财产品对商业银行存款业务的负面影响维持在一定的水平。

2. 余额宝的盈利模式

余额宝主要是为广大用户创造了收益，管理方与托管方收取的费用则被称为关联方报酬。客户转入余额宝的资金，即购买了增利宝货币市场基金，因此就享有货币市场基金的收益。

3. 余额宝的特点

第一，起购起点低。首先，与传统货币基金不同的是，余额宝的起购资金是 1 元，这就意味着哪怕账户里只有 1 元钱、5 元钱，也可以转入余额宝中。而一般银行的同利率理财产品的最低门槛都在 5 万元以上。对于没有太多闲钱的小储户来说，特别是当下的年轻人，余额宝无疑是最好的投资渠道。作为货币基金的余额宝大大降低了用户参与货币基金的门槛，极大地调动了他们参与投资理财的积极性。

第二，收益高。对于小散户来说，把钱放在余额宝里要比存银行活期存款收益高得多，两者几乎相差 10 倍之多。

第三，流动性强。如果说高收益是吸引中小散户的致命武器，那么对于手中闲钱较多、可以购买同利率银行理财产品等传统货币基金的用户来说，余额宝的吸引力是不是就没有那么大了呢？非也。就传统理财产品来说，理财周期多为几个月甚至几年。在此期间，投入理财产品的资金是不能动的。即使有些短期理财产品，周期最短也在 1 周左右。而余额宝则打破了这个局限，实行 T+0 模式，可以随时消费支付。只要用户可以上网，就能够通过计算机或者手机客户端提取余额进行消费或者支付其他费用，网购、转账、充话费甚至信用卡还款，无所不能。更重要的是，余额宝的随时消费和支付不会收取任何费用，也不会影响余额宝基金的运作。如此的高流动性使得传统的理财产品相形见绌。

第四，透明度高。余额宝的收益采用当天转结模式，具有高度的透明性。余额宝用户对其余额的收益情况享有法定知情权，用户能够随时查看余额宝账户内的余额以及收益等事项。就传统金融理财而言，虽说用户也享有同样的权利，但是一般想要获得这些数据都需要通过比较繁琐的手段，比如登录网页或者拨打银行客户电话等。但是余额宝与支付宝绑定，用户只需下载一个手机客户端，就可以随时随地查看数据，方便许多。与此同时，余额宝会定期公布存入基金的资金总额及收益变化率等情况，在天弘基金的网页上可以随时查看收益率走势及每天的收益情况。就金融理财周期而论，传统金融理财的运行周期（按月计周期）较长，有关收益率的详情也不能及时送达理财用户，而作为投资主体的理财用户也不能随时随地地了解其投资所获收益或者所负亏损等情况。

5.余额宝的运作方式

余额宝的运作优势。在没有余额宝之前，储户的投资渠道单一，只能将钱存入银行，获得很低的利息。而余额宝出现以后，它充当起了一个中介作用，类似于"团购发起人"，集中将小储户们分散的钱收集起来，达到数千万上亿以后，通过所谓的货币基金作为协议存款存入银行，从而获得高额的利息。不难理解，相较于"散购"，"团购"所具有的重要优势。对于散购来说，储户相当于进入的是零售市场，而团购则将储户带入了批发市场。批发市场自然有价格优势，但门槛也是异常的高。余额宝通过把钱汇集起来，帮助散户将存款从零售市场投入了批发市场。

值得注意的是，余额宝的团购作用之所以具有如此大的影响，原因在于我国特殊的市场条件，这个特殊的市场条件就是市场利率没有市场化。具体来说，按照我国目前的利率政策和法律规定，银行能够提供的最高利率是受政策限定的。在银行存款的零售市场上，一个普通储户存款所能获得利率不能超过一定的水平，否则是违反法律的。一般来说，这个能给普通储户的利率是很低的。然而到了批发市场上，当数千万、数亿的资金集合起来去银行存协议存款时，利率水平就不受政策限制了，要比普通存款利率高上许多。

余额宝这个团购发起人打通了存款零售市场和批发市场的界限，打破了管制利率和非管制利率的壁垒，使得原先高门槛的批发市场得以进入，储户得以享受到高额的批发市场利率水平。这就是余额宝利率远远高于银行活期甚至定期存款利率的重要原因。

此外，值得一提的是，余额宝的高收益亦有很大一部分依赖于银行协议存款"提前支取不罚息"的规定。在过去，货币市场基金提前支取银行的协议存款是有罚息的，但是随着同业市场的竞争日趋激烈，银行渐渐同意货币基金的同业存款提前支取不收取罚息。这相当于，余额宝存在银行的存款本就可以随存随取，继而保障了余额宝用户高利率的同时具有随存随取的灵活性。

6. 余额宝的流动性风险

流动性是指资产能够以一个合理的价格顺利变现的能力，它是说明投资的时间尺度（卖出它所需多长时间）和价格尺度（与公平市场价格相比的折扣）之间的关系。

针对其产品的变现速度，余额宝实行了 T+0 及时赎回制度，可以随时消费支付。只要用户可以上网，就能够通过计算机或者手机客户端提取余额进行消费或者支付其他费用。余额宝的规模占据了国内货币市场基金的一半，可以说基本上就代表了全行业。如果余额宝出了一点事，它的影响将不仅仅是支付宝或者天弘基金公司这么简单，整个货币基金行业或者银行业都将受到重大影响。而余额宝的流动性风险在于，如果出现极端事件，比如货币市场基金一天净赎回大量金额，就有可能当天同时需要多家银行变现协议存款。如果其中有一家银行的流动性出现问题，余额宝的变现能力就会出现问题。

针对这一风险，余额宝也做出了相应的防范与应变措施：

（1）余额宝对协议存款的对手银行有着严格的筛选

事前的筛选包括白名单制度，要求银行恪守承诺，到账时间准确到点等，一次违约即加入黑名单。同时，对于银行要满足规模足够大、风险可控、没有违约事件和不良的报道等要求。

（2）余额宝的净申购一直大于净赎回

因为余额宝完全是一个纯散户形态的基金，大多数客户的账户金额在 1 万元以下，这与其他货币基金有着显著的不同。在机构资金紧张的时候，散户的资金并不紧张，因为这二者资金的供求状态完全不同。散户的资金面相对独立而且比较平稳。据大数据分析，散户在月初，特别是每月 5 日左右的申购明显增多，这可能是因为工资到账的原因。而每月 20 日以后赎回增多，这与还信用卡有关。但这些都与生活息息相关，与金融大环境并无太大关联。

（3）T+0 不是绝对的

首先，如果赎回的资金不是直接转到银行账户，而是直接用于消费的一般均有消费场景。在资金付给商家的过程中，会有一个七天的担保支付到账期，资金在用户确认收货后才能打给商家。如果资金是直接赎回到卡上的，那么 5 万元以上的资金要到第二天 24 点前才能到账，因此是 T+1 而不是 T+0，只有涉及 5 万元以下的，而且是通过手机进行的资金赎回操作，才是两小时之内的 T+0 到账。

为了防范特殊时点的流动性需求，支付宝还跟好几家银行签订了协议，以保证关键时刻的流动性支持。

7. 支付宝平台

作为一只连接基金，余额宝的资金管理及客户资料的保管、维护等全都依托于它的发起公司——第三方支付平台，也就是支付宝。因此，余额宝的技术性风险，实际上就是支付宝潜在的技术风险。如何在给用户提供快捷便利的支付环境的同时，保证用户信息的安全、保障用户账户不被盗刷，这是支付宝安全问题的重中之重。

（1）用户信息安全隐患

对于余额宝的用户来说，支付宝的安全高于一切。这也解释了为什么国家监管部门对支付宝等第三方支付平台的监管尤为严苛。不容否认的是，作为国内最大的第三方支付平台，支付宝对于我国的互联网支付的创新有着举足轻重的影响与推动，它率先推出的快捷支付、虚拟信用卡、二维码支付等大大提升用户的便捷度与使用性，但其间所包含的安全隐患也不容小觑。

（2）快捷支付及其新变革

由于传统的支付方式存在诸多限制，比如，必须开通网银、只能使用 IE 浏览器、操作步骤繁琐等，这导致了用户流失率高、支付成功率低（传统网银支付成功率大约 65%）、容易被钓鱼等问题。于是支付宝公司率先在国内推出的一种全新支付理念，具有方便、快速的特点，即快捷支付。

用户通过快捷支付购买商品时，不需开通网银，只需提供银行卡卡号、户名、手机号码等信息，银行验证手机号码正确性后，第三方支付发送手机动态口令到用户手机号上，用户输入正确的手机动态口令，即可完成支付。如果用户选择保存卡信息，那用户下次支付时只需输入第三方支付的支付密码或者是支付密码及手机动态口令即可完成支付。

（3）虚拟信用卡的风险隐患

无独有偶，支付宝与中信银行计划推出的虚拟信用卡尚未来得及推出就被央行一纸公文扼杀在了摇篮之中。在央行紧急下发的《中国人民银行支付结算司关于暂停支付宝公司线下条码（二维码）支付等业务意见的函》中，监管者认为"虚拟信用卡突破了现有信用卡业务模式，在落实客户身份识别义务、保障客户信息安全等方面尚待进一步研究"，因而需要紧急暂停这一业务。

第一，违反"三亲见"原则。对于虚拟信用卡的叫停，在于其信用卡"三亲见"原则的冲突。"三亲见"原则即"亲访、亲签、亲核"。《商业银行信用卡业务监督管理办法》规定，发卡银行需要确认申请人拥有固定的工作、稳定收入来源或可靠的还款保障。因此，在一般的信用卡申请流程中，银行的工作人员需要亲自去访问申请人的工作单位以确保其还款能力，此为"亲访"。用户在申领信用卡时，需要在申请文书或者合同中亲自签字。特别是申领人还需要摘抄一段免责声明并签字。此为"亲签"。"亲核"则是指发卡银行激活前应当对信用卡持卡人的身份信息等进行亲自核对检查，并核实申请资料。

第二，从防范风险到管理风险的转变。从本质上讲，虚拟信用卡的商业模式放弃了传统信用卡中银行对持卡人信息的严格审核，并要求其承担无限偿付责任的诉求，进而转向了更自动化的数据分析模式。高度浓缩简化了审核程序和发卡程序，这将意味着银行的数据后台不能准确审核每一个授信对象的细节信息。在这种情况下，银行的后台所能甄别的不再是单独的授信对象，而是各个不同类别的授信对象群，再通过对群违约概率的反复计算，才能确定能够对类似群体提供多大额度的标准化授信产品。与传统信用卡的授信技术的差别在于，此番中信银行推出的虚拟信用卡，则在很大程度上引入了第三方的信用数据。而在传统的信用卡授信中，银行的数据积累主要靠前期大量发卡覆盖，让风险充分暴露，银行再依此来修正风险模型参数。发行虚拟信用卡，参与银行对授信风险不具备绝对主导权，如果合作伙伴的数据分析对银行授信模型产生了误导，那其中就确实存在风险隐患。如果想要降低这种数据衔接上的风险，只能让掌握客户信用数据的第三方支付平台自己发信用卡。但是，这种方式对支付宝这样的支付平台来说，又存在另外一个问题——资本金。

目前银行保险监督管理委员会对信用卡授信额度的风险权重是不折不扣的100%按每张200元，总数100万张计，中信银行为这个项目需要准备的资本金至少要2亿元。这个资金量虽然不大，但对习惯了轻资产运行的第三方支付平台来说就不是一个小数目了。因此，对于目前的支付宝来说，自己发行信用卡并不实际，只能依托于和银行的合作。而根据支付宝对未来商业模式的阐释，还寄希望于通过数据共享让更多的商业银行受益，也就是说，同样的数据后台，支付宝希望卖给更多的银行。这意味着，未来会有更多的银行在这一市场上角逐同一个授信客户，在数据基本一致的情况下，银行面对竞争所能做的就只有放松风险审核标准了。想必这也是央行对相关业务紧急叫停的另一个深层次原因。

余额宝的系统性风险。系统性风险是指由于基本经济因素的不确定所引起的风险。因此，要分析系统性风险需要对国家一定时期内宏观的经济状况作出判断。总的来说，购买货币基金的风险是小于直接投资于股市等融资市场的。因为基金主要是由小散户进行投资，不会出现由于单只股票的价格下跌而带来巨大的损失。但从另一个角度而言，货币基金的波动情况受系统性风险的影响很大。因而它可以分散非系统性风险，却会深受利率等宏观因素的影响。

如果整个货币市场的表现不好，货币基金的收益也会大打折扣。最直接的例子便是美国Pay Pal公司货币基金的失败，就是受宏观货币政策的直接影响。

（三）理财产品与商业银行存款业务比较

互联网金融作为新兴事物，不仅仅影响到商业银行，而且切实关系到国家和个人的利益，更重要是它会带来的生活、消费、价值理念的改变。可以看出：第一，互联网金融作为现代技术革命的产物，对商业银行的创新发展具有推动的作用。对于互联网金融的冲击，传统的商业银行不能置若罔闻，而是需要主动迎接挑战，扼住市场的核心竞争力，充分发挥自身的特点及其优势，适应网络时代的市场变化。第二，互联网金融给商业银行带来鲶鱼效应，表明互联网对商业影响既有冲击，又能倒逼商业银行的市场改革，促进商业银行的利率市场化。目前，商业银行存款业务上最大优势主要体现在相对较高的安全性，但随着网络支付安全性的提高，这一优势逐渐减弱，商业银行最大的优势客户基础广也正在受到不断的冲击。所以，建议商业银行改善以下四个方面，以减缓互联网金融理财产品对其的冲击。

一是创新优化设计理财产品。商业银行因之前的客户基础建立了主渠道地位，保证了其金融理财产品的资金募集能力。而商业银行增加理财产品的吸引力只需进一步在理财产品设计上创新优化，不断适应市场变革。

二是商业银行要打造综合理财网销平台，需做足管理结构上的优化，尽可能满足不同层次、不同地域的客户的理财要求。目前平安银行及浦发银行首先做出表率，创新推出自身的互联网金融理财产品，其中平安银行通过与金融机构合作，在打造的综合互联网平台上推出"财富 e"，为普通理财者量身打造金融产品。

三是加强以客户为中心的意识，商业银行过去虽然曾推出过很多不同类型的基金理财产品，然而很多客户不了解相关产品的优势，以至理财产品开发的失败。在互联网理财的背景下，余额宝的推出应该会给商业银行带来大的启示。因此，商业银行必须要以客户为中心，时刻把握客户在理财方面的要求，提升服务的质量，进一步提高客户的满意度。

四是要大力进行数据支撑来拓宽业务。在互联网时代背景下，商业银行要发展肯定离不开数据的掌握，在掌握数据的基础上大力开展业务。主要涉及两个主要方面：首先，对于大中型的客户，商业银行可以用掌握的优势来提高金融行业服务的质量；再者，努力打造为小微企业融资的平台，健全信贷制度，加强为中小企业的融资服务，为商业银行应对互联网金融理财产品的挑战提供坚实的力量。

（四）互联网金融理财产品的未来发展

1.选择适合自己的网络营销渠道

随着互联网金融的发展，金融机构在渠道的选择方面有了更多的自主性。就目前而言，主要存在三种模式：深度开发自己的官网；在以淘宝为主的第三方平台开设直销店；通过第三方理财机构平台代销。前者有利于自有品牌的建立和客户黏度的增加，但往往存在初期投入成本高、知名度建立时间长等问题。而第三方平台本身已经具有一定的市场知名度，流量客户资源相对稳定，借力第三方平台营销可快速实现业绩增速。前者犹如专卖店，后两者则类似金融产品超市。鉴于这三种模式各有利弊，银行、基金、保险等金融机构都面临着同样的选择困惑，大部分金融机构选择了两种渠道并行的模式。

2. 对网络营销的对象进行精准定位

随着大数据时代的到来，运用数据分析量化用户行为，了解用户群的特点，有效进行市场细分，可以定位用户的需求和偏好，进行精准营销，通过为企业节省巨额的营销和销售成本进而带来极其巨大的商业价值。余额宝的成功与它前期所进行的市场调研、细分以及定位是不可分割的。在余额宝出现以前，国内网络交易平台的交易量就处在上升阶段，然而大多数企业只看到了电子交易市场的商品市场，却忽略了其隐含的巨大的货币市场。余额宝则是在对电子交易市场进行了详细的分析，认为这片虚拟市场和实体市场有着大多数的相似之处，由消费者、销售商、制造者等组成，构成了一条完整的商业链条。在进行网络交易之时，大量的货币流通量通过支付宝这个第三方平台所完成，支付宝的交易记录显示出了该市场潜在的货币储藏需求，余额宝应运而生。

3. 加大信息技术与经营管理的深度融合

信息化技术的作用主要体现在两个方面：一是使业务流程更便捷，实现便捷的"一键开户"流程；二是使基金 T+0 赎回变为现实。正是基金公司借助大数据，实现了对资金流动性的准确预估，降低了流动性风险，才使基金赎回从传统的 T+2、T+3 变为 T+0,进而使余额宝实时消费支付成为可能。加大信息技术与金融机构经营管理的深度融合，把简单留给客户，把复杂留给系统，节约运营成本，优化工作流程，提高服务效率。

4. 建立基于互联网模式的监管体系

互联网金融理财产品的发展还不成熟，需要不断地探索完善，要进一步加强风险的管理。

第六章 大数据金融

第一节 大数据的定义、分类与技术

一、大数据的定义

近几年，大数据迅速发展成为了全球各国的关注热点。著名管理咨询公司麦肯锡认为：数据已经渗透当今每一个行业和业务职能领域，成为重要的生产因素。人们对于大数据的挖掘和运用预示着新一波生产力增长和消费盈余浪潮的到来。美国政府认为大数据是未来的新石油，对数据的占有和控制将成为综合国力的重要组成部分。显然，大数据已经成为了社会各界关注的新焦点。

大数据是一个新概念，英文中至少有三个名称：大数据（Big Data）、大尺度数据（Big Scale Data）和大规模数据（Massive Data），至今未形成统一定义。现阶段，三种比较重要的定义分别是：

属性定义：2011 年，国际数据中心 IDC 定义的大数据：大数据技术描述了一个技术和体系的新时代，被设计于从大规模多样化的数据中通过高速捕获、发现和分析技术提取数据的价值。

比较定义：McKinsey 公司的研究报告指出：大数据是指超过了典型数据库软件工具获取、存储、管理和分析数据能力的数据集。该定义偏向主观，没有描述与大数据相关的任何度量机制，但是在定义中包含了一种演化的观点（从时间和跨领域的角度），说明了什么样的数据集才能被认为是大数据。

体系定义：美国国家标准和技术研究院 NIST 认为：大数据是指数据的容量、数据的获取速度或者数据的表示限制了使用传统关系方法对数据的分析处理能力，需要使用水平扩展的机制以提高处理效率。

此外，产业界、学术界等领域的相关人员都结合自己所处的行业背景对大数据的定义进行了更深入的探讨，例如，统计学家认为大数据是一切可以记录信号的集合。

一般认为大数据具有四个基本特征（即所谓 4V 特征）：Volume（数据体量庞大，数据量以 PB，EB，ZB 来衡量）、Value（数据量大但价值密度低，需要价值提纯）、Variety（数据类型多样化，不仅是结构化数据，还包括网页、社交网络、日志、音视频、图片、位置等数据，更多是半结构化数据和非结构化数据）、Velocity（数据产生和处理的速度快，时效要求高，不仅是静态数据，更多的是动态实时数据）。

二、大数据的分类

随着互联网化的普及以及移动设备的发展，数据的来源正在呈现多样性的发展趋势。与传统的数据源不同，丰富多样的数据使得数据并不容易被装载到数据库中，同时也让数据的转换和数据的分析计算过程变得更加复杂。那么生活中我们所接触的数据有哪些呢？比如说：①互联网数据，如，社交媒体、社交网络链接；②研究数据，如，调研数据、实验数据、观测数据、行业报告、消费者数据、商业数据；③位置数据，如，移动设备数据、地理空间数据；④图像数据，如，视频、图像；⑤供应链数据，如，供应商目录和报价、质量信息；⑥设备数据，如，传感器、遥测技术。

当然，数据的丰富性是难以想象的，也正是这些丰富多样的数据才造就了更多的信息价值。

根据大数据的表现形式与具体内容，可以将大数据划分为以下三类：

（一）记录数据

即记录的汇集，其中每个记录包含固定的数据字段（或属性）。例如，计量经济学中的横截面数据、文档数据、事务数据或购物篮数据。记录数据通常存放在平展文件或关系数据库中，属于结构型数据的范畴。

（二）基于图形的数据

包括带有数据对象之间联系的数据和具有图形对象的数据，如，网页链接、化合物结构。

（三）有序数据

包括时序数据、序列数据、空间数据。例如，宏观经济指标序列、金融价格序列、基因组序列、词或者字母序列，同一时间点上从不同的地理位置收集的气象数据（PM2.5、温度、气压等）。

三、大数据技术

大数据技术是一代全新的数据科学领域的技术架构或模式，对数据量大、类型复杂、需要即时处理和价值提纯的各类数据，综合运用新的数据采集、存储、处理、分析和可视化等技术提取数据价值，从数据中获得对自然界和人类社会规律深刻全面的知识和洞察力。

IBM公司的大数据生态系统模型将大数据技术划分为：数据生成与获取、数据存储、数据处理、数据分享、数据检索、数据分析、数据可视化等部分。而麦肯锡的报告中认为大数据技术主要包括预测、数据挖掘、统计分析、人工智能、自然语言处理、并行计算等方面的技术。本教材将从以下几方面详细介绍大数据技术。

（一）数据生成和获取

在大数据生态系统中，数据生成的发展可以由数据的产生速率来描述。随着信息技术的快速发展以及互联网普及率的提高，数据的产生速率也在不断提速。如今，海量的数据来自我们日常生活所接触的行业领域，比如，金融行业、互联网行业等。

随着大量数据的生成，人们开始关注到数据背后隐藏着巨大的信息。数据获取就是以数字形式将信息汇合，该过程主要分为以下三个步骤：数据采集、数据传输以及数据预处理。数据采集是指从现实生活中获得原始数据的过程，不准确的数据采集将会对后续的操作产生巨大的影响，甚至得出误导性的分析结论。那么同学们是否对身边的数据采集方式有所了解呢？

1. 传感器

传感器经常被用于测量物理环境变量并将其转化为可读的数字信号以待处理。比如，近些年，各大电子品牌相继推出运动手环，一手环中往往包含一项功能是监测佩戴者的睡眠质量，佩戴者可以通过手机APP来查看整晚的睡眠情况。这种功能就是依靠加速度传感器收集的物理量分析。

2. 日志文件

日志是广泛使用的数据采集方法之一，由数据源系统产生，以特殊的文件格式记录系统的活动。几乎所有的数字设备上运行的应用日志文件都是非常有用的，例如，服务器通常要在访问日志文件中记录网站用户的点击、输入、访问路径等属性。

2.Web 爬虫

爬虫是指为搜索引擎下载并存储网页的程序。生活中，有时候个人通过手爬的方式去收集网站上的数据是非常困难的，不仅工程巨大，而且效率低下，因此爬虫技术得以快速发展。目前，存在很多第三方的爬虫软件，如，八爪鱼，用户可以借助软件的力量收集一些有用的数据。当然，部分网站设置了非常严密的反爬技术。现实生活中，爬虫技术的应用还是非常广泛的，如很多学者会通过爬取某众筹网站上各个众筹项目的详细数据来寻找影响众筹进度的因素。采集后的数据会被传送到数据存储基础设施，并准备等待进行下一步处理的指令。

数据传输过程主要可分为 IP 骨干网传输和数据中心传输。IP 骨干网传输可以提供高容量主干线路，将海量的数据集从数据源传递到数据中心，其传输速率和容量取决于物理媒体和链路管理方法。而数据被传递到数据中心之后，将在数据中心内部进行存储位置的调整以及其他方面的处理，该过程被定为数据中心传输。

数据集本身存在数据质量的差异，有些数据集的质量由于受到干扰、冗余等因素的影响会失去一定的价值。而在整个大数据分析应用过程中，对数据质量的要求非常高，因为只有好的数据集才能得到科学客观的数据分析结果。因此，数据预处理成为了提高数据质量的关键技术。目前，相对比较主流的数据预处理方式主要有三类：数据集成、数据清洗、冗余消除。

数据集成是指在逻辑上和物理上把来自不同数据源的数据进行集中，并为用户提供一个统一的视图。该方法被较多地应用于数据库研究中，比如：数据仓库（ETL）。

数据清洗是指在数据集中发现有误、缺失或者不合理的数据，并对这些数据进行修补或删除以提高数据质量的过程。虽然，数据清洗对随后的数据分析非常重要，但是数据清洗相对比较依赖复杂的关系模型，会带来额外计算和延迟，所以需要找到数据清洗模型复杂性与分析结果准确性的平衡点。

数据冗余是指数据的重复或者过剩的状态，一般大数据中或多或少都会存在数据冗余的问题。一旦数据集中出现了数据冗余的问题，就会降低数据可靠性，浪费数据存储空间等现象。为了降低数据冗余所带来的问题，数据冗余减少机制被广泛应用，其中包含冗余检测和数据压缩。

目前，数据分析工作者没有一个统一的标准和单一的技术用来对多样化的数据集进行数据预处理，都必须考虑每个数据集的特征、需要解决的问题以及其他因素，最后再综合选择合适的数据预处理方案。

（二）数据存储和处理

当前，我国大数据存储、分析和处理的能力还处于初级阶段，与大数据相关的技术和工具的运用也相当不成熟，大部分企业仍处于 IT 产业链的底层。我国在数据库、数据仓库、数据挖掘以及云计算等领域的技术普遍落后于国外的先进水平，仍然处在一个初级阶段。

在大数据存储方面，数据的爆炸式增长，丰富的数据来源和数据类型使数据存储量更加庞大，对数据展现的要求更高。而目前我国传统的数据库还难以存储如此巨大的数据量。在大数据的分析处理方面，由于针对具体的应用类型需要采用不同的处理方式，因此必须通过建立高级大数据的分析模型来实现快速抽取大数据的核心数据，高效分析这些核心数据并从中发现价值，而对这些数据分析的能力我国还很欠缺。

因此，如何提高我国对大数据资源的存储和整合能力，实现从大数据中发现、挖掘出有价值的信息和知识，是当前我国大数据存储和处理所面临的挑战。

大数据处理和存储是当前最基础和应用最为广泛的大数据技术，最著名的当属 Apache Hadoop 系列开源平台，其由 Apache 基金会用 java 语言实现的开源软件框架。用户可以在不了解分布式底层细节的情况下，开发分布式程序，充分利用集群的特点高速运算和存储。通俗地讲，Hadoop 平台是能够推动企业内部的数据开放，能够让每个员工参与到报表、数据的研发过程，能够实现企业的数据共享，尤其是 Hadoop 队列、资源池、队列、任务调度器的机制能让整个机型切换成多个资源，而不是以前的数据库，一层层地隔离去使用。现阶段，Hadoop 的主要应用场景在归档、搜索引擎以及数据仓库等方面，各个机构使用 Hadoop 不同的组件来实现企业的目的。

（三）数据分析

数据分析是大数据技术领域最核心的部分。数据分析的结果可以揭示潜在有价值的规律和结果，并可以辅助人们进行更为科学和智能化的决策。在大数据分析方面，除了传统的 BI 技术外，人工智能技术领域的很多技术方法为大数据分析提供了丰富多样的分析方法，包括统计分析、机器学习、数据挖掘、自然语言处理等。

1. 数据挖掘

随着信息技术的发展和互联网的普及，人们积累的数据和信息呈现一种爆炸式增长的趋势，那么在海量数据背后是不是会隐藏着一些有价值的信息呢？

（1）什么是数据挖掘

数据挖掘（Data Mining），又称为数据库知识发现（Knowledge Discovery in Database，KDD），它是从海量的、不完全的、模糊的、随机的实际应用数据中自动提炼出人们感兴趣的东西，或者提炼并分析出不可轻易察觉或断言的信息，最后得出一个有用结论的过程。换句话说，数据挖掘是指在数据间发现一种关系（或指模式、知识）。

简而言之，数据挖掘是一种深层度的数据分析。而数据分析已经发展了很多年，具有丰富的运用历史，但是由于以往受到计算能力的限制，大数据量的复杂数据分析并没有取得突破性的发展。随着信息技术的不断发展以及互联网普及率的提高，数据挖掘的快速发展有效地改变了"丰富的数据，贫乏的知识"的尴尬情况。

（2）数据挖掘过程

数据挖掘是通过自动或半自动化的工具对大量数据进行挖掘和分析的过程，那么数据挖掘的过程是怎么样的呢？第一步，数据挖掘工作者定义问题，这个步骤一般会包含分析业务的需求、定义问题的范围、定义模型的度量以及定义数据挖掘项目的目标；第二步，相关人员需要做一些数据筛选得到有效数据，即目标数据集；第三步，则需要对目标数据集进行数据预处理，比如：异常值的处理、缺失值的处理等；第四步，对预处理后的数据进行转换；第五步，基于转换数据进行数据挖掘，得到有用的模式；最后一步就需要对模式进行分析得到知识。

（3）数据挖掘方法

目前，数据挖掘方法根据挖掘方式可以分为有监督学习和无监督学习。

有监督学习包括分类模型和预测模型。分类模型用于预测数据对象的离散型类别，比如，根据客户的"年龄""婚姻状况""收入情况"等属性取值来判定客户的信用水平，这是一个典型的大数据征信的分类问题。目前，数据挖掘工作者主要通过对已有的训练集（已知数据和其对应的输出）去训练得到一个最优的模型（该模型属于某个函数的集合，最优则表示在某个评价准则下是最佳），再利用这个模型将所有的输入映射为相应的输出，对输出结果进行简单的判断从而实现分类的目的，也就具有了对未知数据进行分类的能力。具体分类算法中典型的例子就是 K 最近邻分类算法（KNN）、支持向量机（SVM）。与分类模型不同，预测模型的目标变量是连续型变量，很多数据挖掘方法都可以被划分到预测模型中，包括线性回归、回归树、神经网络、SVM 等。

无监督学习是另一种研究较多的学习方法，它与监督学习的主要区别在于事先没有设定训练集，而需要直接对某批数据进行建模。无监督学习包括聚类分析和关联规则分析，聚类方法的目的在于把类似的东西聚在一块，但是并不关心该类是什么。因此，一个聚类算法通常只需要知道如何计算相似度就可以开始工作了。目前，聚类分析被应用于很多方面，比如，商业上，聚类分析被用来发现不同的客户群，并且通过购买模式来刻画不同客户群的特征。而关联规则挖掘的目的在于挖掘项目之间的内在联系。比如，经典的"啤酒和尿布"的故事，年轻的父亲在给自己的孩子购买尿布的时候会再给自己买几罐啤酒，而超市通过对购物篮的分析发现这样的秘密，并采取捆绑销售的模式。

在大量数据中，有少量数据与其他数据的特征是有区别的，在数据的某些属性方面有很大的差异。它们被认为是数据集中的离群点或者说是异常值。通常情况下，数据分析工作者会试图采取措施将离群点的影响最小化，或者说是直接删除这些数据。但是在某些领域，人们可能更加关注罕见事件的发生，比如，反欺诈。

2.统计分析

（1）什么是统计分析

统计分析就是基于数学领域的统计学原理，运用统计方法及与分析对象有关的知识，从定量与定性的结合上进行的研究活动。整个统计分析过程中包含了统计设计、数据的整理、数据的分析、预测分析以及撰写统计分析报告等。统计分析是整个统计工作的核心部分，是统计工作成果最重要的体现形式之一，是发挥统计整体功能的决定性因素。

（2）统计分析的方法

现阶段，统计分析使用的方法主要分为传统统计分析方法和现代统计分析方法，其中传统统计分析方法包括：比较分析法、综合评价法、分组分析法等。比较分析法是通过适当的比较标准进行分析的一种方法。所以，只有选择合适的比较标准才能客观作出科学的评价。在实际的统计分析过程中，常用的传统统计分析标准有以下几类：时间标准、空间标准以及经验标准等。时间标准，就是选择不同时间的指标数值作为评价的标准，例如，研究 GDP 过程中时常会提到"同比"与"环比"，就是利用时间作为衡量标准来进行比较的。空间标准，顾名思义，就是选择不同空间的指标数值进行比较，例如，在研究一个地区的数字普惠金融指数的过程中，会将一个地区的数字普惠金融指数与全国其他地区进行比较分析。经验标准，就是指通过对一些历史资料的归纳总结而得出的标准，如，衡量生活水平的恩格尔系数、衡量收入分配公平程度的基尼系数等。

综合评价法是在统计分析过程中经常使用的统计方法。由于用一个指标难以客观地评价一个事物，需要综合考虑多个层面、用多个指标来评价，这样的评价结果显得更加的科学。因此，综合评价法就理所当然地诞生了。该方法通过将多个指标转化为一个能够反映综合情况的指标来进行评价。

现代统计分析方法是基于概率论与数理统计学科基础上的一种科学的数据分析方法。随着信息时代的快速发展，人们借助计算机强大的计算能力，通过统计建模的方法来揭示事物之间的联系。常用的现代统计分析的方法有：回归分析、聚类分析、判别分析、典型相关分析、主成分分析、因子分析等。

（3）统计分析软件

在该领域，经典的统计分析工具是 R 语言的工具包。R 语言是新西兰奥克兰大学的教授为了方便统计课程教学，共同发明的基于 Scheme 和 S 语言的一种语言。R 是开源的统计分析软件提供了丰富的经典统计分析算法和绘图技术，包括线性和非线性模型、统计检验、时间序列分析等算法。而

Purdue 大学的 RHIPE 是一个 R 和 Hadoop 的集成编程环境，用于在 Hadoop 大数据处理环境下，应用 R 语言进行数据挖掘分析，该环境将 R 语言算法移植和集成到了 Hadoop 的并行处理环境下，对大数据进行统计分析。

3. 自然语言处理

自然语言处理（NLP）是基于计算机科学和语言学，利用计算机算法对人类自然语言进行分析的技术，属于计算机科学领域与人工智能领域中的一个重要方向。其关键的技术涉及词句法分析、语义分析、语音识别以及文本生成等。很多自然语言处理算法都是基于机器学习的方法。该技术领域典型的应用就是基于社交媒体对语言的情感进行分析、法律领域的电子侦查，其他应用还包括欺诈检测、文本分类、信息检索和过滤、机器翻译等。该领域目前的研究热点在语义分析和情感分析等方面。

语义分析，是对信息所包含的语义的识别，并建立一种计算模型使其能够像人那样理解自然语言。现阶段，具有代表性的大规模文本语义分析研究主要是基于统计的经验主义方法，如，线性代数、矩阵论、统计和概率理论等数学理论。该类方法将文本看作一个独立的词语所形成的无序词袋（即认为文档就是一个词的集合），利用词语的统计信息将大量文本表示为词语向量集合或者词语与文本的某种概率关系，并据此分析文本集合中隐含的主题、词间潜在的语义结构等语义信息。

情感分析，是通过对带有情感色彩的主观性文本进行分析、处理、归纳和推理的过程，如，从 Twitter、微博、论坛等评论文本中分析投资者对"证券交易"的情感倾向。

4. 机器学习

（1）什么是机器学习

为什么我们晚上抬头望星空时，一旦发现星星居多就会认为第二天的天气应该不会下大雨呢？我们去菜市场买西瓜时，经常会用手敲击西瓜来判断是否为好瓜呢？这是因为在我们的生活中已经遇到过很多次类似的情况，积攒了丰富的经验，进而作出有效的判断。机器学习正是这样的一个领域，主要研究如何通过计算的方法，利用经验来改善和提升系统自身的性能。在大数据时代，这里的经验指的是海量的数据，机器学习所研究的主要内容就是指基于数据通过计算机构建模型的算法，即学习算法。有了学习算法之后，假设把数据放进算法里运行，算法能够基于数据集产生一个模型，该模型在面对新的情况出现时，模型会基于经验给出一个相应的判断。

（2）典型机器学习方法

决策树是常见的机器学习方法之一。如果以二分类任务为例，我们希望从给定的训练集学到一个合适的模型从而用以对新的数据集进行分类，这个把样本分类的任务可以看作是对"该客户会违约吗？"这个问题的判定过程。因此，决策树是基于树结构来进行判定或者决策的。生活中这样的决策还有很多，比如，你要对"这是一双正品篮球鞋吗？"这样的问题进行决策时，通常你自己会进行一系列的判断或"子决策"，你会先看"鞋子的质感怎么样"？如果质感完美，则你会再看"鞋标怎么样"？如果是标准鞋标，你再判断"鞋子的脚感又是如何"？最后你会根据你的经验得到最终决策：这是双正品篮球鞋。

神经网络学习是一种模仿人脑信息加工过程中的智能化信息处理技术，其中有代表性的模型主要有 BP 神经网络、模式神经网络和概率神经网络等。神经网络对数据的要求不严格，能够在数据结构不太清楚的情况下进行相关的数据处理。同时，神经网络是一种自然非线性建模过程，换句话说，也就是变量与变量之间不需要相互独立或线性相关的条件假设。

支持向量机（SVM）的基础是统计学习理论。该方法是一种监督学习方法，主要用于数据分析、模式识别，分类分析和回归分析。首先，最简单的 SVM 固然是一条线，这是无数条用来分类的直线中最完美的一条，即它恰好在两个类的中间，距离两个类的点都一样远。当然如果继续推广，支持向量机的主要思想可以定义为是建立一个超平面作为决策，使得不同类别之间的隔离边缘最大化。通过非线性变换支持向量机将输入空间（即低维空间）的非线性问题转化到一个高维空间，甚至是一个无限维空间的线性问题，其中非线性变换是通过核函数实现的，最后在高维空间求取最优分类面，比较好的实现了维最小的问题。同时，支持向量机方法通过内积计算有效解决了维数过高问题，有较好的推广能力和非线性处理能力。

（四）数据可视化

1. 什么是数据可视化

数据可视化是大数据分析的重要方式之一，其主要运用了计算机图形学、图像、人机交互等技术，将采集的数据或者模拟数据以可以识别的图形、图像、视频以及动画呈现，并允许用户对数据进行交互分析的理论方法和技术手段。

数据可视化的发展，将原本难以描述清楚的现象转换为直观的图形符号，并从中挖掘规律和发现知识。已有的统计分析方法或者数据挖掘方法对复杂的数据进行了简化和抽象，隐藏了数据集真实的结构。而数据可视化却可以做到还原乃至增强数据中的整体结构和具体细节。

2. 数据可视化的分类

现阶段，主要将数据可视化分为以下三个分支：信息可视化、科学可视化和可视分析。信息可视化更加偏重在有限的空间里，通过可视化图形呈现数据中隐含的信息，其中数据主要是处理非结构化、非几何的抽象数据，如，股票交易数据、社交网络和文本日志数据等；科学可视化是可视化领域发展最早、最成熟的一个学科，主要面向物理、气象气候、化学、生物学、医学等自然科学领域中的数据和模型的解释、操作与处理；而可视分析被定义为一门以可视交互界面为基础的分析推理科学，其主要综合了图形学、数据挖掘和人机交互等技术，其产出物是可以供分析师使用的分析系统。

3. 数据可视化流程

在实际应用过程中，数据可视化的流程大致可以分为：原始数据的转换、数据的视觉转换以及界面交互。为了满足用户的需求，让普通用户能够了解数据、认识数据，数据可视化工作组会尽可能地将可视化效果达到最优，而该过程可以认为是一个不断修改，反复完善的过程。例如，国内某公司为了根据银行区域性风险构建可视化模型，但是评审组认为最终的可视化效果没有达到预期效果，那么数据工程师将会返回到挖掘过程，改变数据的维数、排列等；又或者返回到修饰阶段，修改可视化图形的颜色、大小、透视度等属性。

4. 面向大数据的信息可视化技术

随着大数据的兴起与发展，信息可视化技术在大数据可视化中扮演的角色越发重要。根据信息的特征，信息可视化技术被划分为：一维信息可视化、二维信息可视化、三维信息可视化、多维信息可视化、层次信息可视化、网络信息可视化以及时序信息可视化。现阶段，由于互联网、社交网络、企业商业智能等众多领域的发展，逐渐产生了一些特征鲜明的信息类型，如，文本数据、网络数据、时空数据以及多维数据等。围绕着这些数据类型，提出了很多信息可视化的新方法、新技术。

（1）文本可视化

大数据时代，文本数据是非结构化数据类型的代表，是互联网中主要的信息类型，也是物联网各种传感器采集后生成的主要信息类型。

日常生活中，我们每天接触最多应该就是计算机了，而计算机中的电子文档就是以文本形式存在的。文本可视化的意义在于，能够将文本中蕴含的语义特征直观地展示出来，如，词频、重要性排序、逻辑结构、动态演化规律等特征。

文本可视化技术的典型代表是标签云，将关键词根据其出现的频率或者是其他的规则来排序，并且按照一定的规律进行布局，用大小、颜色、字体、透明度等字体属性对关键词进行可视化。目前，行业内大多采用通过字体的大小来对关键词的重要性进行可视化呈现。当然文本可视化技术还存在其他优秀代表，如，文本的语义结构可视化技术。

（2）网络可视化

网络关联关系是大数据中最常见的关系，比如，互联网与社交网络。同时，层次结构数据也属于网络信息的一种特例。基于网络节点和连接的拓扑关系，直观地将网络中潜在模式关系展现出来，如，节点或边的聚集效应，属于网络可视化中主要内容之一。对于包含大量节点和边的网络，如何在有限的屏幕空间中将其进行可视化则是大数据时代面临的重难点。除了对静态的网络拓扑关系进行可视化外，大数据相关的网络往往具有动态演化特征。因此，如何对动态网络的特征进行可视化，也是不可或缺的研究内容。

（3）时空数据可视化

时空数据是指具有空间地理位置与时间效应的数据。而随着传感器以及移动终端的快速普及，时空数据也成为了大数据视角下典型的数据类型。为了反映信息对象随时间进展与空间地理位置所发生的行为变化，通常通过信息对象的属性可视化来展现。流式地图（Flow map）是一种典型的方法，即通过将时间事件流与地图进行融合。

（4）多维数据可视化

多维数据指的是具有多个维度属性的数据变量，其广泛存在于基于传统的关系数据库以及数据仓库的应用中，如，商业智能系统。多维数据分析的目标是挖掘与分析多维数据的分布和模式，并揭示不同维度属性之间的潜在信息。

第二节 大数据行业

一、大数据产业链

随着大数据应用范围的不断扩大，大数据所形成的价值正在快速提升，其产生与应用则是一个庞大的产业，产业链上的每个角色都有自己的使命。

产业链是产业经济学中的概念，是各个产业部门之间基于一定的技术经济关联，并依据特定的逻辑关系和时空布局关系客观形成的链条式关联关系形态。一般而言，大数据产业链可以划分为：资源、技术和应用。其中每个部分对应的产业链角色如表6-1所示。

表6-1 大数据产业链

资源	大数据源的所有者	大数据全产业链的参与者
技术	大数据管理工具供应商/技术型大数据企业	
应用	大数据应用工具/服务供应商、应用型大数据企业	

资源，即大数据源的所有者。大数据资源未来将是企业价值的重要载体。互联网公司、金融机构、诸多的传统与新兴企业每天都在生产和存储着海量的数据资源，这些数据资源就是企业未来发展的重要价值所在。

互联网公司、电信运营商、金融机构享有庞大的数据入口，具有先天的大数据优势。互联网公司在许多年的发展中，已经积攒了海量数据以及存储与管理数据的经验。而电信运营商与金融机构不仅拥有多年数亿用户的信息，而且这些信息大多真实可靠、质量很高。政府机构也拥有海量公众数据，但目前为止，它的非营利性质决定了政府机构无法参与产业链竞争，只能成为纯粹的数据提供者。

技术，是提供数据集成、处理、分析、挖掘等技术的大数据管理工具的供应商。大数据处理系统一般需要经过数据准备、数据存储与管理、计算处理、数据分析四个环节。在这些环节中，产业链又可以划分成为硬件、基础软件、分析服务、数据安全四大类。国内外大数据技术型企业典型代表如表 6-2 所示。

表 6-2 大数据技术型企业典型代表

产品环节	国外代表企业	国内代表企业
硬件	IBM、HP、EMC	同有科技、海康威视、浪潮信息、中科曙光、华为
基础软件	Cloudera、MongoDB	东方通、金蝶国际、中标软件
分析服务	Taleau、Palantir	东方国信、东方通、天源迪科、拓次思、弱信源
数据安全	DataGuise s Imperva	绿盟科技、启明星辰、卫士通、奇虎

应用，可以理解为大数据应用工具或服务供应商。数据应用型企业位于大数据产业链的下游，通过对开放数据的运用或与数据资源型企业的合作实现大数据价值挖掘后的变现。相比资源型与技术型企业，应用型企业以新兴创业公司为主，先天带有互联网基因，专注于解决行业痛点，是实现大数据商业化的关键一环。

大部分大数据金融公司，都属于大数据产业链中的"应用"层，因为"大数据金融"本身，就是"大数据 + 金融"两个产业相互作用的结果，实质上就是大数据在金融行业内的开放和应用。案例中服务于金融机构的大数据金融公司，它们擅长将金融和非金融领域的大数据进行分析应用和商业化以换取价值，降低金融业务的风险和成本，提高金融服务的质量和效率。

二、大数据行业面临的风险

目前，国家关于大数据和大数据行业发布的通知、意见和法律法规主要包括：

（一）《国务院关于印发促进大数据发展行动纲要的通知》

推动大数据发展和应用，在未来 5 ~ 10 年打造精准治理、多方协作的社会治理新模式，建立运行平稳、安全高效的经济运行新机制，构建以人为本、惠及全民的民生服务新体系，开启大众创业、万众创新的创新驱动新格局，培育高端智能、新兴繁荣的产业发展新生态。

（二）《国务院办公厅关于运用大数据加强对市场主体服务和监管的若干意见》

为充分运用大数据先进理念、技术和资源，该意见认为通过大数据可以加强对市场主体的服务和监管，推进简政放权和政府职能转变，提高政府的治理能力。

（三）《贵州省大数据发展应用促进条例》

是我国首部大数据地方法规。该条例认为大数据发展应用应当坚持统筹规划、创新引领，政府引导、市场主导，共享开放、保障安全的原则。该条例开了全国大数据立法先河，在诸多方面进行了积极尝试和有效探索。

大数据行业面临的风险主要包括以下三个方面。

1. 政策法律风险

由于互联网金融交易具有便捷、快速、隐蔽的特性，监管部门调控和监管的难度加大，基于大数据开发的金融产品和交易工具更是对监管部门提出了挑战。随着监管部门陆续对针对性问题提出规范，说明互联网金融监管已提上议程，如果监管机构在规范互联网金融的发展中限制大数据技术的使用，或是对其使用进行直接干预，其潜在风险是非常巨大的。

2. 数据安全、信息安全风险

数据价值随着开发程度增加而递增，随着大数据的应用，针对金融数据的犯罪渠道愈加开放、成本愈加低廉，数据安全问题的严重性愈发突出。一方面，频发；另一方面，产业链涉及黑客、广告商、中介及诈骗团伙等从中牟利。

数据安全和信息安全的维护是大数据行业发展必须要解决的问题。现在，大数据企业也正在努力减少这一方面的风险，如，采用"隔断式"安全技术架构，将数据应用与物理层完全隔离，使个人信息不可追溯，保护隐私数据。

3. 隐私权、著作权、知情权的侵犯

大数据并不意味着无限制收集，用户对自身信息的采集和使用的知情权和控制权首先必须得到尊重。银行传统数据库采集用户的基本身份信息是得到用户本人许可的；而互联网金融数据库采集的是用户更深一步的信息，譬如性格特征、消费习惯、兴趣爱好等则是单方面自主收集，很多大数据公司都没有经过用户授权。

当然，大数据行业的风险是可以在法律的不断完善和大数据企业的自觉配合下逐步减轻的。比如，阿里巴巴启动数据的权属保护及个人信息保护研究，核心措施就是对数据进行分类确定权属，同时对其中相关主体的权益进行保护，在规则确定的基础上才能把数据通过交换和利用处理的方式利用起来。

第三节 大数据在金融行业的应用

一、大数据与金融

在我国的金融体系中，银行一直占有决定性的位置。除银行外，证券公司、保险公司、基金公司、信托公司等投资机构在金融运行中也有着不可替代的作用。随着我国金融体系改革的深化，金融体系内的每一个角色都需要进行全方面的改革优化，迎来新的使命。

传统金融行业坐拥海量用户数据多年，经过多年的发展与积累，目前中国的大型商业银行和保险公司的数据量已经达到100TB以上级别，并且非结构化数据量在迅速增长。但由于这些数据没有很好地得到应用，因此并没有产生很大的价值。

现在，有了大数据技术之后，传统金融行业也可以使用大数据技术或者交给专业的大数据金融公司处理，充分利用和挖掘其数据中的信息，以帮助进行个性化营销、信用评估、风险定价等多方面的金融活动，以降低成本、提高效率、提高收益、优化资源配置，甚至带来金融行业的改革。

大数据能够解决金融领域海量数据的存储、查询优化及声音、影像等非结构化数据的处理。金融系统可以通过大数据分析平台，导入用户社交网络、电子商务、终端媒体产生的数据，从而构建用户画像。依托大数据平台可以进行用户行为跟踪、分析，进而获取用户的消费习惯、风险收益偏好等。针对用户这些特性，银行等金融部门能够实施风险及营销管理。

在大数据金融领域内，每个大数据金融企业所服务的对象各有不同，有的企业专门服务于银行，有的企业也服务于证券、保险行业，有的企业可利用自己的数据和技术服务于全金融业甚至更多的行业。

目前大数据与金融的结合还处在发展初期，即大数据金融发展刚刚起步，处于第一阶段，有关大数据金融的公司在创业热潮的推动下在全国各地萌生出来。不同的金融机构和金融领域有相同一致的需求，也有着不同的个性化需求，而大数据金融发展的第一阶段的主要目标正是试图用现有数据和技术满足它们的需求。

首先，所有的金融企业都有重建 IT 系统的需求。金融企业信息化水平较其他行业和企业更高，IT 系统和所携带数据的体量也比其他企业大，IT 方面的投资也非常多，已经建成使用的各类系统也很多。但通常各类系统由于数据无法直接交换、通信障碍等各种原因并没有被充分利用起来，其中的数据更是直接被浪费。在大数据和云计算时代到来后，统一、灵活、个性化的 IT 系统和 IT 架构是金融企业所追求的，他们希望自身的 IT 系统在满足业务需求的基础上可以成本更低，同时也可以产生更多的效益。所以，有的大数据公司是专为金融企业设计内部 IT 系统，提供整体系统解决方案的，这就是为金融企业设计新的 IT 架构和资源配置方式，帮助金融企业降低成本、提高效率。

其次，所有的金融企业都会有针对性营销的需求。随着金融体系的不断开发、社会资本的引进、互联网金融的繁荣，传统金融企业面临着越来越激烈的竞争。金融业也是服务行业，尤其是银行、证券、保险、基金公司等，非常需要用户的支持，如何获取用户、如何保持用户、如何提高用户的满意度和忠诚度成为了它们的重要关注点。大数据公司通过大范围的用户信息搜集、用户画像等技术，为金融企业提供针对性营销的对象和办法，可以帮助金融企业在营销方面提高效率和准确度。

最后，不同的金融企业有自己的个性化需求。目前服务于银行的大数据（金融）公司最多，服务内容以提供个人或企业征信信息、贷前审核、贷后控制、贷款风险预警为主。关于保险，目前除了中国保信提供信息共享平台外，其他公司暂不可靠，但保险公司对数据的要求同样很高，尤其在保费计算、保单核算、理赔审核等方面。为证券和基金公司提供的服务目前也停留在营销、用户管理方面，未来可能在产品设计、风险定价等方面对大数据技术有着新的期待。

二、用户画像

（一）用户画像的概念

交互设计之父 Alan Cooper 最早提出了用户画像（persona）的概念，认为"用户画像是真实用户的虚拟代表，是建立在一系列真实数据之上的目标用户模型器"。以互联网用户画像为例，它是根据用户在互联网留下的种种数据主动或被动地收集，最后加工成一系列的标签。

用户画像技术有以下作用。

精准营销：这是互联网金融运营最熟悉的玩法，从粗放式到精细化，将用户群体切割成更细的粒度，辅以短信、推送、邮件、活动等手段，驱以关怀、挽回、激励等策略。

数据应用：用户画像是很多数据产品的基础，比如，推荐系统、广告系统。广告投放基于一系列人口统计相关的标签，性别、年龄、学历、兴趣偏好、手机等。

数据分析：用户画像可以理解为业务层面的数据仓库，各类标签是多维分析的天然要素，数据查询平台会和这些数据打通。

（二）用户画像在金融行业的应用

1. 银行

客户是银行最宝贵的资源，对银行竞争力的提升发挥着举足轻重的作用。银行用户画像是指利用数据对个人或者企业用户形成一个完整、形象的解释，比如，你在某银行有个人账户，银行通过对你个人账户和个人信息的分析，得出你的资产情况、消费能力甚至兴趣爱好等。银行可利用用户画像对用户进行针对性的了解和营销，事半功倍。

用户画像主要分为个人用户画像和企业用户画像。

个人用户的完整画像至少需要包括个人的统计学特征、资产状况、消费能力、兴趣、风险偏好、所从事行业情况等。对于大数据而言，首先是要确定搜集哪些个人数据。

银行所拥有的内部数据往往是局限的、分散的，如，一个信用卡用户，银行只能片面地知道他的信用卡流水，而他的兴趣爱好、对金融服务的额外需求都很难得知。所以在银行利用大数据对用户进行画像之前还需要搜集一些外部数据。这些外部数据可以包括：（1）用户在社交媒体上的行为数据（如光大银行建立了社交网络信息数据库）；（2）用户在电商网站的交易数据，将自己的电子商务平台和信贷业务结合起来；（3）其他有利于扩展银行对用户兴趣爱好的数据，如，吉奥聚合、百分点等大数据公司提供的互联网用户行为数据等。

企业用户的画像需要包括企业的历史借贷数据、生产、财务、销售、物流、上下游产业链、国内外市场空间以及市场消费能力等。其中产业链上下游数据、企业及企业主和其他企业的内部关系等都十分重要，在传统的银行信贷中，这些数据是很难被掌握的。如果银行掌握了企业所在产业链上下游的数据、用户关系数据，就可以更好掌握企业的外部环境发展情况，从而可以预测企业未来的状况，阻止担保链等一系列风险。

提供了用户准确的画像以后，银行就可以根据个人和企业当前的实际情况进行有针对性的精准营销，为用户推荐个性化、实时性的产品，也可以提供交叉营销以及用户生命周期管理。

在用户画像的基础上银行可以有效开展精准营销。

（1）交叉营销和实时营销

交叉营销是指不同业务或产品的交叉推荐。如，浙商银行分析用户的交易记录和交易对象，有效地识别小微企业用户，对其进行企业网银等产品的交叉推荐。实时营销是指根据用户的实时状态进行营销。如，某用户的生日临近，银行可以向其营销贵金属产品。

（2）个性化推荐

银行根据用户的喜好进行服务或者产品的个性化推荐。如，根据用户的职业、年龄、工资水平、资产规模、理财偏好等对用户群进行精准定位，分析出其潜在金融服务需求，进而有针对性地营销推广。

（3）客户生命周期管理

客户生命周期管理包括新客户开发、客户关系维护、大客户管理、客户防流失和客户赢回管理等。

系统使招商银行的交叉销售率提高了20%，整体盈利水平攀升到了更高的台阶，事件营销成功率能够比传统的数据库营销提升5～10倍，同时使得金卡和金葵花卡客户流失率分别降低了15个百分点和7个百分点。

2. 证券

在用户画像的基础上对客户关系进行管理。专业的数据中心解决方案和服务提供商荣之联为证券公司提供了一整套的用户关系管理解决方案，建立了一个营销服务分析系统。

以大数据为基础的用户关系管理，主要为券商提供的功能有用户细分、流失用户预测、用户生命周期管理、用户精准营销等。这与银行使用大数据进行用户管理颇为相似，在此案例中主要解释用户细分和流失用户预测两个功能。

通过分析用户的账户状态（类型、生命周期、投资时间）、账户价值（资产峰值、资产均值、交易量、佣金贡献和成本等）、投资偏好（偏好品种、下单渠道和是否申购）、交易习惯（周转率、市场关注度、仓位、平均持股市值、平均持股时间、单笔交易均值和日均成交量等）等，从而发现用户交易模式类型，找出最有价值和盈利潜力的用户群，以及他们最需要的服务。

3. 保险

（1）用户细分和差异化服务

风险偏好是确定保险需求的关键。一般来讲，风险厌恶者有更大的保险需求。大数据如今也可以帮助保险公司发掘新用户，在用户细分的时候，除了风险偏好数据外，要结合用户职业、爱好、习惯、家庭结构、消费方式、偏好数据，利用机器学习算法来对用户进行分类，并针对分类后的用户提供不同的产品和服务策略。

（2）流失用户预测

通过大数据进行挖掘，综合考虑用户的信息、险种信息、既往出险情况、销售人员信息等筛选出影响用户退保或续期的关键因素，并通过这些因素和建立的模型对用户的退保概率或续期概率进行估计，找出高风险流失用户，及时预警制定挽留策略，提高保单续保率。

（3）用户关联销售

保险公司可以用关联规则找出最佳险种销售组合，利用时序规则找出顾客生命周期中购买保险的时间顺序，从而把握保户提高保额的时机。建立既有保户再销售清单与规则，从而促进保单的销售。除了这些做法以外，借助大数据保险业可以直接锁定用户需求。

以淘宝运费退货险为例。据统计，淘宝用户运费险索赔率在 50% 以上，该产品给保险公司带来的利润只有 5% 左右，但是有很多保险公司都有意愿去提供这种保险。因为用户购买运费险后保险公司就可以获得该用户的个人基本信息，包括手机号和银行账户信息等，并能够了解该用户购买的产品信息，从而实现精准推送。

（4）用户精准营销

在网络营销领域，保险公司通过收集互联网用户的各类数据，如，地域分布等属性数据，搜索关键词等即时数据，购物行为、浏览行为等行为数据，以及兴趣爱好、人脉关系等社交数据，可以在广告推送中实现地域定向、需求定向、偏好定向、关系定向等定向方式，实现精准营销。

三、大数据征信

（一）征信与大数据

从定义的角度出发，信用是指在交易的一方承诺未来偿还的前提下，另一方为其提供商品或服务的行为，是随着商品流转与货币流转相分离、商品运动与货币运动的时空分离而产生的。信用既是社会经济主体的一种理性行为，也是一种能力体现。征信是指依法收集、整理、保存、加工自然人、法人及其他组织的信用信息，并对外提供信用报告、评估、信息咨询等服务，帮助用户判断、控制信用风险，进行信用管理的活动。

大数据征信是指运用大数据技术重新设计征信评价模型和算法，通过多维度的信用信息考察形成对个人、企业、社会团体的信用评价。互联网的数据将更全面、准确地反映行为模式、个人动机、同级评价、是否值得信赖等，比单纯的过往信贷数据更具有经济价值和社会价值。大数据技术不但为我国征信体系建设提供了更加丰富有效的数据资源，也在很大程度上改变了传统征信业务对数据收集、加工和分析的方式。

1. 我国传统征信层次

我国传统的征信体系包括了三个层次：

第一层次是由人民银行建设并管理的企业信用信息基础数据库和个人信用信息基础数据库。即登录中国人民银行征信中心官方网站。

第二层次是由政府的一些职能部门在自己的管辖范围内，不同领域、不同行业地建立社会信用信息数据系统。如，税务部门建立的"信用等级信息系统"等。

第三层次是专门从事信用信息调查、搜集、加工，同时提供信用信息产品的专业征信机构。

2. 大数据征信的流程

（1）信息收集

相比于传统封闭式的征信方法，大数据征信的一大特征就是数据来源广泛、数据结构多样。用户在日常生活中的所有信息尤其是互联网上的信息，都可以被采集为征信信息。

（2）数据处理

这里的数据处理最主要指的是 ETL（Extract-Transform-Load），即数据的抽取、清洗、转换、加载过程。因为搜集到的数据非常繁杂，有的是字符、有的是汉字、有的是格式化的、有的是非格式化的，甚至还会有语音、图片等各种形式，所以在对数据进一步分析之前必须要对数据进行处理。数据处理包括空值处理、无效值处理、规范化数据格式、拆分数据、验证正确性等步骤。

（3）大数据建模

应用统计分析、自然语言处理、机器学习等数据处理方法，编写建模程序输入到计算机中，让计算机对处理过的数据进行处理，形成与征信有关的内容。这是大数据征信的核心环节之一。

（4）指标识别

指标识别是与大数据建模同等重要的过程。如有 1 万个借款人的各类信息，以及这 1 万个借款人中有 200 人逾期了，若我们认为逾期是信用低的一个表现，那么将这 1 万人的数据输入模型中，假设其他条件相同，模型给出的判定结果应该是这 200 个人的信用会比其余人的信用要低。而我们需要知道，它是通过哪些指标进行判定的，比如，是不是净资产少的用户，信用就低？指标识别的过程就是将大数据建模后与信用相关的指标提取出来，利用这些指标来判定信用。芝麻信用中提出的身份特征等五个维度，实际上就是指标识别过程得出的产物，但需要说明的是，身份特征等五个维度，只是芝麻信用对于指标的一种概括性的解释，而每个维度下面到底对应了哪些指标是非常复杂的。

（5）信用打分与信用评级

给出判定指标之后，人们喜欢用量化的方式为信用打分。在这里，需要一套链接指标的打分体系，还是以芝麻信用为例，那五个维度的指标到底是怎么体现到满分 950 分的芝麻信用分数中的？这也是征信公司需要考虑的问题。最简单的办法就是给每个指标进行分数的量化，每个维度 20 分，但是不会有征信公司以这个方法来打分的，他们会有更为复杂的、更精确的打分体系。

打分之后自然可以分出等级，等级的分配也是根据业务需要而来的。在银行，小微企业的分数和等级相对较低，但是对于互联网金融企业而言，小微企业的分数和等级就不一定低了。

通过这些步骤大致可以了解征信公司的工作流程。当然，这是最为简单的描述，在实际的商业应用中，无论是大数据建模、指标识别还是信用评分都是十分复杂、艰难的工作，需要金融、计算机、机器学习、数学建模等方面的人才共同努力。随着技术的发展，征信公司还会有更多的模型、技术和方法来解决征信难题。

（二）大数据征信在银行业的应用

在金融行业，大数据征信及其辅助手段主要用于银行对用户的贷款风险控制。尤其是频次高、金额小的中小微企业贷款，银行利用大数据技术提高了效率、降低了成本，实现了为更多中小微企业提供金融服务的目的。

银行可通过企业的生产、流通、销售、财务等相关信息结合大数据挖掘方法进行贷款风险分析，量化企业的信用额度，更有效地开展中小企业贷款。传统的银行在为企业贷款的时候主要依赖单一的企业财务报表，在错综复杂的企业发展环境下，信贷风险难以有效控制，但是大数据公司如企业案例中的九次方、文思海辉等可以对企业的所有关联公司、子公司、同业公司进行对比分析，通过产业链企业大数据来判断企业贷款风险。

四、大数据与反欺诈

（一）金融反欺诈技术

反欺诈起到了辨识申请人身份真伪、申请材料是否真实有效以及是否为团伙骗贷的作用。比如，银行需要反欺诈服务去防止用户造假、盗刷等行为，在信贷领域直接应用如：黑名单用户查询、防止重复申请、虚假信息借贷等。反欺诈与征信互为补充，从整体上降低金融机构受到的信用及欺诈风险。

目前的大数据反欺诈系统能够覆盖多种互联网欺诈场景，最典型的就是交易欺诈场景和申请欺诈场景。反欺诈系统能够根据具体的欺诈场景采取对应的规则引擎和算法模型侦测和识别欺诈行为。数据、算法、系统框架和反制措施构建起反欺诈解决方案核心四要素。

欺诈系统中的技术主要包括：

1.欺诈数据库

欺诈数据库是指记录了互联网上尤其是互联网金融领域欺诈行为的数据库。与欺诈数据库类似的技术还有借贷黑名单、商业银行信用卡欺诈数据库等。

2.欺诈规则引擎

欺诈规则引擎指的是可以人为地制定欺诈规则来预判欺诈行为。一般的欺诈规则包括了黑名单比对、跨机构历史申请比对、团伙校验、外部数据校验等规则，可以帮助风控人员快速地发现具备欺诈特征的行为。

3.多维数据关联

指的是将属于同一个公民的不同渠道的信息进行关联，如，公民的电话、地址、银行信用评级、信用卡逾期信息、公安信息、学历、运营商信息等。另外还有设备识别、用户画像、中文模糊搜索匹配、地理位置库、高危账户、代理检测、生物探针等技术。

（二）反欺诈在金融行业的应用

1.银行

银行可以根据持卡人的基本信息、历史账单信息、正在发生的转账信息等多种信息综合，查询到持卡人的异动，在贷款中可应用于风险评估、贷前、贷后审查，在其他情况下可有效阻止和预防金融欺诈和金融犯罪。另外，对于银行的客户而言，也可以感受到大数据反欺诈带来的好处。工商银行的"融安 e 信"以公安机关查获的电信诈骗账号等信息为基础，通过建立风险黑名单库、打造毫秒级零时差响应网络等高级别安全工具，供社会公众在办理转账汇款前对收款账号进行安全性查询，直接提升业务安全级别，提升群众反欺诈的意识和知识。

2.保险

医疗保险欺诈与滥用分析。医疗保险欺诈与滥用通常可分为两种，一种是非法骗取保险金，即保险欺诈；另一种则是在保额限度内重复就医、浮报理赔金额等，即医疗保险滥用。保险公司通过大数据技术，能够利用过去数据，寻找影响保险欺诈最为显著的因素及这些因素的取值区间，建立预测模型，并通过自动化计分功能，快速将理赔案件依照滥用欺诈可能性进行分类处理。

车险欺诈分析。如，车辆故意追尾，伙同修车厂员工弄出交通事故骗保的事情屡见不鲜。保险公司利用大数据，以过去的欺诈事件建立预测模型，将理赔申请分级处理，可以很大程度上解决车险欺诈问题，包括车险理赔申请欺诈侦测、业务员及修车厂勾结欺诈侦测等。另外，借助手机的位置数据，保险公司还可以识别车辆出险时是不是投保人本人驾驶。借助用户的手机通话记录，可以识别车辆肇事双方是不是交往圈熟人，判定是不是存在联合骗保行为等。

五、大数据与运营优化

传统的金融产品是以机构为中心按照线性路径设计开发的，金融产品到用户手里需要经过一个很长的流程才能发布，发布效率低下，没有试错功能。引入大数据技术后，产品发布改为以用户为中心，产品发布采用多维网状结构，银行机构可随时监控不同市场推广渠道的质量和社会对产品的舆情评价，从而对合作渠道进行调整，优化金融产品，降低产品销售风险。

（一）银行

市场和渠道分析优化：通过大数据银行可以监控不同市场推广渠道尤其是网络渠道推广的质量，从而进行合作渠道的调整和优化。同时，也可以分析哪些渠道更适合推广哪类银行产品或者服务，从而进行渠道推广策略的优化。

产品和服务优化：银行可以将用户行为转化为信息流，并从中分析用户的个性特征和风险偏好，更深层次地理解用户的习惯，智能化分析和预测用户需求，从而进行产品创新和服务优化。如，兴业银行目前对大数据进行初步分析，通过对还款数据挖掘比较区分优质用户，根据用户还款数额的差别，提供差异化的金融产品和服务方式。

舆情分析：银行可以通过爬虫技术，抓取社区、论坛和微博上关于银行以及银行产品和服务的相关信息，并通过自然语言处理技术进行正负面判断，尤其是及时掌握银行以及银行产品和服务的负面信息，及时发现和处理问题。

（二）保险

产品优化、保单个性化：过去在没有精细化的数据分析和挖掘的情况下，保险公司把很多人都放在同一风险水平之上，用户的保单并没有完全解决用户的各种风险问题。但是，保险公司可以通过自有数据以及用户在社交网络的数据解决现有的风险控制问题，为用户制定个性化的保单，获得更准确和更高利润率的保单模型，给每一位顾客提供个性化的解决方案。

运营分析：基于企业内外部运营、管理和交互数据分析，借助大数据平台全方位统计和预测企业经营和管理绩效。基于保险保单和用户交互数据进行建模，借助大数据平台快速分析和预测再次发生或者新的市场风险、操作风险等。

代理人（保险销售人员）甄选：根据代理人员的（保险销售人员）业绩数据、性别、年龄、入司前工作年限、其他保险公司经验和代理人人员思维倾向测试等，找出销售业绩相对最好的销售人员的特征，优选高潜力销售人员。

第七章 区块链与金融服务

第一节 区块链基本概述

区块链是分布式数据存储、点对点传输、共识机制和加密算法等计算机技术在互联网时代的创新模式。区块链技术被认为是一个具有颠覆性的创新，其将在世界范围内产生深远的影响，并引领新一次的技术革新和产业改革。区块链技术也是互联网技术种类中的一种，其去中心化、防篡改、可追溯、自治等特性将极大的助力互联网金融的发展。原先的互联网金融或者称互联网金融1.0，只是简单地做到了把一些非直接进行价值转移的业务放在了互联网上进行，例如，网上购物、支付宝转账等。而基于区块链技术的互联网金融，即互联网金融2.0，能更深层次的、更广泛地把经济活动放在互联网中运行，并且可以进行直接价值转移。

区块链技术现在还存在着可扩展性、隐私和安全、开源项目不够成熟等问题，但是随着区块链技术和生态环境逐渐完善成熟，其所具备的惊人价值将会完全显现，人类社会也会因此而进入更加智能、公平、公正、高效的时代。

一、什么是区块链

（一）区块链诞生的背景

传统的互联网是基于TCP/IP（传输控制协议/因特网互联）协议的信息互联网，其能进行全球网络间信息高效低率成本的传输共享，但是无法在网络间直接进行"价值转移"，只能借助拥有范围有限的信用背书的第三方。所谓的"价值转移"就是指在互联网中以每个人都认同的方式将某一部分价值从一个地址准确转移到另一个地址，并且前一地址将减少那一被转移的部分价值，后一地址将增加那一被转移的部分价值。"价值转移"也是判断互联网是否为价值互联网的重要参考因素。

通过下面的两个简例的比较我们将进一步理解信息互联网和价值互联网之间的差异。

例一，在信息互联网时代，此时人民币（RMB）还不是数字货币，A、B同学都在支付宝上绑定了同家银行的银行卡，一天A同学通过支付宝向B同学银行卡转账1000元人民币并同时写上备注"还你1000块"，之后支付宝再通知银行进行货币转移，线下货币转移后B同学收到了带有备注信息的进账信息。

例二，在价值互联网时代，此时人民币已是数字货币，C同学向互联网发送一份广播"我要向D同学转账1000RMB，并且我提供一段脚本，这段脚本可作为钥匙打开1000RMB上的锁。同时我依据D同学的要求在这1000RMB上又加了一把新锁"。各网络节点收到广播，自动运行脚本（一种较简单的计算机语言）确定C同学提供的脚本能打开锁后再根据C同学指令给这笔RMB换上一把D同学才能打开的新锁，此时这笔RMB就已经从C同学的数字钱包转移到了D同学的数字钱包里。D同学想用这笔RMB时只需用一段自己指定的脚本便可打开新锁进行新交易。

在例一中，信息互联网只是传输了A同学要向B同学转账等信息，而真正的货币转移是由第三方支付宝通知银行，最后再由银行进行线下两账本间的资金数目加减完成的，这并没有实现互联网直接进行货币的转移。而在例二中，价值互联网既进行了信息的传输又自动实现了基于各网络节点信用共识的去中心化的线上直接价值转移。所以价值互联网是包含信息互联网的，也可以说价值互联网是互联网进化的终极版。

信息互联网要想进化成价值互联网就要满足价值交换的唯一性、网络无需第三方自动执行双方合约、信息数据安全可靠等条件，这其中最重要的就是信用问题。由上面例一可以知道，现阶段的货币转移都最终依赖于中心化的银行，我们愿意把钱放在银行并进行交易是因为银行有政府或企业集团的信用背书，像支付宝这类互联网第三方支付系统也是因为身后有着中心化集团的信用背书才会赢得我们的信任和使用，我们对它们的信任也只局限于它们信用背书的有效范围内。这些都说明了现在互联网没有实现去中心化信用共识。可以说，信息互联网只有拥有一个去中心化、安全、自治的、去信任（不需要相信任何人和机构）的并以信用共识为基础的线上直接"价值转移"机制才能成为价值互联网。

信息互联网在人们渴求信息的时代满足了我们的基本需求，但是随着人类社会的发展和科技的进步，特别是在 2008 年的金融危机和爱德华·斯诺登公布美国丑闻等事件后，使得许多人逐渐失去了对一些企业集团和政府机构的信心，并且人们现在更加注重信息的真实性和价值传输的安全效率。如今，我们对价值互联网的迫切需求，再加上去中心化和密码学等科技经过密码学家、数学家、经济学家和软件工程师近几十年的努力已经逐渐成熟完备，这些因素都促进了能为价值互联网建设提供理论和技术基础的区块链（Blockchain）的诞生。

（二）区块链的概念

区块链（Blockchain）的产生和发展离不开比特币，正因为比特币的诞生和推广，其底层技术比特币区块链技术才得以被公众所认知，并逐渐发展成现在的区块链。但是比特币区块链技术毕竟是为比特币设计定制的，而现如今的区块链技术有着更多的形态、更多种体系，所以比特币区块链技术并不等同于区块链技术，其只能说是区块链技术的一种体系。但到目前为止，比特币仍是区块链技术的最成功、最成熟的应用案例。

区块链本质上是一个去中心化的数据库或叫分布式数据库（这里的"分布式"既指分布式记账又指分布式储存），是一串使用密码学的方法产生的相互关联的数据块，每一个数据块中包含了一段时间内全网所发生的全部交易信息，以此来验证信息的真伪并生成下一个区块。也可以说区块链是以去中心化、去信任的方式来让全网节点（加入区块链网络中的所有计算机）集体维护一个可靠数据库的技术方案。通俗地讲，区块链可以称为一种全民记账的技术，或者说是一种分布式总账本技术。

数据库，一种长期储存在计算机内的、有组织的、共享且统一的数据集合，也可以想象成一个账本。传统的数据库都是中心化的，由中央服务器管理的，例如：QQ 和微信的数据库由腾讯团队控制管理，支付宝背后的数据库由阿里巴巴团队控制管理。

但是区块链彻底颠覆这一传统数据库管理方式。在区块链系统中，有许多平等的节点，每个节点都有争取数据库（去中心化数据库）记账的机会，即更新数据库信息。区块链系统会每隔一段时间（比特币区块链是每隔10分钟），自动筛选出记账最快最好的一个节点，赋予它在这段时间里的记账权限，并会给予一定奖励。被选中的节点会把这段时间内发生的全部信息记录下来，形成一个数据区块。在记完账以后，该节点会把这个数据区块接入自己的数据库中，同时发给系统中其他的节点。其他节点再确认这个数据区块是否无误，如果没有问题就把该数据块接入自己的数据库中。

在区块链系统中，每个数据区块都记录着整个系统数据在一定时间里的变动，并且通过对其全网广播，使得区块链系统里的所有节点都拥有一份每隔一段时间就会更新的、完全相同的账本。这种记账方式称区块链技术（分布式总账技术）。

上面主要是从数据的角度来理解区块链，如果人们从技术的角度来看区块链，人们就会发现区块链并不是单一的技术，而是包括密码学、经济学、数学、网络科学等。这些技术以特定方式整合在一起，形成了一种新的去中心化数据记录和存储体系，并给存有数据的区块打上时间戳，使其成为一个连续的、前后衔接的诚实数据记录存储结构，并建立一个能够保证系统诚实的分布式数据库。可以说区块链是分布式数据储存、加密算法、共识机制等计算机技术在互联网时代的创新应用模式。

由于区块链系统中的每笔交易都相对分散，因此区块链系统就创造出了区块这个概念。区块是一种被包含在区块链里的聚集了交易信息的容器数据结构，每个区块都包含着本区块的哈希值（即HASH值，也叫随机散列，是通过对文件内容进行加密运算得到的一组长度固定的二进制值，主要用于文件校验或加密。不同的文件得到的哈希值都不一样，因此哈希值可以作为文件的唯一性判别依据）。在形成本区块的时间中系统发生的全部交易信息、前一区块的哈希值和时间戳等内容。其中，本区块哈希值是系统对前一区块哈希值和交易数据等内容进行特殊加密计算得到的，这也说明了每一个区块都包含其前面的所有区块的所有内容。在整个区块链系统中区块的哈希值就像是链条把两个前后的区块连在一起，使得每个区块都能找到其前一个区块，这样就能直推到起始区块，从而形成一条完整的交易链条。

每个区块最终都会通过本区块哈希值与之后的一个通过共识且确认无

误的区块进行连接，但是每个区块也可以暂时链接多个后面的区块，这主要是因为网络延迟或同时有多个记账支点高速高质量完成记账并全网广播造成的。一个区块同时连接多个区块的情况叫作"区块分叉"。

当然"区块分叉"只是暂时状况，节点最终会将最长的区块链视为正确的链，并持续以此为基础验证和延长它。如果多个节点同时广播不同版本的新区块，则其他节点在接收到这些新区块的时间上有差异，节点将选择在最先接收的新区块基础上进行记账工作，但也会保留由其他新区块为基础的链条，以防止后者变成最长的链条。这种情况将在共识算法进一步工作并证实其中一条链条为较长一条后结束，此时在其他分支链条上记账工作的节点将迅速转移到已被证实的最长链上来，并以此为基础继续进行记账工作。这种不断的选择完整长链的机制可以保证系统数据的完整性和确认的区块无法被篡改，除非强制重新计算该区块后的所有区块，然而这将花费大量时间金钱成本，得不偿失，因而区块链系统有着强大的安全性。

（三）区块链模型架构

完整的区块链系统是由数据层、网络层、共识层、激励层、智能合约层和应用层组成的，每层完成各自的核心功能，各层之间相互配合，共同实现了一个去中心化的信任机制。

数据层封装了底层数据区块的链式结构、时间戳和非对称加密等技术，这些是保证区块链系统安全运行的保障，也是整个区块链系统中最底层的数据机构。在数据层里，区块链技术实现了一个由规格相同的数据区块通过链式结构组成的特殊物理链条。系统设计人员建立链条的创始区块，之后依据系统规则使区块链系统中的节点产生新的区块，在共识验证并确认无误后将新区块链接到主链条上来。主链条会随着区块链系统运行时间的增加而不断延长，区块链系统的安全性也会随着主链条的延长而不断增强。

数据层的大多数技术已经被人们使用了数十年并不断的进行改进升级，所以其中的安全性是可以保证的。例如，采用时间戳技术能够确保每个区块按照时序链接、采用哈希函数技术能够确保系统中所有数据不被篡改、采用Merkle树技术确保交易数据的完整性等等。当然，数据层也不是一成不变的，其也会根据不同的区块应用做出相应的小幅度调整。

共识层主要封装了区块链系统节点的各类共识机制。共识机制是区块链的核心技术，其让各分散节点能在去中心化系统中高效安全的对数据区块进行共识验证，共同维护区块链账本的完整和一致。例如，比特币区块链就采用了对节点算力有较高要求的工作量证明共识机制，以此来保证比特币网络去中心化记账的一致性。目前最为出名的共识机制有：工作量证明共识机制（Proof of work，PoW）、权益证明共识机制（Proof of Stake，PoS）、股份授权证明共识机制（Delegated Proof of Stake，DPoS）和Paxos算法共识机制（Paxos）等。

激励层通过发行机制和分配机制激励遵守规则的节点参与区块链的共识验证和记账，并且惩罚触犯规则的节点，以此保证整个区块链系统良好安全地运行发展。区块链的安全依赖于大量遵守规则的节点的参与，这就需要发行机制和分配机制能够很好的完成激励和惩罚的功能。还是以比特币区块链为例，其安全性是基于大量节点参与工作量证明带来的巨大计算量，使得恶意攻击者无法拥有更高的计算量来篡改系统数据。节点验证需要耗费计算资源和电能。比特币区块链通过奖励数字货币的方式激励节点参与，发行机制和分配机制就是这种激励方式的两种选择。

在比特币区块链前期，每个区块的创造者（记账人）都会获得一定数量的比特币，创世区块提供50个比特币，之后随着系统中比特币数量的持续增加，这种方式（发行机制）可生成提供的比特币数量会逐渐减少，直到比特币总量达到2100万时，比特币区块链将不再产生新的比特币。这时比特币区块链将主要利用分配机制，比特币区块链系统会从交易双方数字钱包中扣除万分之一比特币作为手续费给记录交易数据的记账人。其实，激励层主要存在于公有链，这是因为激励层是一种博弈机制，让遵守规则的节点参与记账。私有链或联盟链中的节点已经在线下完成了博弈，也就是说有强制力或者有其他因素要求这些节点参与记账，而公有链是完全去中心化的没有私有链或联盟链的约束条件。

合约层主要封装了各类脚本代码、算法和智能合约，是区块链可编程特性的基础。比特币交易就依赖于合约层中的脚本代码，在传统的纸质货币交易中钱货不一定能同时交换。而通过合约的脚本代码技术，可以设置时间等条件，等到时间等条件满足后，交易双方的钱货再进行同时交换，可以降低交易风险。目前比特币区块链虽最成熟但没有实现图灵完备，即其不支持循环语言。新一代区块链系统以太坊在比特币区块链的基础上内置了编程协议，理论上可以在以太坊上实现任何应用，也就是说以太坊可以执行各种类的智能合约。

应用层封装了区块链上的所有类型的应用场景，就像搭建在以太坊上的各类区块链应用都部署在应用层。可编辑货币、可编辑金融和可编辑社会，最终都会在应用层中搭建。

在区块链模型架构中，基于分布式节点的共识机制、时间戳的链式区块结构、基于共识机制的经济激励和图灵完备的智能合约都是区块链技术最具代表性的特点。其中数据层、网络层和共识层是搭建区块链系统必不可少的因素，但是激励层、合约层和应用层却可以根据要搭建的区块链系统的不同而进行不同程度上的修改甚至是完全省略掉，例如，私有链或联盟链就可以不需要激励层。

（四）区块链类型

1. 公有链

公有链（Public Blockchain），是指全世界任何人都可以在任何时间加入、任意读取数据、发送交易且交易能够获得有效的确认、任何人都能参与其共识过程的区块链。共识过程决定哪个区块可以被添加到区块链上和明确当前状态。公有链中的数据是完全公开的，所有人都有相同的权利进行读取，都可以既是验证记账人又是交易请求人。现阶段，比特币和以太坊是公有链的典型应用代表。

公有链是完全去中心化的，区块链数据完全公开，用户参与程度高，易于推广。按照经济学的角度来看，系统各支点不可能免费的耗费自有资源来对系统交易数据进行共识记账。所以，公有链必须要有奖励机制，给记账人一定的经济或其他形式的奖励。例如，比特币区块链中，记账人每记完一笔交易数据，系统就会奖励给记账人一定数量的比特币。公有链也不是十全十美的，其上面保存的数据越有价值，越要加大审核其安全性力度，保证安全性的同时又会带来交易成本高和系统可扩展性差等问题。

2. 联盟链

联盟链的各支点一般有与之对应的实体机构组织，通过授权后才可加入或退出区块链系统，并且其共识过程受提前预选的节点控制。联盟链的数据可以公开也可以不公开，其是部分去中心化。例如，有四家金融机构之间组成了联盟链，每家机构都运行着一个节点，而且为了使每个区块生效并加入联盟链中，至少需要三个节点的确认。区块链可以允许每个人读取，或只受限于参与者和走混合型路线。例如，区块的根哈希及应用程序接口（API）对外公开，允许外界用来进行区块链数据资料查询和获取区块链状态等信息。现阶段，超级账本（Hyperledger）和区块链联盟 R3CEV 是联盟链的典型应用代表。

联盟链的参与节点的连接状态较好、验证效率较高、维持运行成本较低，并且其交易成本相比公有链更低，有着很好的扩展性，数据能保持一定的私密性。但是联盟链的参与共识过程的控制节点较少，这意味着这些参与节点可以在共识达成的前提下一起进行篡改数据资料，系统的安全性相比公有链弱一些。

3. 专有链

专有链的各节点的写入权限收归内部控制，而读取权限可根据需求有选择性地对外开放。专有链仍然具备区块链多节点运行的通用结构，适用于特定机构的内部数据管理与审计。现阶段，Eris Industries 是专有链的典型应用代表。

公有链是相对于超大范围的去中心化，而专有链是小范围内部的去中心化。专有链和公有链的一个主要区别就专有链不需要代币，也就是不需要经济奖励机制。因为专有链上的各支点都是某个机构内部的部门节点，对他们而言维护专有链运作（共识记账）本身就是应尽的义务，所有专有链是不需要经济奖励机制的。专有链无论在处理速度、账本访问私密性，还是在安全性上都比公有链和联盟链强。但是专有链上的数据资料容易被篡改，对于第三方的保障能力较差。正因如此，现在的专有链大多依附在向比特币区块链或以太坊区块链上，定期将数据资料记录在这些公有链系统中。

公有链、联盟链和专有链都有其存在的意义，都有着各自的优缺点，很难说它们哪个更好、哪个将消失。至于具体选择哪套方案要根据具体需求和应用场景来决定。

（六）区块链特征

区块链系统之所以与其他系统有很大的不同，是因为区块链系统有着去中心化、去信任、可追溯和可靠账本这四大特征。

1. 去中心化

区块链系统中没有中心化的中央控制机构，或者说每一个节点都是一个中心。网络中每个节点的权利和义务都是平等的，都能获取系统中的全部数据，任意一个节点遭到破坏都不会影响整个区块链系统的正常运转。

2. 去信任

区块链系统中的每个节点都是一个中心，这也说明了数据库和整个系统的运作是公开的。区块链系统中没有了信息不对称问题，每个节点都无法欺骗对方。区块链系统中的所有节点之间无需信任也能够进行交易，这也就不再需要中介机构为交易双方提供信任。

3. 可追溯

每个区块都包含着一笔交易，而区块是依据哈希值和时间戳进行按时间和交易次序连接的，所以每个支点都可以从现在的交易数据追溯到其起始状态。例如，比特币，每个支点都可以追溯自己的比特币从发行到流转到自己钱包之间的全部数据记录。

4. 可靠账本

区块链系统中的每个节点都拥有一份完整的账本副本，因此破坏者恶意修改单个节点的账本是无效的，例如，比特币区块链中破坏者如果无法控制全部支点中的51%以上的支点就无法成功修改区块链账本。随着区块链系统的运行时间的增加，账本的修改难度也会成倍增加，所以想要修改账本是不可能的。

二、区块链工作原理

（一）非对称密钥加密

在进行区块链工作原理介绍之前，我们先来了解一下区块链工作过程中必不可少的非对称密钥加密技术的加密、认证、公钥和私钥的概念和关系。

加密是对数据资料加密，使得非法用户即便截取了经过加密的数据资料也无法读取其内容，因此数据加密能够保护数据资料被窃取外泄，防止监听攻击。认证是身份认证，用以判断某个身份的真实性，确认身份后，系统才可以依据不同的身份给予不同的权限。所以加密注重数据资料的安全性，而认证更注重用户身份的真实性。

在非对称密钥加密技术中的认证、加密是靠公钥和私钥之间不同的加解密完成的。现代密码体制中加密和解密是采用不同的密钥，也就是非对称密钥密码系统，每个用户均需要两个密钥，即公钥和私钥，这两把密钥可以互为加解密。公钥是公开的，不需要保密，而私钥是由个人自己持有的，个人必须妥善保管和严格保密。

一个公钥对应一个私钥。如果其中一个密钥加密数据资料，则只有对应的那个密钥才可以解密。如果其中一个密钥可以解密数据资料，则该数据资料肯定是由对应的那个密钥进行的加密。

总而言之，用户通过公钥加密，即公钥加密私钥解密可以实现数据资料的加密，防止不良用户的窃取篡改。用户通过公钥认证，即私钥加密公钥解密可以实现自我或他人的身份认证。非对称密钥加密技术极大的保证了区块链工作过程中数据资料传输的私密性和安全性。

（二）区块链交易流程

区块链每笔交易的流程有以下几步：

第一步，所有者 B 用所有者 A 的公钥验证了前一笔交易；

第二步，所有者 B 用自己的私钥签署了交易；

第三步，交易从所有者 B 传送到所有者 C，同时全网广播；

第四步，所有者 C 用所有者 B 的公钥来验证交易；

第五步，确认成功后，该交易打包进区块中并按时间次序加到区块链条上，交易成功。

区块链交易流程与传统网络交易的最大不同之处就是第三步的"全网广播"，这一方案解决了双重支付（double spending）问题。以比特币为例，如果没有全网广播，收款人就无法确认付款人所付的比特币是否向多人支付过，这也就意味着这笔比特币的所有权不明确，收款人的利益无法保障。从逻辑上看，为了解决双重支付问题，收款人只需要知道本交易之前发生的交易，也就是知道这笔比特币从诞生到本次交易前的流转数据，这样就可解决双重支付的问题。而进行全网广播就能让所有支点有一份完整的交易账本，这样也就能够防止交易过程中的双重支付问题的出现。当然，交易全网广播时也不需要全部支点都要进行确认，只需要足够多的支点对交易进行确认就能确定交易成功，这是交易时才能够打包加入区块中并按照时间顺序连接到区块链条上。

三、区块链共识机制

区块链之所以是一个公开的、难以破解的、数据记录不可篡改的去中心化的诚信系统，是因为区块链能做到以下两点：第一点，能够选择一个特殊节点记账（产生一个区块）；第二点，分布式数据记录不可逆。而要想实现上面的两点就离不开共识机制，区块链各节点就区块信息达成全网共识的机制，可以保证新区块被准确地连接到区块链条上，并且节点储存的区块链信息一致不分叉甚至能够抵抗恶意攻击。现阶段，较为主流的共识机制包括：工作量证明（PoW）、权益证明（PoS）、股份授权证明（DPoS）、Paxos算法（Paxos）和实用拜占庭容错（PBFT）工作量证明机制。就是证明者向其他人或系统提交已知难以计算但易于验证的计算结果，其他人只需要通过验证这个计算结果就能够确信证明者为了得到这个计算结果已经完成了大量的计算工作的机制。例如，学位证、英语四级证等证书就是工作量证明，因为证书持有人要想获得这些证书就必须花费很多的时间精力，所有人只要验证了证书的真实性，就能确信证书持有人具备了相关能力。工作量证明机制一般是公有链使用的共识机制，比如，比特币区块链。

工作量证明虽然能极大的保障区块链系统安全和维持系统的支付功能，但是其依赖机器进行数学运算来获取记账权，资源消耗相比其他共识机制高、可监管性弱，同时每次达成共识需要全网共同参与运算，性能效率比较低。更重要的是采用工作量证明机制的区块链系统的记账权是由支点计算机算力决定的，这就带来了算力高的一个或多个支点获取记账权的机率比其他支点高的问题，这种情况会造成系统内的贫富差距拉大。如果算力高的支点联合起来，那么它们的联合算力就有可能超过区块链系统的50%容错性（即防攻击、防欺诈的能力）。

权益证明机制是针对工作量证明机制的改进方案，这种机制使工作量性能得到了相应提升。作为工作量证明机制的改进机制，权益证明机制同样也有着易造成系统内贫富差距拉大、系统有被控制风险和可监管性弱的问题，当然权益证明机制的容错性仍为50%。

相较于工作量证明机制和权益证明机制，股份授权证明机制既解决了前两种共识机制的问题又保证了去中心化的安全、高效率等优势。

在使用股份授权证明机制的区块链系统中，如同选举一般，每个代币就是一张选票，持币人有多少代币就有多少选票，持币人投出自己的若干选票选出自己信赖的受托人。区块链系统会从这些受托人中选出前100名（数量可以更改）作为系统受托人，每名被选中的系统受托人都被分配到不同时间段生产（记账）区块，并在生产区块之前验证前一区块已经被受信任节点的确认签署。在该系统中系统受托人可以通过生产区块等工作获取每个区块所含的交易费的1%（可更改变动）作为工作报酬。

在股份授权证明机制中，持币人对受托人或记账人有足够的选举权，持币人可以随时剥夺试图对系统不利的系统受托人的记账权。股份授权证明机制可以控制记账人的数量，使得区块链系统更加高效。现阶段，采用股份授权证明机制的区块链系统是所有区块链系统中效率最高的，其理论每秒交易数量达数十万笔。此外，其合规监管、性能、资源消耗和容错性与权益证明机制相同。

Paxos算法机制与股份授权证明机制最大的不同之处就是，Paxos算法机制是一种基于选举领导者的共识机制，而股份授权证明机制是选举受托人也可以说是代理人的共识机制。Paxos算法机制中的领导者节点拥有绝对的权限，并允许监管节点参与，其性能高，资源消耗低。所有节点一般有线下准入机制，但选举过程中不允许有恶意节点，故而不具备容错性。

实用拜占庭容错机制与Paxos算法机制类似，也是一种采用许可投票、少数服从多数来选举领导人进行记账的共识机制，但该共识机制具备33%的容错性。该共识机制允许监管节点参与，具备权限分级能力，性能更高，资源消耗更低，该共识机制每次记账都会由全网节点共同选举领导者记账。

四、区块链发展脉络

（一）区块链1.0

区块链1.0，以比特币为代表的可编程的数字货币。

作为一种虚拟的数字货币系统，没有任何个人（包括设计者中本聪）和机构能够控制其中的比特币数量和交易数据记录。可编程的数字货币比特币的出现让价值互联网成为可能。可编程的意义是指通过预先设定的条件做出相应反映并完成复杂工作。

此时区块链是一个全新的数字货币支付系统，其去中心化和基于非对称密钥加密技术的数字货币交易模式，既保证了交易的安全性又降低了交易成本，对传统的金融体系产生颠覆性影响。同时区块链也向人们展示了一个诱人的货币交易未来，全球货币统一使货币发行不再依赖各国或地区的央行，而是统一通过区块链系统发行，人们在交易过程中可以直接在价值互联网上进行全球间的数字货币实时的直接的转移。区块链 1.0 让可编辑的数字货币成为可能，因此构建一个真正的全社会统一的法定数字货币的区块链系统还有较长的路要走。

（二）区块链 2.0

区块链 2.0，基于区块链技术的可编程金融。

基于区块链技术的数字货币的强大功能也吸引了金融机构的注意，各大金融机构争先开始利用区块链开展相应的金融业务，也就是在区块链中加入"智能合约"，使之成为可编程金融。现阶段，可编程金融已经股权证明、股票交易等领域有了初步应用。以商业银行为例，现阶段其主要在四个相关领域上初步应用了区块链技术。

第一个领域，点对点交易。比如，基于点对点的跨境货币收支、贸易结算和证券、金融衍生品、期权合约的买卖等。

第二个领域，财产登记。商业银行利用区块链可信任、可追溯的特点，在其上记录各种数据资料，如将区块链运用在存储反洗钱客户身份资料和交易记录上。

第三个领域，所有权确认。商业银行开始尝试着利用区块链技术进行土地所有权、股权等合约或财产的真实性验证及转移等。

第四个领域，智能管理。商业银行将利用"智能合约"自动检测是否有满足预设条件的情况出现，一旦满足了预设条件，合同将自动执行，比如，自动付息、股利分红等。

区块链 1.0 是单纯的实现了可编程数字货币的产生和支付转移，颠覆了金融货币体系，而到了区块链 2.0 这个阶段，区块链将颠覆整个的现有传统金融体系。

（三）区块链 3.0

区块链 3.0，区块链在各领域的应用。

在区块链 3.0 阶段，已经不再是金融领域应用区块链了，而是包括零售、法律、物流等全领域的应用。不论是哪个领域，只要是有去中心化的需求和信任问题都可以利用区块链来解决。这将极大地提高整个相关行业的运行效率和整体水平。在这个阶段，社会资源将得到最大的分享利用，共享经济将会很好地真正地实现。

上述的区块 1.0、区块 2.0 和区块 3.0 并不是递进的演变关系，而是根据各自出现的时间和应用范围的不同划分的。此外，这三个阶段是平行发展的阶段，同时它们之间也是相辅相成的。

第二节 智能合约

智能合约是能够自动执行合约条款的计算机程序，同时也是特殊的系统参与者。智能合约这种计算机程序在未来某天可能会取代处理某些特定交易的律师和银行等机构。正因为区块链技术能够很好地实现智能合约，所以人们才认为区块链是一种颠覆性的技术。需要指出的是，这里所说的智能合约都是指基于区块链的智能合约。

智能合约的潜能不只是简单的资金转移。一所房屋或一辆汽车的门锁，都必须被连接到物联网上的智能合约才能打开。智能合约也和其他金融前沿技术类似，其用着以下两大主要问题：第一，智能合约如何与现阶段的法律系统相协调？第二，如何让人能够真正接受并使用智能合约？

一、什么是智能合约

智能合约的概念是由计算机科学家、密码学家尼克·萨博提出来的（几乎与互联网同时诞生），并且其发表了《智能合约》论文进一步地论述了智能合约。

在《智能合约》中，尼克·萨博给出了智能合约的定义："智能合约超越了自动售货机中嵌入各种有价属性的范畴，通过数字方式控制合约。智能合约涉及具有动态性、频繁主动执行属性的财产，且提供更好的观察和验证点，其中主动积极的措施必须丝毫不差……一个智能合约是一套以数字形式定义的承诺，包括合约参与方可以在上面执行这些承诺的协议。"

从本质上讲，智能合约的工作原理类似于计算机程序的 if—then 语句。智能合约通过这种方式与真实世界的资产进行交互。当一个预设条件被触发时，智能合约就会执行相信的合同条款。以一个销售合约为例，卖家承诺发送货物，买家也承诺支付双方约定好的货款 1000 元人民币。买卖双方把这些承诺写入计算机程序可执行的代码中，以此形成一份智能合约，只要买卖双方达成协定，智能合约建立的权利和义务就会由一台计算机或计算机网络执行。

合约参与者：执行智能合约的相关参与者；

合约资源集合：智能合约执行涉及的参与者资源，例如，参与各方账户、拥有的数字资产等；

自动状态机：智能合约下一步执行的关键，包括当前资源状态判断、下一步合约事务执行选择等；

合约事务集合：智能合约的下一步动作或行为集合，控制着合约资产并对接收到的外界信息进行回应。

二、智能合约的特点

智能合约与传统合约之间有很多相似之处，比如，它们都需要明确合约参与方的权利、义务，违约方都会受到预先设定的惩罚等。

在自治程度方面，智能合约能够自动判断触发条件，从而选择相应的下一步事务。而传统合约却需要人工来判断触发条件，其在条件判断的准确性和及时性均都不如智能合约。

在适合场景方面，智能合约适合客观性请求场景，而传统合约只适合于主观性请求场景。智能合约中的承诺、惩罚等条件需要预设，是较为客观的条件判断指标，而主观性判断标准无法被智能合约自动判断执行的。

在执行成本方面，智能合约因为不需要通过人工来判断触发条件是否满足，来决定是否进行预设的相应下一步骤，所以其在状态判断、奖罚执行和资产处置等方面比传统合约更具有低成本优势。

在执行时间方面，智能合约属于事先预设、预防执行模式，而传统合约采用的是事后执行，根据状态决定奖惩模式。

在违约惩罚方面，智能合约依赖于证明金、抵押物、数字资产等数字化属性的抵押资产，一旦参与者发生违约，该参与者的抵押资产将受到相应的损失。相较于智能合约的违约惩罚机制，传统合约违约惩罚主要依赖于刑罚，一旦参与者发生违约，传统合约将采用法律手段对违约参与者进行惩罚。

在适用范围方面，智能合约技术可以通过区块链技术实现真正意义上的全球范围的使用。反观传统合约，其受制于具体辖区、不同的国际地区的法律和人文等因素的影响，使之不能大范围推广使用。

通过上文的比较分析不难看出，智能合约之所以与传统合约有如此大的差异，是因为智能合约的三要素，即自治、自足和去中心化。自治表示智能合约一旦启动就会自动运行，期间不需要像传统合约那样进行人为的干预。其次，自足是指智能合约能够自足地获取资源，也就是说，通过提供服务或发行资产来获取资金，当需要时其也会使用这些资金。最后，智能合约是去中心化的，其不依赖于中心化的服务器，而是分布式的，并通过网络节点来自动运行。

三、智能合约与区块链

尼克·萨博关于智能合约的工作理论迟迟无法真正实现的一个重要原因就是原先缺乏可以支持可编辑合约的数字金融系统和技术。举个简单的例子，如果没有可编辑合约的数字银行系统，那么银行进行资金转移时只能通过人工来完成，这样智能合约的自动化就无法实现。现在，区块链技术的出现解决了这一问题，其具有支持可编程合约、去中心化、不可篡改、工作透明公开、可追溯等优点。因此区块链技术可以给智能合约提供其所需完全工作的场景，甚至可以说，智能合约也是区块链技术的组成部分。

在区块链1.0阶段中，智能合约通过区块链技术运用在了比特币这类数字货币的发行、转移等交易上面，这也是至今为止智能合约首次在金融领域里得到的真正意义上的应用范例。在区块链技术营造的场景中，智能合约意味着区块链交易将会远不只简单的买卖数字货币这种简单交易，还将会有更为广泛的指令能够嵌入区块链中。可以说，一个智能合约就是通过区块链使用数字货币和某人形成某种协议。

智能合约可以看作是一段计算机执行程序，满足可准确自动执行即可。那么为什么只有区块链技术能实现智能合约，而传统的技术无法令其实现呢？或许我们从智能合约的三要素和区块链技术的特点的比较中得出答案。区块链可以看作是一个全民记账的总账本，通过每个用户的共同参与共识、记账可以保证区块链的自我管理、自我维护，这就满足了智能合约的第一个要素即自治。区块链能够自己发行代币，并且会给每名记账人一定数额的代币作为一种奖励，这就能够保证区块链在不需要外界干预的情况下"自给自足"，这就满足了智能合约的第二个要素即自足。关于智能合约的第三个要素去中心化，这也是区块链的核心特征之一。当然区块链不仅满足了智能合约的三要素，还做到了系统内数据不可删除或修改，只能新增，在保证了历史可追溯的同时还极大提高了作恶成本，因为其作恶行为会永久记录在区块链系统中。

总之，智能合约通过区块链技术不仅能够完全发挥出其在成本效率等方面的优势，而且能避免恶意行为对合约正常执行的干扰。将智能合约以数字化的形式写入区块链中，由区块链技术的特性来保障储存、读取、执行，整个过程透明可追踪和不可篡改。由区块链自带的共识机制构建出了一套状态机制系统，使智能合约能够更加高效地运行。

四、智能合约典型应用

（一）抵押贷款

许多的常规金融交易，律师和银行的工作其实就是重复性地处理一些简单的业务。但是我们还不得不向律师或者银行提供的抵押贷款工作支付大量的资金作为报酬。现在，基于区块链的智能合约就可以使这些简单的业务办理过程自动化和透明化，让人们节约大量时间和金钱。

假如 A 先生为了购买房产而向一家银行进行抵押贷款，但贷款期限通常不会超过 30 年。此时，银行只是 A 先生每月还款的处理者，其向投资者支付大部分的资金，小部分用于交税，更小的部分用于房主的保险。银行通常会用一个季度甚至更长的时间来处理简单的抵押贷款的还款问题，而银行自己只是向 A 先生收取少许的费用作为此类服务的报酬。如果抵押贷款由智能合约处理，那么贷款处理费用将被取消，节省的钱将返还给贷款人 A 先生。最终的结果就是使 A 先生获得房屋所有权的成本更低。

（二）遗嘱设立、分配

虽然智能合约仍然处于初始阶段，但是其巨大的潜力是显而易见的。想象一下分配立遗嘱者的遗产，通过智能合约就能自动的决定谁能得到多少遗产，使得遗产分配变得非常简单。假如开发出了足够多的用户交互界面，那么就可以解决遗嘱设立过程中的许多法律难题。一旦智能合约通过官方等正式途径获悉立遗嘱者已死亡，即智能合约确认了触发条件，其就会开始自动地执行相应程序，立遗嘱者的生前财产将被分割。

（三）农作物保险

我们可以很容易、很直观的把天气状况作为数据输入创建的农作物保险合约，并且本合约不是以价格指数决定的。比如，一个辽宁农民购买了一份基于辽宁省的降雨情况进行负相关赔付的农作物保险合约。如果辽宁省遇到干旱，那么这位农民将自动得到赔付款。如果辽宁省有足够的降雨量，那么这位农民就不会得到赔付金，但该农民仍会因为良好的农作物收成而高兴。上面过程就是利用了智能合约。

（四）房屋租赁

随着物联网的飞速发展，每天都有越来越多的智能设备连接到网络中，一些思想超前的开发者已经开始尝试着将物联网和区块链技术相结合，而它们之间的连接点便是智能合约。

假设所有可供出租的房屋的门锁都连接到基于区块链的价值互联网中。当 D 女士为租房进行了一笔数字货币交易后，D 女士和房主达成的智能合约将自动执行为 D 女士打开房门。D 女士只需要用储存在智能手机里的数字钥匙便可进入房屋。不仅如此，智能合约也能让到期时的数字钥匙的日期更改设置更加方便。

使用智能合约进行房屋出租将取代收取高额服务费的传统房屋租赁中介。房东和租房者不需要彼此信任，他们只需要信任智能合约即可。基于区块链的智能合约将使得以前需要信任的商业模式去中心化。

五、智能合约面临的挑战

（一）安全性挑战

智能合约和区块链一样都面临着一定程度的安全性及信任度问题。

智能合约都被设计在无须信任的环境，这意味着无法改正出现的错误，这也是由区块链的不可逆性决定的。比如，在区块链中，如果某人将数字货币发送到某个数字钱包中，这个操作是不可撤销的，即使那个人发送错误。在现阶段，这些事可以通过中心化系统来撤销错误发送，但是智能合约不行。此外，在智能合约的设计过程中也会出现诈骗问题，某人需要设计一份智能合约，在智能合约设计过程中就要保证没有诈骗问题的出现。对于现阶段的去中心化系统来说，用户只能自己承担风险。

（二）私密性挑战

前文也说了，智能合约本质上是一段可编程的计算机程序或者说是代码。每份智能合约都会储存在区块链中的每一个验证节点上。这就意味着，虽然每个区块链参与者都无法篡改区块链中的智能合约的内容，但是他们可以从自己手中的账本直接阅读这些智能合约的信息，通过计算机手段是完全可以做到的。这种情况就造成了智能合约完全公开化，毫无私密性。

（三）合约执行的挑战

智能合约在理论上是图灵完备的，是自动完成奖罚措施的。但是在实际生活中，智能合约将面临着如何正确、合适地处理意外场景下的合约执行的问题。比如，智能合约要收回的一辆正在公路上行驶的汽车此时撤销驾驶人或车主对该辆汽车的使用权或所有权将是非常粗鲁和危险的。现阶段，如何判断汽车的执行状态还存在着一些技术难点。

六、智能合约的未来展望

智能合约是具有颠覆性的区块链的主要特性之一，也是各国央行考虑使用区块链技术开发数字货币的一个主要原因。尽管现在的智能合约还存在着各种各样的问题和挑战，但是智能合约还是从尼克·萨博的理论中走向了世界，随着全世界众多的计算机专家、金融界人才的共同努力下，智能合约终将得到彻底的完善，并得到全世界的采用。

毋容置疑，智能合约已经生根发芽。智能合约将成为真正全球经济的基本构件，任何人都可以在没有事前审核和预付高昂的成本的情况下直接接入到这一全球经济中来。在经济交易过程中，智能合约去掉了第三方的信任，将信任转移到可以信任的人或机构中。智能合约意味着区块链交易除了货币的买卖交易外，还将有更广泛的指令代码嵌入到区块链技术中。除此之外，多重签名智能合约也是未来发展趋势。

总而言之，智能货币的发展注定是一个充满挑战和机遇的道路。对于来自密码学、经济学、金融学等不同领域的自动化智能合约执行来说，共同设计研究智能合约准则是必须要做的。否则的话，无论单个智能合约系统做的有多么完善也只是一个"孤岛"，无法形成全领域、全空间的智能合约体系，并且还会使智能合约变得低效使之失去发展价值。

第三节 区块链面临的挑战

一、技术困境

（一）区块链可扩展性

神奇的雅浦岛石币之所以存在，是因为雅浦岛处于自然经济状态下，岛上居住人口稀少，交易量少，货币的周转速度也非常慢。雅浦岛居民有的也许一生也只有寥寥几次交易行为。我们可以想象一下，如果雅浦岛是个面积巨大、居民人口众多，且经济活动繁忙的岛屿，那么雅浦岛石币就无法满足频繁的交易需求，其也无法得到充分的推广扩展。同样，现在的区块链也面临着扩展性问题的困扰。

现在的主流支付网络每秒处理至少 2000 笔交易，而比特币区块链每秒只能处理 7 笔交易，虽然区块链经过一定程度的改善使交易处理速度已经有了较大的提升，但仍没有达到每秒处理 2000 笔交易的处理速度。

这种情况虽然可以通过修改每个区块的大小限制来使区块链的交易处理速度满足现在繁忙的交易活动，但是这又会使区块的体积增大进而无法负担大量资源消耗，普通支点又无法拥有完整的系统副账本等问题。

上面的解决方案会导致区块链系统最终只有少数支点掌握完整的副账本，这些支点就有共谋对其他支点和区块链系统进行不利行为的可能性。

较低的交易处理速度和过大的区块链体积，共同导致区块链的可扩展性较差。

（二）交易确认时间

目前的区块链系统都或多或少存在交易确认时间较长的问题。以比特币区块链为例，现在的比特币交易的一次确认时间平均为 10 分钟，6 次确认，就需要花费大约 1 小时。虽然这比传统银行信用卡动辄就需要数天的确认时间高效，但是离理想状态还相差甚远。虽然可以在区块链系统设计之前选择不同的交易的确认时间（即每个区块生成的时间戳），但是时间的设定数是很难确定的。如果交易确认时间太快，那么现行的网络能力的限制就可能会使共识机制失效。如果交易确认时间太慢，那么区块链系统的交易处理速度就无法满足现在的经济活动。

二、安全隐患

（一）私钥丢失

区块链技术的一大特征就是不可逆、不可伪造，但前提是私钥是安全的。秘钥安全问题看似老生常谈，其实在区块链世界里还有特别的意义。

区块链与传统系统不同的是，其私钥是由每个用户（支点）自己生成并且自己负责保管的，理论上没有第三方的参与，所以私钥一旦丢失，便无法对账户的资产做任何操作。多重签名某种程度上能解决一部分问题，但实施起来非常复杂，而且要设计与之相配套的非常复杂秘钥管理和使用体系。

对于普通大众用户或者没有太多技术经验的企业用户来说，他们会觉得补私钥可能和补身份证或者营业执照差不多，但事实上它们两者之间有着巨大的差异，补私钥面临着复杂的补发过程和资产的转移等许多问题，所以私钥的安全非常重要。但遗憾的是国际通用多因素认证体系实施得并不好。

多因素体系最常见的维度包括：①知识，知识指的是密码这类能被记忆的知识；②资产，资产包括门禁卡，令牌，手机，密码键盘，智能卡等；③本征，本征包括指纹，虹膜，DNA，声纹等。

使用一种维度因素的认证方式叫单因素认证，使用两种的叫作双因素认证。目前单因素认证早已经被业界认为是不安全的，所以国内与支付相关的应用除了密码以外，至少要发一个验证码给手机，这就是对手机这一资产的因素验证。但进行大部分资产的因素验证并不具有理论上要求的可信环境，或者称之为终端安全，这将大大提高私钥暴露的风险。比如，严格地说大部分手机都不算可信的计算环境，但是因为太方便了，所以大家做了很多妥协。这在保护低价资产的时候还可以忍受，但往往大家用区块链都是些重要价值的业务。

那么本征（自我证明）因素怎么样呢？是不是三因素认证就会解决这个问题呢？

很遗憾，安全业界对使用本征因素存在非常多的争议，主要的反对理由就是，本征类别的特征，大部分是生物特征，一旦泄露将很难更改。试想一旦我们的指纹落入不法分子手里，我们将一生都会受到其困扰。

结合上面的内容我们可以知道，私钥的补发与管理和区块链的去中心化特性相冲突，并且私钥的认证所需的可信计算环境在很大程度上是缺失的。

（二）错误实现

区块链大量应用了各种密码学等算法高度密集的技术，因此出现错误也是很难避免的。

历史上这类事情有很多，比如，NSA 对 RSA 算法实现埋入缺陷，使其能够轻松破解别人的加密信息。一旦爆发这种级别的漏洞，可以说区块链整个大厦的基础将轰然倒塌，不会有一个幸存者。即使我们假设没有人或者机构存心搞鬼，但也存在工程实现上的非主观缺陷。

假设基础类库和服务都没有问题，然而能将其正确地整合到应用中的技术人员也是凤毛麟角。更加可怕的事实是，技术风险已经超过业务风险成为区块链的主要风险。以往金融机构也是涉及业务风险和技术风险，虽然也重视技术风险，但是整个体系的建设还是围绕着防范业务风险展开。但是从区块链现在最成熟的应用比特币来说，目前比特币交易所遭遇的最大的危机都来自于技术风险而不是业务风险。

三、生态圈不成熟

任何的技术都不是独立存在的，它们必须有很好的配套的生态环境，区块链也不例外。区块链技术不能独立于其他关联技术而独立发展，其发展需要工作流引擎、大数据、数据分析工具、云计算等配套技术的支持。然而现在区块链所需的这些生态环境还没有成熟，并且区块链与一些配套技术有着矛盾之处，比如，大数据的个性化和区块链的匿名化是相互矛盾的。

亚马逊的云计算大规模商用的时候已经有了数十个服务，区块链目前还没有完整的生态社区。虽然目前有很多非常强大的公司联盟、开原组织的支持，但是生态体系的建设不是一朝一夕的事情。

电动汽车再好也得有充电桩，区块链再好也得有一系列为其服务的基础设施，比如，适用于区块链的数据库和存储方案、为区块链加速的网络服务、提高安全性的硬件密钥的广泛应用等等。互联网 20 世纪 70 年代产生，20 世纪 90 年代 Email 作为其第一个成功的应用被广泛使用，期间经历的时间比大部分人预想的都要长。

构筑完善的生态系统，既需要技术上的各种突破，又需要人们改变一些思维定式，这并不是一蹴而就的。

现阶段的区块链应用，用一张 A4 纸就能写下所有的应用名字，当然会有很多大家还在酝酿当中搜索不到的项目，但是也不妨碍说明这个生态圈还很小。

四、政府监管

比特币可以说是区块链最早最典型的应用，在数年的发展中，比特币的广泛使用与其强大的生产力已经吸引了各国政府的注意。然而在比特币出现的早期阶段遭受到了各国的抵制，甚至是封杀。比特币早期的经历与其运用的底层技术区块链有关。去中心化和匿名化是区块链两个显著特性，这就造成了各国政府都无法控制监管比特币的发行、流通，那么这种状态就有可能发生资金非法转账、偷税漏税、经济数据无法有效统计等问题，这是各国政府所不容忍的。

我们不妨把视野从数字货币领域进一步扩大，如果各行业都采用区块链技术，那么各国政府将如何对其进行监管和控制？不要忘了，区块链是去中心化的，也就是说没有任何人和机构可以控制它。所以，区块链要想得到真正的推广应用就必须要解决政府监管问题，否则区块链将始终在小范围自娱自乐。

第四节 区块链的应用与价值

一、区块链 + 金融服务

金融服务是区块链第一个应用的领域，并且也是现阶段区块链应用发展最好的领域。比如，基于区块链的比特币的发行交易。

区块链技术具有数据不可篡改和可追溯特性，可以用来构建监管部门所需要的包含众多手段的监管工具箱，以利于实施精准、及时和更多维度的监管。同时，基于区块链技术能实现点对点的价值转移，通过资产数字化和重构金融基础设施架构，可达成大幅度提升金融资产交易后清算、结算流程效率和降低成本的目标，并可以在很大程度上解决支付所面临的现存问题。

在支付行业，区块链技术的应用有助于降低金融机构间的对账成本及解决争议的成本，从而显著提高支付业务的处理速度及效率，这一点在跨境支付领域的作用尤其明显；另外，区块链技术为支付领域所带来的成本和效率优势，使得金融机构能够处理以往因成本因素而被视为不现实的小额跨境支付，有助于普惠金融的实现。

在资产数字化行业，像股权、债券、票据、收益凭证等各类资产均可被整合到区块链中成为整个数字资产，使得资产所有者无须通过各种中介机构就能直接发起交易。上述功能可以借助于行业基础设施类机构实现，让其扮演托管者的角色，确保资产的真实性与合规性，并在托管库和分布式账本之间搭建一座桥梁，让分布式账本平台能够安全地访问托管库中的可信任资产。此外，资产发行可根据需要灵活的采用保密或公开的方式进行。

在智能证券行业，金融资产的交易是相关各方之间基于一定的规则达成的合约，区块链能用代码充分地表达这些业务逻辑，如，固定收益证券、回购协议、各种到期交易以及银团贷款等，进而实现智能合约的自动执行，并保证相关智能合约只在交易双方间可见，而对无关第三方保密，基于区块链的智能证券能通过相应机制确保其运行符合特定的法律和监管框架。

在清算和结算行业，区块链技术的核心特质是能以准时的方式，在无须可信的第三方参与的情况下实现价值转移。金融资产的交易涉及两个重要方面：支付和证券。通过基于区块链技术的法定数字货币或者是某种"结算工具"的创设，与前文所述的链上数字资产对接，即可完成点对点的实时清算与结算，从而显著降低价值转移的成本，缩短清算、结算时间。在此过程中，交易各方均可获得良好的隐私保护。

在客户识别行业，全世界的金融机构都是受到严格监管的，其中很重要的一条就是金融机构在向客户提供服务时必须履行客户识别（KYC）责任。在传统方式下，KYC是非常耗时的流程，缺少自动验证消费者身份的技术，因此无法高效地开展工作。在传统金融体系中，不同机构间的用户身份信息和交易记录无法实现一致、高效地跟踪，使得监管机构的工作难以落到实处。区块链技术可实现数字化身份信息的安全、可靠管理，在保证客户隐私的前提下提升客户识别的效率并降低成本。

二、区块链＋社会公益

慈善机构要获得持续支持，就必须具有公信力，而信息透明是获得公信力的前提。公众关心捐助的钱款、物资发挥了怎样的作用，既要知道公益机构做了什么，也要知道花了多少，成本有多高。这种公信度的高低和公益的成效决定了公益机构能否获得公众的认同和持久支持。公益透明度影响了公信力，公信力决定了社会公益的发展速度。信息披露所需的人工成本又是掣肘公益机构提升透明度的重要因素。

从本质上来说，区块链是利用分布式技术和共识算法重新构造的一种信任机制，是用公信力助力公信力。公益流程中的相关信息，如，捐赠项目、募集明细、资金流向、受助人反馈等，均可以存放于区块链上，在满足项目参与者隐私保护及其他相关法律法规要求前提下，有条件地进行公开公示。

区块链中智能合约技术在社会公益场景也可以发挥作用。在对于一些更加复杂的公益场景，比如，定向捐赠、分批捐赠、有条件捐赠等，就非常适合用智能合约来进行管理。使得公益行为完全遵从预先设定的条件，更加客观、透明、可信，杜绝过程中的猫腻行为。

值得我们欣喜的是一些企业机构已经开始尝试着把区块链技术运用在了慈善公益领域中。在这个区块链平台中，捐赠人可以看到一项"爱心传递记录"的反馈信息，在进行了必要的隐私保护基础上，展示了自己的捐款从支付平台划拨到基金会账号，以及最终进入受助人指定账号的整个过程。以上所有的信息都来源于区块链上的数据，既从技术上保障了公益数据的真实性，又能帮助公益项目节省信息披露成本，充分体现出了区块链公益的价值。

三、区块链 + 物联网

在物联网时代，人们日常生活中的大部分设备将连接到云端网络。设备与设备能够直接通信，而无需经过主人。物联设备可以自助地决定运行的状态、自主地购买服务、自主地完成运行和维护。

在传统的组网模式下，所有设备之间的通信必须通过中心化的代理通信模式实现，设备之间的连接必须通过网络极大提高组网成本，同时可扩展性、可维护性和稳定性差。

区块链技术利用组网技术和混合通信协议处理异构设备间的通信，将显著降低中心化数据中心的建设和维护成本，同时可以将计算和存储需求分散到组成物联网网络的各个设备中，有效阻止网络中的任何单一节点的失败而导致整个网络崩溃的情况发生。另外，区块链中分布式账本的防篡改特性能有效防止物联网中任何单节点设备被恶意攻击和控制后带来的信息泄露和恶意操控风险。最后，利用区块链技术组建和管理的物联网，能及时、动态掌握网络中各种设备的状态，提高设备的利用率和维护效率，同时能提供精准、高效的供应链等金融服务。

四、区块链价值

下面不同的六个区块链技术价值判断只是区块链技术的所有价值的冰山一角，也就是说区块链技术的价值是不可预估的，我们现在要做的就是要进行大量的研究和应用实践使之更加地完善，并运用到各个领域中去。

价值一，区块链将推动新一代信息技术产业的发展。随着区块链技术应用的不断深入，将为云计算、大数据、物联网、人工智能等新一代信息技术的发展创造新的机遇。例如，随着万向、微众等重点企业不断推动 BaaS 平台的深入应用，必将带动云计算和大数据的发展。这样的机遇将有利于信息技术的升级换代，也将有助于推动信息产业的跨越式发展。

价值二，区块链会为经济社会转型升级提供技术支撑。随着区块链技术广泛应用于金融服务、供应链管理、文化娱乐、智能制造、社会公益以及教育就业等经济社会的各领域，必将优化各行业的业务流程、降低运营成本、提升协同效率，进而为经济社会转型升级提供系统化的支撑。例如，随着区块链技术在版权交易和保护方面应用的不断成熟，将对文化娱乐行业的转型发展起到积极的推动作用。

价值三，区块链将成为培育新的创新创业机会。国内外已有的应用实践证明，区块链技术作为一种大规模协作的工具，能推动不同经济体内交易的广度和深度迈上一个新的台阶，并能有效降低交易成本。例如，万向将结合"创新聚能城"建设，构建区块链的创业创新平台，既为个人和中小企业创业创新提供平台支撑，又为将来应用区块链技术奠定了基础。可以预见的未来是随着区块链技术的广泛运用，新的商业模式会大量涌现，为创业创新创造新的机遇。

价值四，区块链将成为互联网的基础协议之一。区块链作为一种可以传输所有权的协议，将会基于现有的互联网协议架构，构建出新的基础协议层。不仅如此，区块链也会像 TCP/IP 协议一样进行结构分层，不同的层级承载不同的功能，并且会发展出各种各样的应用层协议，最终构建出一个高效的、去中心化的价值存储和转移网络。

价值五，区块链为社会管理和治理水平的提升提供技术手段。随着区块链技术在公共管理、社会保障、知识产权管理和保护、土地所有权管理等领域的应用不断成熟和深入，将有效提升公众参与度，降低社会运营成本，提高社会管理的质量和效率，对社会管理和治理水平的提升具有重要的促进作用。例如，蚂蚁金服将区块链运用于公益捐款，为全社会提升公益活动的透明度和信任度树立了榜样，也为区块链技术用于提升社会管理和治理水平提供了实践参考。

价值六，区块链将会使互联网金融得到更深层次的发展。现阶段的互联网金融只做到了信息传输，并没有做到价值传输。区块链技术会把信息互联网金融升级到价值互联网金融，将让网络间价值安全自由地进行传输。

第八章 互联网金融的风险与监管

第一节 互联网金融风险分析

一、传统金融风险在互联网金融中的体现

（一）信用风险

信用风险又称违约风险，指交易参与方未能及时履行契约中的约定义务而造成经济损失的风险，即授信人未能履行还本付息的责任而使授信人的实际收益与预期收益发生偏离的可能性。信用风险的产生取决于授信人的还款意愿以及还款能力。互联网金融的信用风险主要源于互联网金融模式中"无抵押、无担保"形式的借贷行为以及交易双方的信息不对称。

第一，与传统金融相比，互联网金融模式中更多的"无抵押、无担保"形式的借贷行为增加了违约的可能性。

第二，信息不对称也是导致信用风险的主要原因。互联网金融通过互联网虚拟介质平台提供金融服务，参与者分布广泛而分散，交易双方不容易直接接触。加之我国征信体系尚不完善，使得交易双方缺乏足够了解，容易因信息不对称而引发道德风险和逆向选择问题，从而加大了借款人违约的可能性。虽然信息披露和信息共享有助于改善信息不对称现象，但两者目前对于解决信息不对称所发挥的作用仍然有限。

（二）流动性风险

互联网金融的流动性风险是指互联网金融机构虽然有清偿能力，但无法及时获得充足资金或无法以合理成本及时获得充足资金，以应对资产增长或支付到期债务的风险。导致互联网金融机构产生流动性风险的主要原因在于资金期限错配和投资者不理性的投资行为。

第一，部分互联网金融平台利用借短贷长的期限转换功能，将客户投入短期借贷融资项目中的资金投入长期项目中，从而产生期限错配问题，一旦客户进行集中赎回或大量提款，流动性风险便会产生。

第二，由于互联网金融相关产品的投资门槛相对较低，对投资者的要求也相对偏低，许多互联网金融的投资者并不具备基础投资知识，对于线上的信息无法进行有效甄别和筛选，易产生盲目跟风、扎堆投资和"挤兑"现象，从而加剧互联网金融的流动性风险。

（三）市场风险

市场风险是由于利率、汇率、股票和商品价格等市场因素的波动而导致金融参与者的资产价值变化的风险。互联网金融中的市场风险主要源于利率风险，并且也受金融市场利率的影响。

（四）操作风险

操作风险是指由于人员、系统和内部程序的不完备或失效或由于外部事件而造成损失的风险。互联网金融的操作风险主要是由误操作导致的风险。在金融行业，误操作事件不在少数。由于互联网金融机构多处于发展初期，缺乏严格、系统的内部管理制度和员工培训机制，易出现因员工对业务不熟悉、不遵守操作规则而产生误操作行为。

此外，系统的设计缺陷和互联网的实时性也加剧了操作风险。部分互联网金融机构尚处于发展初期，很多设备和系统均处于研发和试用阶段，因此可能存在部分系统没有完全考虑操作者使用习惯，从而导致违背其真实意愿的行为发生。以往人们需到线下银行办理转账、提款等金融业务，这给金融机构处置操作风险预留了一定时间。然而，互联网具有实时性的特点，能够让一项金融业务在短短几分钟甚至几秒钟内得以完成，这便使得互联网金融机构常常来不及应对误操作行为。

（五）法律合规风险

法律合规风险是互联网金融机构因违反法律法规或无法满足法律法规的要求，而给企业自身、消费者乃至整个社会造成损失的风险。

（六）声誉风险

声誉风险是指由互联网金融机构经营、管理及其他行为或外部事件导致利益相关方对互联网金融机构产生负面评价的风险。可见，声誉风险是一个较为综合性的风险。上述提及的风险都会在一定程度上引发声誉风险，使得互联网金融机构的股东、购买互联网金融产品的客户等对其产生负面评价，引发负面公众舆论，进而损坏互联网金融机构的形象。

一方面，许多互联网金融机构存在负面新闻，如，信息泄露、资金被盗等问题导致消费者对其安全性存疑；另一方面，部分互联网金融机构会进行虚假宣传以吸引消费者。这种声明不仅对信托机构自身产生严重的声誉风险，同时也严重影响互联网信托行业的声誉。

此外，当前社会是一个互联网技术发达且充斥着海量信息的社会，互联网特有的虚拟性、快速性，让消费者无法及时、准确地辨别信息真伪，还会产生偏听、误信行为。此时若互联网金融机构对舆情处理不当，就有可能使自身陷入声誉风险。

二、新技术给互联网金融带来的新风险

（一）"长尾"风险

互联网金融因为拓展了交易可能性边界，服务了大量不被传统金融覆盖的人群（"长尾"特征），具有不同于传统金融的风险特征。第一，互联网金融服务人群的金融知识、风险识别和承担能力相对欠缺，容易遭受误导、欺诈等不公正待遇。第二，他们的投资小额而分散，作为个体投入精力监督互联网金融机构的成本远高于收益，所以"搭便车"问题更突出，从而针对互联网金融的市场纪律更容易失效。第三，个体非理性和集体非理性更容易出现。第四，一旦互联网金融出现风险，从涉及人数上衡量（涉及金额可能不大）对社会的负外部性很大。

（二）产品设计层面的风险

1.技术漏洞

互联网金融发展时间不长，许多信息技术并不成熟，存在技术漏洞可能引发诸多信息技术风险，主要包括数据安全风险、网络安全风险和业务连续性风险。

（1）数据安全风险

数据安全风险是指电子数据存在被窃取、泄露、篡改、灭失等威胁导致的风险。常见的数据安全威胁包括：信息泄露、破坏信息的完整性、拒绝服务、非法使用、窃听、假冒、旁路控制、授权侵犯、特洛伊木马、后门、

抵赖、重放、计算机病毒、人员不慎、物理侵入、窃取、业务欺骗等。在实务中，互联网金融机构的数据都是由结构化和非结构化的数据组成的，存储在生产系统和备份中心中，用户通过用户名、口令和手机短信验证码等传统的验证方式访问网站，进行数据传输。数据主要包括用户的用户名、登录密码、银行账户、身份证号等重要个人信息。目前已出现不少客户信息数据丢失的例子。部分互联网金融机构没有在传输、存储、使用和销毁等过程中建立个人隐私保护的长效完整机制，这在很大程度上加大了信息泄露的风险。数据安全风险主要来源于以下两个方面：

第一，外部黑客的恶意攻击造成数据的篡改和丢失。技术漏洞吸引了大量黑客盯着互联网金融机构进行研究分析，黑客实行高效的信息分享和协同作战，整体攻击能力日渐提升，攻击手段层出不穷。

第二，内部人员误操作、恶意破坏行为和系统设备故障都会导致数据损坏。因此，人员管理、设备和技术、规章制度等方面急需完善，以保证互联网金融机构的数据安全。

（2）网络安全风险

网络安全风险是指在互联网环境中，互联网金融机构遭到网络攻击、渗透、窃听、计算机病毒等危险导致的风险。网络安全风险主要有以下三类：

第一，网络通信安全风险。在互联网环境下，用户登录、查询、交易都是通过网络进行操作的，部分互联网金融机构并没有建立保护敏感信息的安全机制，如，保护用户身份信息、交易信息等在网络传输过程中的保密机制，或只是采用较弱的密码算法将很容易被破解。一旦客户的资金、账号和密码等敏感信息在网络传输过程中遭到泄露或篡改，将给互联网金融客户的财产安全带来严重威胁。

第二，网站安全风险。网上交易平台为用户提供网上支付、网上投资、网上借贷等服务，因此网站的可靠与否将直接影响到用户的资金安全。近年来，随着互联网技术的发展和互联网金融产品的开发，互联网金融机构面临的 Web 应用安全问题越来越复杂，安全威胁正在飞速增长，如，黑客攻击、蠕虫病毒、DDoS 攻击、SQL 注入、XSS 攻击等，极大地困扰着用户，给企业的信息网络和核心业务造成严重破坏。

第三，客户端安全风险。许多金融安全事件源于客户端安全隐患。由于终端操作系统的脆弱性和用户安全意识的缺乏，互联网金融客户端极易受到恶意代码、网络钓鱼等黑客技术的侵害。大多数客户端程序都基于通用浏览器开发，存在利用通用浏览器漏洞获取客户信息的风险。即使有的客户端采用了安全控件，但由于防控强度较弱等问题，仍有可能无法抵御一些常见攻击。

（3）业务连续性风险

业务连续性风险是指由于互联网金融机构信息系统运行发生意外中断，导致服务水平严重降低而产生的风险。业务连续性风险将引发投资人恐慌、机构声誉受损甚至破产等严重后果。业务连续性风险的产生不仅会对互联网金融机构的声誉造成损害，也会使得一些违法犯罪分子利用这些系统故障来欺诈客户，给客户的资金安全和信息安全均造成影响。

2. 适用性问题

许多互联网金融机构都在研发自己的应用设备，但是却没有一个统一的标准，极易引发兼容性问题。互联网金融处在发展初期，互联网金融机构并没有对兼容性问题进行全面试验，比如，某金融软件只能在某一系统中运行，兼容性差会导致闪退、卡顿、设置完全无法使用等。兼容性问题会给互联网金融消费者带来诸多不便，甚至带来损失，影响互联网金融的长远发展。不仅各软件、硬件之间需要无缝衔接，科技也需与金融完美融合，否则会产生较大的矛盾。

（三）机构运行层面的风险

1. 市场营销风险

互联网技术的发展对互联网金融机构具有双重影响。一方面，科技给人们带来诸多便利，扩大了企业对客户的吸引力并增加了客户的可得性，如，大数据提高了营销的精准性，提升了产品营销的效率。但另一方面，消费者接受新科技需要一定时间，不成熟的技术将提高营销难度。互联网金融虽然降低了金融投资者的资金门槛，但却提高了金融的技术门槛，部分消费者会由于新产品较为复杂而放弃投资。

此外，许多互联网金融机构存在负面新闻，如，信息泄露、资金被盗等问题，导致消费者对其安全性存疑，因此依然会有很多消费者选择传统金融产品，而不轻易尝试新产品。

2. 内部管理风险

互联网金融机构的内部管理风险主要体现在产品设计不合理、员工培训不充分和内部控制不健全等方面。第一，互联网金融机构中的误操作问题值得深思。由于互联网金融起步较晚，没有足够的试错时间，部分产品的设计难免存在不合理之处，设计缺陷增加了误操作的可能性。第二，互联网金融虽然发展迅速，但相关从业人员的培训却没有跟上，很多互联网金融的从业人员对互联网金融产品并不了解，与顾客沟通存在问题以及误导消费者的现象屡见不鲜。

3. 资金和专业人才匮乏

技术的研发和应用需要投入大量资金和人才，许多中小企业无法负担如此巨额的成本支出，大型企业则在该方面占据一定优势。此外，资金和人才分布不均也会对互联网金融机构的运营产生影响。互联网金融领域的人才不仅需要拥有金融知识，还需要丰富的技术经验作为支撑，然而这样的复合型人才并不多，且集中分布在北上广深及沿海发达地区。同样，资金也有这种分布不均衡现象。因此发达地区将有更大的发展机遇，相较而言，欠发达地区的中小型互联网金融机构则面临更大压力。

（四）宏观层面的风险

1. 人才重新配置

互联网金融的迅速发展可能会带来人才市场需求的结构性变化，在短时间内造成结构性失业。互联网技术提高了自动化水平，许多金融的流程不再需要人工完成。实际上，技术替代人工的例子比比皆是，如，ATM、网上银行、手机银行正在替代银行柜员的工作，智能投顾正在替代理财顾问的角色……虽然这些技术的利用在很大程度上节省了金融机构的成本，提高了劳动生产率，但也因此减少了社会对劳动力的需求，特别是那些技术含量不高的金融服务岗位将减少，许多人将因此面临重新规划职业生涯的压力。

2. 系统性金融风险

互联网技术如果没有被合理地应用于金融领域，可能引发系统性金融风险。以智能投顾为例，如果通过智能投顾得到的理财建议是不合时宜的，便会引发大规模的非理性投资行为，众多投资者可能将资金投入一个盈利能力较差的项目，而真正优质的项目却得不到资金投入。不仅如此，智能投顾通过程序化的计算公式得到的投资建议往往趋同，且智能投顾的影响范围较大，这便会造成大量一致性的投资行为，同一时间同向的资金流动会给金融机构带来巨大的资金压力，引发流动性风险。这种一致性的投资行为也会放大资产价格顺周期性，在上升周期放大资产泡沫，在下降周期加速资产价格的下跌。因此不够成熟的互联网金融产品可能不仅不能给人们创造财富，反而会给投资者造成巨大损失，增加风险的传染性，影响整个经济的正常运行，扰乱社会秩序。

第二节 互联网金融风险监管科技

一、监管科技的概念和起源

伴随金融业的发展，越来越多的新科技开始应用于金融业，给金融业带来了前所未有的变化。面对新形势，传统金融监管能力显得捉襟见肘，需要根据金融科技的变化作出合理应对。为适应金融业的新变化，监管部门开始尝试使用"新科技"提升监管能力，即"监管科技"。

（一）监管科技的概念

监管科技（Regulatory Technology，RegTech）是"监管"（Regulation）和"科技"（Technology）的合成词。顾名思义，监管科技主要是通过使用新技术提出更好的解决方案，来帮助金融机构和监管部门更有效地解决合规和监管问题。国际上对监管科技的研究处于起步阶段，尚未有统一的定义。

不少机构和学者从不同角度出发，对监管科技给出了不同的定义。国际金融协会（Institute of International Finance，IIF）将监管科技定义为"能够高效且有效地解决监管和合规性要求的新技术"。英国金融行为监管局（The Financial Conduct Authority，FCA）将其描述为"运用新技术，促进金融机构更有效地达到监管要求"。西班牙对外银行（Banco Bilbao Vizcaya Argentaria，BBAV）认为，"被监管机构通过运用大数据、云计算和区块链等新技术来帮助机构的所有活动都满足监管合规的要求。在金融领域，普遍认为监管科技是金融科技的一个子集"。纽约 Reed Smith 律师事务所的相关专家认为"监管科技是通过先进的技术帮助监管部门关注合规和开展相关监管活动，使得监管机构能够更容易、快速、全面和有效地进行合规监管和履行监管职责"。

通过上述观点，可以总结出机构和学者强调的监管科技有三个核心要点。首先，对监管机构和金融机构而言，通过监管科技来提高监管能力和审查合规性是基本要求，可在此基础上进一步提升监管效率。其次，监管科技能够协调监管机构、金融机构、监管科技公司之间的利益，有效降低摩擦。监管机构能够更快、更准地掌握市场信息，制定更加适宜和全面的监管标准。金融机构能够更准确地理解监管意图，作出合理的业务调整，实现合规以及持续合规。监管科技公司通过提出监管科技解决方案来同时满足监管者和金融机构的诉求，有效保护金融消费者。最后，如今金融科技蓬勃发展，金融机构在利用新科技为金融市场创造便捷服务的同时，也产生了一系列新风险，监管科技公司通过应用新技术来降低风险以及丰富监管手段。

早年，英格兰银行的首席经济学家就在一次主题演讲中设想过一种应用技术来驱动监管的新型监管机制。他希望能像监视全球天气变化和监视全球的互联网通信一样，有一系列的监控器以接近实时的速度追踪全球的资金流动，创建一个全球性的资金流动图，向公众展示资金流向并且告知哪里有资金溢出以及它们之间的相关性等。

伴随着FCA对监管科技的大力提倡，英国金融市场上开始有企业为了满足法律合规性抢先制定行业监管标准等目的而积极参与监管科技，目前主要集中在以下领域：①鼓励、培育和资助金融科技企业利用新技术加速达到监管标准，降低监管难度；②采用实时、系统嵌入式的金融监管工具，增强对市场的监测能力，提高金融服务企业的效率；③利用金融科技企业提供的大数据技术、软件工具等降低监管成本，节省了传统会计、审计等费用；④加强数据可视化程度，降低监管难度，更有利于FCA为金融机构提供有效的合规指导。

1. 监管任务繁重

2008年国际金融危机之后，运用大数据、云计算、人工智能、区块链等技术的金融科技受到重视，并逐渐改变金融业的生态格局。但对新技术本身的架构、优势、局限性以及和金融业务的结合点，监管部门都不完全了解。不仅如此，将新技术应用于金融领域模糊了原本的金融业务边界，使得监管范围变大，这都使得监管难度陡然上升。此外，金融危机后全球金融环境动荡，监管部门更加关注监管合规，同时也更加严格遵守繁复、冗长的监管法规和监管流程，希望在汇总和分析各类数据报告中提高监管的精度和频度，这在很大程度上给监管部门自身造成了繁重的监管压力，也大大增加了监管成本。

监管科技的兴起对监管部门而言无疑是一道曙光，不仅能够进一步提升自身的监管能力，也能够使自身从繁复的监管中脱离出来。监管机构运用监管科技，一方面，能够降低监管中的信息不对称，更好地观察金融机构的合规情况，及时了解金融产品创新、复杂交易、市场操纵行为、内部欺诈和风险等；另一方面，云计算、人工智能等新技术的运用能够提升自身的监管效率和监管能力，更好地防范系统性金融风险。

2. 合规成本上升

金融危机之后，监管部门对金融服务的监管日趋严格，对金融机构的违规行为处以重罚。金融危机后的监管环境快速变化，金融机构对未来的监管要求不甚明确，使得金融机构更为迫切地寻找合规的方法。

监管科技的出现给这些金融机构更好地实现合规提供了可能。部分金融机构开始借助云计算、大数据等新技术来帮助自己核查是否符合反洗钱等监管政策，避免高额罚款，提高自身合规效率。监管科技也可以保证金融机构在动态变化的监管环境中遵守规则并通过迭代建模和测试的方式实现持续合规。

3. 传统技术难以满足监管要求

在 20 世纪 90 年代，伴随计算机技术的发展，监管部门开始运用计算机技术构建量化风险管理体系进行监管，并取得了良好的效果。但随着各国金融业的快速发展，各监管部门的监管范围和规模空前扩大，监管遇到越来越多的挑战。如，现有的风险信息技术系统缺乏一致性和灵活性、系统维护成本高、难以应对实时性及临时性要求、难以保证风险数据的质量及进行有效管理、获取风险信息的渠道有限等，种种问题都表明传统技术已经难以满足当前的监管要求。

运用新技术、优化监管工具能更有效地助力监管，监管科技丰富了监管手段和方法。通过大数据的运用能够及时、准确地获取、分析和处理具有前瞻性的风险相关数据，建立风险预测模型，实时识别流动性风险，提升监管的及时性和有效性。区块链可以将数据前后相连构成不可篡改的时间戳，大大降低监管的调阅成本，同时，完全透明的数据管理体系也提供了可信任的追溯途径。针对监管规则，可以在区块链链条中通过编程建立共用约束代码，实现监管政策全覆盖和硬控制。

（二）监管科技的核心技术

目前，已有多项技术得到开发，并作为监管科技的核心技术得以应用。这些新技术主要包括云计算、应用程序编程接口、机器学习、人工智能、生物识别技术、区块链、加密技术等。

随着宽带网络的升级和计算能力的提升，云计算的应用前景愈发广泛。云计算在一定程度上是大数据、人工智能和区块链等技术的基础，借助云计算能够处理更复杂、更精细的数据，保证数据的准确性、提升数据的可视化效果。在机构运行方面，云计算可以创建标准化的共享工具，既能够服务于单个金融机构，又能运用于全行业的多个参与主体间。

应用程序编程接口（API）是一些预先定义的函数，在无须访问源代码、理解内部工作机制的情况下，为应用程序和操作人员提供程序接口 API 通过与其他软件程序进行连接，实现信息和数据的交互。将 API 应用于监管，一方面，监管机构可为金融机构提供一系列监管服务的程序接口；另一方面，金融机构可通过 API 自动向监管机构提交监管报告，减少人工数据输入，提高监管报告的准确性，降低金融机构的合规成本。

（三）数据挖掘和分析工具

机器学习、人工智能以及其他自动化分析工具的完善，在很大程度上提升了监管机构的监管能力以及金融机构实现合规的效率。基于机器学习的数据挖掘算法，一方面，可以分析大量的非结构化数据，如，电子邮件图像和语音等；另一方面，能对来自付款系统的低质量数据进行分析。此外，机器学习也可以成为压力测试的分析工具，解决传统分析工具难以解决的大规模数据处理难题。

生物识别技术可以自动化识别用户身份，从而满足"客户身份识别"（Know Your Customer，KYC）的应用要求，以此提高工作效率和安全性。

区块链伴随着以比特币为代表的数字加密货币的发展逐渐得到市场的关注，以英国、美国、澳大利亚等为代表的国家及以 IBM、高盛、瑞银等为代表的企业均对区块链进行研究和推广。区块链的突出特点在于其分布式结构和不可篡改性，这在一定程度上提升了数据安全性，因此在数字货币、交易平台、支付系统、证券系统、信息登记等领域具有一定突破。

加密技术一直是金融业发展的重要技术基础，也是金融安全的关键技术。随着数学研究和计算机能力的提升，很多过去认为安全的加密算法，如，MD5、SHA-1等已被破解。此外，量子计算机的开发将使计算机算力大幅提升，必然也会对传统加密技术带来冲击。研究和推广新的加密技术，可以在实现信息共享的同时，保护用户的隐私并确保数据的安全性和完整性。

二、监管科技的应用领域

监管机构对数据的依赖程度在不断增加，对金融机构的数据处理能力也提出了新要求，而很多金融机构还难以满足监管机构提出的新要求。比如，巴塞尔银行监管委员会（BCBS）提出了有效风险数据聚合和风险报告原则（BCBS239），规定全球系统重要性银行（G-SIBs）的风险数据需要满足精确性、完整性、实时性和适合性等要求。但是，现阶段很多金融机构的基础设施还不够完善，数据处理能力还较为落后，数据质量无法满足监管要求，需要对数据进行进一步的清洗和加工。

监管科技能够提高金融机构的数据处理能力。第一，借助自然语言处理技术，金融机构不仅能够从网络上获取大量结构化数据，还能够处理非结构化数据；第二，借助云计算技术，金融机构能够创建标准化的数据报告，使不同金融机构之间的数据共享更为便捷，拓宽金融机构数据获取的渠道；第三，借助加密技术，金融机构之间的数据共享会更加安全，同时也能确保数据的隐私性和完整性。

客户身份识别是指金融机构在为客户提供金融服务之前，需要全面了解客户，确保客户身份资料的真实性、有效性和完整性。客户身份识别是实现反欺诈和反洗钱的重要举措，通过对客户身份的核实和商业行为的了解，金融机构能够有效地发现、报告和阻止可疑交易行为。

近年来，随着互联网进一步渗透到公众的日常生活中，金融机构通过互联网能够为客户提供更加便捷的金融服务，但是互联网的虚拟性也提升了客户身份识别的难度。

生物识别技术不仅能够解决互联网带来的身份识别难题，还能够提高客户身份识别的效率。一方面，指纹和虹膜等生物信息具有唯一性、稳定性和难以复制等特点。金融机构只需对客户提供的生物信息进行识别，就能够快速、有效识别客户身份的真伪，这整个过程均可在互联网上完成。另一方面，生物识别技术与肉眼识别相比，能够并行处理多个客户的请求，效率更高，客户能够更快地享受金融服务。

压力测试是一种以定量分析为主的风险分析方法，分析金融机构在极度恶劣的市场环境中应对风险的能力。压力测试可以分为情景测试和敏感性测试。情景测试按情景不同又可以分为历史情景测试和假定情景测试。历史情景测试主要是针对历史上发生过的"黑天鹅"事件进行测试，而假定情景测试则是针对尚未发生的情景进行测试。敏感性测试是评估风险参数瞬间大幅变动对金融机构造成的冲击。压力测试能够帮助金融机构充分了解潜在风险和财务状况之间的关系，预先制定应对措施，减少极端情况给金融机构造成的损失。但是，现阶段的压力测试还面临三个问题：一是变量有限；二是测试静态；三是被动测试。而监管科技企业运用大数据、人工智能以及云计算等技术能在一定程度上解决上述问题。

首先，大数据技术能够将更多变量纳入压力测试中。在压力测试中，金融机构需要考虑数以千计的变量。尤其是在情景测试中，为了能够更好地还原或模拟现实情景，需要考虑更多变量。比如，美国某投资机构在进行压力测试时考虑了2600多个宏观经济变量。传统的分析工具无法处理如此巨大的数据量，因此会根据经验或者学术研究的结论，仅选择几个关键变量进行测试。大数据技术能够处理大规模的数据，对更多的变量进行分析，减少由于变量有限而造成的情景失真，更好地进行情景测试。

其次，人工智能能够实现压力测试的动态化。当前的压力测试是一个静态的过程，但风险却随时都可能发生，仅在特定时点进行压力测试能达到的效果较为有限。监管科技企业运用人工智能技术能够根据金融机构财务数据的实时变化情况，为金融机构提供动态化的压力测试服务。动态化的压力测试能够帮助金融机构及时发现风险，在风险较小时就采取处理措施，防止风险积累到难以控制的程度。

最后，云计算能够降低压力测试的成本，帮助金融机构实现"自合规"。现阶段，金融机构的压力测试都是被动测试，即监管机构提出压力测试的要求，金融机构才进行测试，而不是主动将压力测试作为内部风控的工具。造成这种情况的主要原因是压力测试的成本比较高，需要金融机构配置相应的基础设施和人力资源。借助云计算平台，监管科技企业能够为金融机构提供压力测试解决方案，金融机构不需要配置基础设施和人力资源，只需在云计算平台上购买所需的解决方案就能进行压力测试，从而大幅降低压力测试的成本。当成本降低之后，金融机构可以主动进行压力测试，实现"自合规"，这样还能够避免因未通过压力测试而带来负面的社会影响。

市场行为监控是监管机构稽查欺诈行为和洗钱操作的重要措施。随着技术的进步，当前已经能够对部分交易行为进行实时追踪，但要找出各个交易行为之间的关系却并不容易。这主要有两方面原因：一是数据规模庞大，监管机构基础设施的运算能力不足；二是主体关系较为复杂，很多关系只有深入挖掘才能发现。知识图谱能够从庞大的交易行为中挖掘出深层信息，将主体和主体之间的交易以关系图的形式表现出来，监管机构不仅能够清晰地发现各个交易主体之间的关系，而且能够从中获取到传统方式难以获取的深层信息。比如，假设在知识图谱呈现的关系图中出现"闭环"，监管机构就需要留意环中的各个交易主体，判断这些交易主体之间的关系，分析这些交易主体是否正在通过相互交易来提升营业收入或达成其他非法目的。

金融机构的合规难度在不断提升。一方面，金融机构的法务人员不仅要学习以往的法律法规，还要学习和分析最新发布的法律法规，研究这些法律法规对现有业务可能会造成的影响。另一方面，随着全球化进程的推进，金融机构不仅需要学习本国的法律法规，还需要了解其他国家或国际组织的监管文件。

人工智能不仅能够掌握已有的法律法规和监管案例，而且还能够快速学习最新的法律法规和监管案例，实时更新知识体系。当金融机构由于法律法规发生变化而导致原有业务不合规时，人工智能能够及时提醒金融机构，使金融机构可以在第一时间更正现有业务，降低金融机构的法律合规风险。此外，人工智能的数据处理速度较快，能够快速学习全球的监管文件，并分析不同国家监管文件之间的关联性和差异性，帮助金融机构合法地开展跨境业务。

三、监管科技对金融主体的影响

监管科技作为一种"以科技应对监管"的颠覆性创新，对监管机构和金融机构的发展都是必不可少的。对于监管机构而言，监管科技在提升监管水平、降低监管成本、持续监管创新以及防范监管套利等方面有不错的应用表现。对于金融机构而言，在短期，监管科技可以帮助金融机构自动处理合规的相关任务，节约合规成本；提供基于大数据分析技术的风险决策系统，使其更好地控制和管理合规风险；提高金融机构响应监管变化和迅速执行及部署的应变能力，使之持续合规。在长期，监管科技可以帮助金融机构切实维护消费者权益，提升客户体验、改善公司治理水平并提高市场竞争力。

（一）监管科技对监管机构的影响

1. 提升监管水平

随着金融创新的不断提升和突破，监管机构需提升其监管水平，切实履行监管职能，加大金融监管力度，维护金融秩序，促使金融业合法、稳健运行。但监管机构的传统做法大多是事后监管，往往是等问题出现后再集中力量进行调查和处理，在工作中难免处于被动地位，难以实现监管的实时性和有效性。

监管科技作为金融科技的重要分支，运用云计算、大数据、区块链、情景分析和人工智能等技术，可以实现监管数据收集、整合和共享的实时性，有效监测金融机构违规操作和高风险交易等潜在问题，满足监管机构的监管需求。此外，监管机构运用监管科技智能监管系统能够提前感知和预测金融风险态势，提升风险预警的能力。

2. 降低监管成本

在以往的监管审查中，监管机构需要抽调大量人力、物力，花费大量的时间去审核金融机构业务操作的合规性和财务报表的真实性，对违规的金融操作进行现场检查。尽管如此，仍不能保证现场检查过的机构不作假，监管成本高且监管效率不佳。

监管科技解决方案可以帮助监管机构实现监管流程的自动化和智能化，进而为其降低监管成本。首先，监管科技为其提供更为自动化、智能化的数据收集、整理和分析的方法，降低数据处理成本。其次，采用机器学习可以检测金融机构违规行为。最后，设置"机器学习＋自动预警"和执法系统，一旦发现违规行为，可立即发出风险预警信号。比如，实时支付交易监测一直以来存在监测数据质量低、一致性差等系统性问题，这为洗钱等非法活动提供了空间。监管机构发现并打击这些非法活动需要投入更多的人力和物力，而监管科技解决方案提供的自动化和智能化检测可以为其节省大笔监管开支。

3. 持续监管创新

如今，在快速变动的金融市场，银行业与非银行金融业、金融业与非金融业以及货币资产与金融资产的边界正在变得越来越模糊。这势必会导致监管机构原有的监管范围、监管方式以及技术和流程产生诸多不适，并出现监管空白地带。监管机构应秉承开放共赢的精神，加强与监管科技公司的合作，深入了解新型金融产品、服务、商业模式和交付机制。同时，通过监管与科技的深度融合，监管机构可以实现机构的内部创新，提高监管的创新能力和技术水平，从而更科学、严谨、快速地制定金融技术创新和模式创新的监管标准、监管规则和监管框架，厘清监管职责范围，明确监管力度和方向，培育良好的金融创新监管生态体系。

4. 防范监管套利

监管套利是市场主体利用制度差异性所创造的套利机会，从而达到降低监管成本、规避监管审查以及获取超额收益的行为。2008 年国际金融危机之后，一些金融科技公司充当影子银行的角色，在金融市场上从事类似银行的业务，但并未受到类似的监管，监管系统存在的漏洞为金融科技公司实现监管套利提供了可能。

相比人工监管，监管科技在人工智能和机器学习等强大技术支撑下，帮助监管机构更易发现监管漏洞和不合规情况，能够有效遏制监管套利行为的发生。

（二）监管科技对金融机构的影响

1. 短期影响

（1）节约成本

金融机构使用监管科技解决方案，可以自动化分析海量的公开和私有数据，核查是否符合反洗钱（AML）等监管政策。不仅如此，金融机构利用监管科技新兴数字技术可实现合规程序和人工报告的数字化，以最小成本达成不同监管机构的合规要求，减少人工干预和重复检查的次数，从而大幅降低人力成本以及遵循法规所产生的合规成本和负担。

（2）提高风险管理能力

风险管理是确保金融机构日常业务安全运营和长远健康发展的基石。金融机构借助监管科技在基于大数据技术和软件集成工具的风险管理应用中有诸多优势。一方面，监管科技将金融机构的非结构化数据和定性数据以及可疑的交易模式以可视化和水平扫描方式进行分析和解释，帮助监管人员查看并理解数据，及时获取分析结果。另一方面，监管科技运用机器学习实时监测金融机构业务运营活动，积极识别风险和潜在问题，并根据合规参数提供有益建议，实现金融机构风险框架和内部控制的无缝衔接，从而完善自身合规管理体系。

（3）持续合规

金融机构不仅要遵守监管的现有规定，还需积极应对监管新规。因此，金融机构不仅需要持续进行审计、报告、管理等活动以符合现有规定的合规要求，还需考虑监管规则的变化，为监管新规的战略和计划的实施做好准备。监管科技解决方案致力于帮助金融机构跟进法律法规和监管要求的变化，强化对监管法规的理解能力，提高响应监管变化和迅速执行及部署的应变能力，并以最小扰动快速融入机构现有系统，更好地执行和落实监管制度。

2.长期影响

（1）提升客户体验

监管科技解决方案将有助于提升客户体验。例如，一个强大的风险欺诈检测平台，利用各类欺诈检测工具对客户行为进行深入研究，并对欺诈风险迅速作出准确判断，可以缩短交易时间，减少客户身份验证的次数，提高交易效率。此外，数字加密技术能保证客户个人信息和财务信息更加安全，在保护客户的消费者权益的同时，使客户可以放心交易，进而提升客户体验。

（2）改善公司治理水平

金融监管作为金融机构外部治理的一部分，与公司治理休戚相关。金融机构运用科技来处理资产安全、交易安全、法规遵循等问题，有助于完善其内部控制功能，提高公司治理能力和风险管理水平，积极推进公司内控合规和日常经营活动朝着更为透明化的方向迈进。

（3）巩固市场竞争力

在金融深化改革的背景下，金融机构面临日趋收紧的监管挑战和激烈的市场竞争，强化内部风险管理机制是提升其经营能力和市场竞争力的必然选择。监管科技解决方案不仅可以改善客户体验，还可以维护金融机构的财务健康，加强自身风险防控能力，有效减少风险事件的发生，从而巩固自身市场竞争力。

第五节　我国互联网金融监管体系的完善

一、互联网金融的机构监管和监管协调

互联网金融的机构监管的隐含前提是，可以对互联网金融机构进行分类，并且同类机构从事类似业务，产生类似风险，因此适用于类似监管。但部分互联网金融活动已经出现了混业特征。在这种情况下，就需要根据互联网金融机构具体的业务、风险，从功能监管角度制定监管措施，并加强监管协调。

（一）互联网金融的机构监管

1.对金融互联网化、基于大数据的网络贷款的监管

首先，在金融互联网化方面，网络银行、手机银行、网络证券公司、网络保险公司和网络金融交易平台等主要体现互联网对银行、证券公司、保险公司和交易所等物理网点和人工服务的替代。基于大数据的网络贷款，不管是以银行为载体，还是以小贷公司为载体，主要是改进贷款评估中的信息处理环节。与传统金融中介和市场相比，这些互联网金融机构在金融功能和风险特征上没有本质差异，所以针对传统金融中介和市场的监管框架和措施都适用，但需要加强对信息科技风险的监管。其次，对金融产品的网络销售，监管重点是金融消费者保护。

2.对移动支付与第三方支付的监管

首先，对移动支付和第三方支付，我国已经建立起一定的监管框架，包括《反洗钱法》、《电子签名法》和《关于规范商业预付卡管理的意见》等法律法规，以及中国人民银行的《非金融机构支付服务管理办法》、《支付机构预付卡业务管理办法》、《支付机构客户备付金存管办法》和《银行

卡收单业务管理办法》等规章制度。

其次，对以余额宝为代表的"第三方支付＋货币市场基金"合作产品，鉴于可能的流动性风险，可参考美国在本轮国际金融危机后对货币市场基金的监管措施。要求这类产品如实向投资者揭示风险，避免投资者形成货币市场基金永不亏损的错误预期。《证券投资基金销售管理办法》对此有明文规定。要求这类产品如实披露头寸分布信息（包括证券品种、发行人、交易对手、金额、期限、评级等维度，不一定是每个头寸的详细信息）和资金申购、赎回信息。要求这类产品满足平均期限、评级和投资集中度等方面的限制条件，确保有充足的流动性储备来应对压力情景下投资者的大额赎回。

3. 对众筹融资的监管

目前，在我国鉴于证券法对投资人数的限制，众筹融资更接近"预售＋团购"，不能服务中小企业的股权融资，但也不会产生很大金融风险。将来，如果允许众筹融资以股权形式给予投资者回报，就需要将众筹融资纳入证券监管。

在这方面，美国《JOBS法案》值得借鉴，主要包括三方面限制。①对发行人的限制。需在美国证券交易委员会备案，向投资者和众筹融资平台披露规定信息，且每年通过众筹融资平台募资的总额不超过100万美元。②对众筹融资平台的限制。必须在SEC登记为经纪商或"融资门户"，必须在自律监管组织注册；在融资预定目标未能完成时，不得将所筹资金给予发行人（即融资阈值机制）。③对投资者的限制（即投资者适当性监管）。如果个人投资者年收入或净资产少于10万美元，则投资限额为2000美元或者年收入或净资产5%中的高者；如果个人投资者年收入或净资产中某项达到或超过10万美元，则投资限额为该年收入或净资产的10%。

（二）互联网金融的监管协调

目前，我国采取银行、证券、保险"分业经营，分业监管"框架，同时金融监管权高度集中。但部分互联网金融活动已经出现了混业特征。比如，在金融产品的网络销售中，银行理财产品、证券投资产品、基金、保险产品、信托产品完全可以通过同一个网络平台销售。如，以余额宝为代表的"第三方支付＋货币市场基金"合作产品就同时涉足支付业和证券业，在一定的意义上还涉及广义货币创造。另外，互联网金融机构大量涌现，规模小而分散，业务模式层出不穷，统一的中央金融监管可能鞭长莫及。

所以，互联网金融机构的牌照发放、日常监管和风险处置责任在不同政府部门（主要是"一行三会"和工信部）之间如何分担，在中央与地方政府之间如何分担是非常复杂的问题。这实际上为互联网金融的监管协调搭建了制度框架。

互联网金融监管要把握以下五个要点。

1. 监管的必要性

对互联网金融，不能因为其发展不成熟就采取自由放任的监管理念，应该以监管促发展，在一定的底线思维和监管红线下鼓励互联网金融创新。

2. 监管的一般性

对互联网金融、金融风险和外部性等概念仍然适用，侵犯金融消费者权益的问题仍然存在。因此，互联网金融监管的基础理论与传统金融没有显著差异，审慎监管、行为监管、金融消费者保护等主要监管方式也都适用。

3. 监管的特殊性

互联网金融的信息技术风险更为突出，"长尾"风险使金融消费者保护尤为重要，在互联网金融监管中要特别注意。

4. 监管的一致性

互联网金融机构如果实现了类似于传统金融的功能，就应该接受与传统金融相同的监管；不同的互联网金融机构如果从事了相同的业务，产生了相同的风险，就应该受到相同的监管。

5. 监管的差异性

对不同类型的互联网金融机构要在风险识别的基础上分类施策，但在涉及混业经营的领域要加强监管协调。

（三）健全我国互联网金融监管体系

1. 构建有效的横向合作监管体系

根据互联网金融所涉及的领域，建立以监管主体为主，相关金融、信息、商务等部门为辅的监管体系，明确监管分工及合作机制。

一是对于银证保机构基于互联网的金融服务，"一行三会"可在坚持分类监管的总体原则下，通过建立和完善相应的制度法规，实施延伸监管。二是对于网络支付，人民银行作为支付系统的主要建设者、行业标准制定者以及法定货币的发行、管理机构，理应承担第三方支付、网络货币的主要监管责任，而基于支付机构衍生出来的基金、保险、理财产品销售职能，人民银行可与银行保险监督管理委员会一道，形成对支付机构的功能监管体系。三是明确网络借贷和众筹融资监管主体。网络借贷具有跨地区特征，人民银行在支付清算、征信体系方面具有监管和信息优势，建议由人民银行牵头监管。而众筹融资属于股权融资，可以由证监会牵头监管。

2. 尽快出台相关法律法规

一是完善互联网金融的法律体系，加强适应互联网金融的监管和风控体系立法，明确监管原则和界限，放松互联网金融经营的地域范围和地理限制。二是完善互联网金融发展相关的基础性法律，如，个人信息的保护、信用体系、电子签名、证书等。三是加快互联网金融技术部门规章和国家标准制定，互联网金融涉及的技术环节较多，如，支付、客户识别、身份验证等，从战略高度协调相关部委出台或优化相关制度，启动相应国家标准制定工作。四是尽快对网络信贷等互联网金融新业态建立全面规范的法律法规，明确网络借贷机构的性质和法律地位，对其组织形式、资格条件、经营模式、风险防范和监督管理等作出规范。

3. 加强门槛准入和资金管理

一是严格限定准入条件，提高互联网金融准入门槛。二是加强网络平台资金管理。借鉴温州金改模式，建立网络借贷登记管理平台，借贷双方均须实名登记认证，保障交易的真实性。

4. 推进互联网金融监测和宏观调控，完善反洗钱规则

一是人民银行可将网络融资纳入社会融资总量，要求网络融资平台报送有关数据报表，建立完善的网络融资统计监测指标体系。二是加强对网络借贷资金流向的动态监测，强化对贷款利率的检查并对网络借贷平台适当加强窗口指导，合理引导社会资金的有效流动。三是对网络货币交易开展监测。目前国内网络货币大部分属于封闭型，随着信息技术发展，网络货币受市场需求推动必将全面扩充升级，届时有必要及时跟踪分析网络货币的发展及影响，尤其是监测网络货币的使用范围。四是按照"特定非"的反洗钱监管要求，将网络融资平台公司、网络货币交易商纳入反洗钱监管。

5. 加快社会信用体系建设

要降低互联网金融虚拟性所带来的风险，必须加快社会信用体系建设，健全企业和个人信用体系，大力发展信用中介机构，建立支持新型互联网金融发展的商业信用数据平台，推动信用报告网络查询服务、信用资信认证、信用等级评估和信用咨询服务发展。

6. 加强互联网金融消费权益保护工作

一是制定专门的互联网金融消费权益保护办法，对交易过程中的风险分配和责任承担、机构的信息披露、消费者个人信息保护等作出明确规定。二是成立以"一行三会"为基本架构的互联网金融消费者保护体系，解决相应金融纠纷，加强对互联网金融消费者的教育。三是组织互联网金融的行业协会开展行业自律，促进整个行业规范发展和金融消费者保护。

二、完善金融消费者保护办法

（一）加强信息安全立法，加大消费者信息安全保护力度

1. 明确互联网金融企业保护消费者身份和交易信息安全的法定义务

依据《全国人大常委会关于加强网络信息保护的决定》、新《消费者权益保护法》等法律法规，需进一步明确互联网金融企业的法定义务，如：对消费者身份和交易信息保密，不向无关第三方机构和个人泄露业务运营过程中获取的客户身份和交易信息，采取必要措施有效防范业务运营过程中掌握的客户身份和交易信息被第三方机构和个人窃取或攻击等。

2. 加强信息安全刑事立法，加大对侵权行为的刑事打击

出台司法解释或刑法修正案，对互联网金融企业或其员工私自出售客户身份和交易信息等侵权行为的起刑点、量刑标准等进行明确和细化，震慑私自出售客户身份和交易信息等行为，加强对互联网金融消费者信息安全的保护。同时，在互联网金融平台系统存在明显漏洞并被黑客恶意攻击，进而导致客户身份和交易信息泄露等情况中，应将互联网金融企业明确界定为黑客恶意攻击行为的共犯，明确其起刑点和量刑标准，以通过刑事处罚的手段督促互联网金融企业完善自身系统，有效遏制因黑客攻击导致的客户身份和交易信息泄露风险。

3. 完善信息安全民事立法，完善侵权赔偿机制

需就互联网金融企业或其内部员工泄露客户身份和交易信息、互联网

金融平台自身系统漏洞或人员疏忽导致客户身份和交易信息泄露、互联网金融平台泄露身份和交易信息直接导致客户资金损失等行为，引发的民事纠纷和民事赔偿，以民事法律的形式加以规范和明确，以民事法律手段和经济赔偿措施加强对各互联网金融企业的震慑，促使互联网金融企业加强对客户信息安全和合法权益的保护。

（二）规范准入门槛、提高风控要求

1. 对新增互联网金融企业，明确准入门槛要求

从注册资本金、风险控制、软硬件设施、高管任职资格等方面，参照商业银行等传统金融企业及非金融支付机构等新兴企业准入门槛要求，明确众筹、网络虚拟货币等互联网金融企业准入门槛，严禁未达到准入门槛的市场主体注册互联网金融企业、未达准入门槛的互联网企业从事互联网金融相关业务，有效杜绝低门槛导致的不法分子或别有用心者注册互联网金融企业欺诈消费者等违法行为，或部分资质差、极可能倒闭或跑路的互联网企业转型从事互联网金融相关业务等风险隐患。

2. 对达到准入门槛的存量互联网金融企业，在明确风控框架基础上，充分发挥市场力量提升消费者权益保护力度

第一，明确达到准入门槛的存量互联网金融企业的风控框架。对达到准入门槛的互联网金融企业，在参照商业银行、证券公司等传统金融企业的风险控制要求和监管措施，结合互联网金融特性，制定合理的风险控制和监管框架，以有效约束其市场行为，防范消费者合法权益被侵犯行为的发生。主要在于以下三点：

首先，建立互联网金融领域宏观审慎的监管框架，有效预防各个互联网金融企业间以邻为壑等恶性竞争行为的滋生蔓延和互联网金融领域系统性风险的发生发展。

其次，明确互联网金融企业微观审慎的风险监管框架，并通过行政措施监督监管框架的落实。明确要求互联网金融企业建立起完善的事前客户尽职调查、事中风险监控及事后风险处置及赔付的全方位风险防控体系，并通过行政监管措施督促各项要求的落实，以全面提升互联网金融消费者合法权益保护的力度。

再次，建立强行市场退出机制并严格执行。一方面，对已开展业务但

尚未达到准入门槛要求的存量互联网金融企业，要求在规定时间内进行完善，对规定时间内未达到准入门槛要求的，需通过强制行政力量迫使其退出；另一方面，对发生重大消费者信息泄露、大额消费者资金被窃等风险事件的互联网金融企业，建立强行市场退出机制，以督促相关企业加强对消费者信息和资金安全保护问题的重视。第二，充分发挥市场力量提升互联网金融消费者权益保护力度。对达到准入门槛标准的互联网金融企业，在风险可控的总体框架之下，需创造能够充分调动和发挥其主观能动性的宏观环境，进而充分发挥市场这只"看不见的手"的力量，调动互联网金融企业保护消费者合法权益的自觉性和主动性，进而全面推进互联网金融的健康发展。

（三）唤醒维权意识、降低维权成本，有效保障消费者合法权益

1.唤醒维权意识，提升消费者维权自觉性

消费者的成功维权，其价值不仅在于自身被侵权的交易，而且在于长远甚至宏观社会层面。鉴于诸多消费者维权意识淡薄导致不及时维权进而导致侵权行为泛滥的客观情况，需通过电视、广播、报纸、互联网等媒介或讲座、宣传栏集中学习等方式，积极向消费者尤其是落后和农村地区消费者普及侵权行为的危害及维权的基本知识，以加强消费者教育，唤醒其对侵权行为的免疫力和维权自觉性。同时，通过设立奖励基金、表彰先进等方式，积极鼓励消费者维权，发挥榜样作用带动更多的消费者走进维权之列。

2.降低维权成本，保障消费者合法权益

需通过立法、行政监管等措施降低消费者维权成本，以保障消费者合法权益。一方面，健全民事法律体系，逐步推行并适用举证责任倒置，将未侵权举证责任转嫁到互联网金融企业上，健全完善征信体系，将道德风险故意讹诈互联网金融企业的消费者信息收录进征信系统，惩戒不良行为，更好保护消费者的合法权益，降低消费者维权成本；另一方面，通过行政监管和行政指引的方式，鼓励各互联网金融企业在诚实信用原则的基础上，出台相应的消费者损失赔付机制并简化赔付手续，以降低消费者维权门槛。

三、创新互联网金融监管模式

（一）对利益的政策取舍

1.商业银行不应进行支付限制

商业银行对支付进行额度限制，这是利用自身特权侵犯他人利益，是

垄断行为，商业银行解释没有道理，应该取消。但商业银行大幅度提高活期存款利率不现实，也违背政策。作为企业来说，支付宝是完全合理的，也是银行和市场需要的。目前，银行自身创造了类余额宝产品，以保留活期存款，虽然可以有效应对余额宝带来的存款搬家冲击，但带来的流动性期限错配问题将更突出。这实际是倒逼央行推进利率市场化改革或者对流动性管理出台新规则。

2. 央行应管利率和支付宝的账户余额问题

央行对手机、互联网等支付额度进行限制，实际是一种行政管制，没有法律依据。放开存款利率管制是一个方向，目前难以实现。出于公平考虑，应就协议存款是否缴纳准备金、提前支取罚息做出回应。支付宝的账户余额应该如何处理？是作为单个企业的账户余额来处理，还是作为特殊企业来处理？支付宝是一个企业，其账户的资金余额应该按照企业原则来对待。但这个企业不同于其他企业，其账户资金是存款人的，不是企业的，其资金行为是公众行为，等同于银行业务，是银行业务的外包。因此，支付宝应该作为银行等金融机构来对待。保障客户流动性安全和即时需求，也就是说，不管支付宝对沉淀资金如何使用，应该进行风险评估，按照风险监管要求设置流动性比率，对于多余资金的理财、投资，应该有时间限制要求，以满足流动性需求，央行和银行监管部门应该对支付公司的准入、退出和流动性管理进行制度规范，避免挤兑风险和支付障碍。

在货币基金公司的管理上，应该明确货币基金是否可以直接吸纳支付公司的账户余额？其筹集资金的来源在正常情况下，应该是具有资金所有权人的资金，而不是支配权人的资金。如果允许资金支配权人可以动用资金，对资金支配者如支付宝公司等，应该有类似管理银行贷款和风险控制的管理规定监管部门应鼓励和规范互联网金融自由、公平竞争，少用行政管制和限制方法。出于安全要求的监管，比如，对二维码安全性质疑，则必须提出安全标准和改进时间要求，没有达到安全标准的不能进行。

（二）互联网金融监管依然是传统监管的内容

传统金融监管只针对机构和金融产品，而互联网金融行为似乎没有机构，也没有传统意义上的产品，他们更多是在利用计算机技术所形成的行为数据，将金融和非金融行为混合到一起，完成各自的经济活动。监管者要尽快学习和适应这个变化，因为当今技术变化带来的金融行为变化来得很快，规模很大，形成的风险也很大。但互联网金融活动的风险没有超出传统金融风险，所以监管内容没有特别之处。

1. 余额宝与银行争的是活期存款，根本问题是流动性风险管理或利率管制

互联网金融创新，必须符合安全和风险管理要求。监管者需要回答的是作为资金支配者而非所有者，其满足短期流动性需求的账户活期存款应该如何使用，应该如何避免挤兑和提款风险，应该满足多大的流动性比率要求，或者对协议定期存款和超过一定期限的理财、投资控制比率是多少。

银行表外业务发展以及影子银行发展、存款利率管制是余额宝高利率的制度根源。在存款利率依然管制的情况下，商业银行如何吸引和保留住活期存款，如何进行活期存款的金融创新，确实值得思考。否则，必然会被市场创新夺取市场。一旦存款利率市场化后，商业银行应该迅速应对余额宝的发展，而不是采取转账限制。

2. 区分互联网金融类型和产品风险，加强风险防范管理

对互联网金融的技术安全应提出监管标准和要求。但是，支付宝与客户之间的网络支付，在使用二维码过程中，由于系统是开放的，存在着技术风险，简单地扩大二维码的使用而没有技术防范，存在巨大隐患。支付公司应加强技术安全保障。更重要的是，支付宝公司账户的存款，已经类似银行的存款账户，监管部门需要出台管理办法进行规范管理。

民间融资的监管和阳光化迫在眉睫。互联网目前的真正风险在于与资金存款和贷款结合的网上行为。众筹公司和平台、货币基金与支付公司结合的金融行为所影响的资金规模越大，风险也就越大。对这些要根据管理真空和市场漏洞，在技术和监管上加以完善，出台准入和退出管理规定，规范网络金融行为。把民间金融纳入监管，尽快规范化、制度化、阳光化是必然选择。

加强对互联网金融的流动性监管和约束。支付宝和余额宝的压力在于流动性风险，要针对其流动性风险提出管理制度规范，尤其是防范在存款利率完全市场化或者经济下行、投资回报下降乃至亏损的风险，防范众人集中要求赎回资金的风险。对企业承诺的 T+0 应该鼓励，但也需要有备无患，必要时，可能延期为 T+1，或者是 T+2，以便利资金调剂。

（三）新金融的六大支柱

新金融的概念是随着人们金融活动方式的变化及金融要素组织方式的变化而变化的。其中，金融业分工和专业被大大淡化，逐步被互联网相关技术所替代，企业普遍都可以通过网络进行各种金融交易。新金融时代形成本身将会带来金融体系的巨大变革，同时也将会与社会形成全面深刻的交互影响，这要求我们要以完全的心态对待新事物。

第一大支柱是新技术应用。从金融行业来看最重要的是解决信息不对称的问题。信息的数字化为大数据在金融中的应用创造了条件。计算能力不断提升，云计算、量子计算、生物计算将会突破集成电路的物理边界；网络通信的发展，互联网、移动网络、电话网络、广播电视网络的普及等；新金融的信息处理与传统金融中介和市场的最大区别在于大数据补充甚至替代传统风险管理和风险定价。

第二个支柱是账户以及支付体系。个人金融账户将不再属于传统的金融机构，一段时间内账户提供主体将会呈现多元化态势。未来的账户将是一个综合类账户，能够集成个人所有业务和所有资产负债，这个账户将成为个人金融活动乃至日常生活的出发点和归属点。支付与账户紧密相连，商业银行、第三方支付、移动支付以及创新支付方式将使个人账户与中央银行的交互清算方式发生变化。

第三个支柱是基于大数据的新型风险管理体系，即分别围绕人、企业、产品建立风险评估体系。这三种类型概括了未来新金融的管理体系。这个风险管理体系和传统金融机构有很大不同。传统的机构更大的是行业经验、金融专家金融。

第四个支柱是投融资新规划。投融资新规则的核心思路是充分披露信息，进而形成层次丰富的差异的风险定价，分散投资，组合投资。

第五个支柱是风险补偿机制，即将投资者的风险敞口通过制度创新进行补偿。

第六个支柱是监管体系。淡化审慎监管、强化金融消费保护，这样才有可能把一个新兴的金融体系孵化出来。

（四）构建起多层次的监管体系

1. 完善互联网金融监管法律法规体系

法律法规是国家实施金融监管、保障金融安全的根本依据，建立健全互联网金融监管法律法规体系是我国互联网金融持续健康发展的重要保证。

首先，我国现行金融法律，如《商业银行法》《证券法》和《保险法》等，其立法基础是传统金融行业和传统金融业务，鲜有涉及互联网金融的相关内容，需要及时修订金融法律、补充相关条款。其次，与互联网金融的迅猛发展相比，我国相关领域的立法进程较为缓慢。要从金融消费者权益保护、社会信用体系构建、信息网络安全维护等方面加快相关法律的立法进程，逐步搭建起互联网金融发展的基础性法律体系。再次，互联网金融涉及的领域广泛，有些领域发展起步早，制定法规、规章的时间早，因此相关内容、条款需要相应更新，如，网上银行、网上证券；有些领域出台政策及时且内容较为完善，需要进一步贯彻落实，如，网络支付、网上保险；还有些领域处于监管真空状态，风险点多，一旦出现问题负面影响很大，亟待出台法律法规加强监管，如，网络借贷、网络金融超市。

2. 构建多层次的互联网金融监管体系

互联网金融跨行业、跨区域的经营模式对于我国金融分业监管体制提出了严峻的挑战。为了避免监管真空和重复监管，我国应尽快建立起正规监管与行业自律相结合和跨部门跨地域的多层次互联网金融监管体系。

一是进一步加强金融监管部门之间的沟通与协调。建立包括一行三会、工商、通信、司法等相关部门在内的联席会议制度，定期交流互联网金融的发展状况，加强监测、及时预警，防范虚拟平台交易风险向实体经济蔓延。二是与时俱进地推动金融监管改革。要明确中国人民银行在宏观审慎监管中的主体地位，强化微观审慎监管全面覆盖的监管理念，推动银证保监管部门逐步实现从机构监管向功能监管的转变。三是充分发挥互联网金融行业自律组织的作用。通过制定统一的行业标准和自律公约、督促会员贯彻法律法规和履行自律公约、维护市场竞争秩序和会员合法权益等方式，实现对互联网金融行业的自我管理，促进互联网金融行业健康发展。四是积极与国外政府、金融监管部门开展交流与合作。互联网与金融的全球化发展使得跨境金融风险增加，这要求各国金融监管部门加强合作，对跨国性的金融交易实行统一的监管标准，共同打击跨境互联网金融犯罪，保护本国用户在国外和外国用户在本国的合法经济金融权益。

（五）保护金融创新

互联网金融这一新型业态，其发展时间虽短，但发展势头迅猛，对于该业务的运行特点、面临的风险、发展趋势，特别是对我国金融体系的影响短时期内尚难以定论，还需时日加以观察分析。为保护金融创新，同时避免引发区域性或系统性风险，建议对这一行业采取密切关注、科学引导、分流疏导、加强公众教育、适时出台法律法规的管理策略。

1. 密切关注，防止互联网金融业务风险蔓延

首先，建议采取"内紧外松"的策略，密切关注互联网金融业务的发展，保持对相关风险的警醒。一是工商、税务等部门在部门职责范围内加强对从事互联网金融业务机构的监管，适当加大检查频率和深度，充分收集第一手信息，及时反映该类机构在发展中存在的问题；二是工业信息以及人民银行、银行保险监督管理委员会等行业监管部门可从信息技术、信贷政策、金融安全等角度，联合科研院所等机构对新型金融业务加强研究，并探索建立网络和风险的"防火墙"，避免相关风险蔓延；三是公安机关加大对利用互联网金融之名诈骗公众钱财等违法行为的打击力度。

2. 科学引导，推动形成互联网金融行业自律，提高行业透明度

在密切关注、充分研究的基础上，建议国家和地方各级金融主管部门加强与小额信贷行业的自律组织、行业协会的沟通和联系，循序渐透或阐明国家的相关政策，并从以下方面进行引导：一是从可持续发展的角度出发，推动自律组织或行业协会内部形成自律规范，明确业务性质、准入门槛、禁止性行为、信息披露要求等内容；二是为降低投资人遭到欺诈的风险，便于外部监管部门或投资人判断机构的管理水平和风险状况，切实发挥行业自律效果，可推动行业协会在监管部门的指导下，建立统一的信息披露平台，向社会公众进行行业披露；三是推动建立行业内投诉处理机制，由会员授权协会受理及协调处理投资人或者借款人投诉，并对投诉处理情况进行定期分析通报。

3. 分流疏导，提高正规金融机构普惠金融服务能力

面对互联网公司的强势逆袭，传统的金融机构为了保住自己在金融领

域的传统地位，也在积极谋求变革。与以前仅把网上银行作为销售渠道不同，银行也开始更加注重互联网金融的特性，包括客户体验、交互性能等。与此同时，银行开始把互联网技术与银行核心业务进行更为深度的整合。

为了更好地激发市场活力，支持新业态发展，应鼓励创新发展互联网金融创新工具和方式。一些新兴的互联网金融产品具有一定风险，其部分原因是监管措施滞后于金融产品创新步伐，同时也说明互联网金融产品需要规范，并通过设计相应制度和出台相关政策防止出现互联网金融过度发展冲击传统金融市场的系统性风险。

4. 强化责任金融理念和认识，加大金融知识普及

提倡普惠金融、责任金融的行业理念，深入实践行业自律、监管部门、消费者能力的提高三大战略。建议政府部门及各类金融机构充分利用媒体、网络等手段开展公众宣传教育活动，积极向公众普及金融知识，提高公众的风险意识、辨别能力和自我保护能力，维护社会和谐稳定。

5. 适时出台国家层面的法律法规

金融创新和金融监控是统一的，法规出台的"适时"从另一个侧面反映了监管者对新生事物的认识过程和创新的包容水平。

因此对于监管决策者，一方面建议政府主管部门出台相应的规章，明确小额信贷中介服务性质定位，对互联网金融的业务范围、发展方向、监管办法及违规处罚、退出机制等相关内容作出界定。另一方面，加强政策引导，探索建立必要的风险补偿、财政补贴及税收、信贷优惠等正向激励机制，降低运营成本。同时支持民间融资备案登记，发挥备案登记的管理作用，以完善国家征信系统，防止过度负债信用风险，促进互联网金融阳光化和规范化。

互联网金融监管中的挑战，亦是全球监管者在金融创新领域中面临的永恒难题，即如何在改善金融效率和维护金融稳定之间恰当地平衡。

美国的信贷危机已然表明，只注重效率不注重稳定、"最少的监管就是最好的监管"等理念是行不通的，单纯追求稳健而过度抑制创新，也远非良好的监管选择。一个现实问题是金融监管的格局是基于已有的金融业务并遵从法律规定确立的。在这样的框架下，当新的金融业态出现后，难以找到或客观上并不存在明确的主监管机构，这常常使得只有当风险累积到一定程度后，相关监管问题才可能会被严肃地提上议事日程。

参考文献

[1] 杨蓬勃.互联网金融[M].西安：西安电子科技大学出版社，2017.12.

[2] 冉湖，杨其光，鲁威元.互联网＋金融互联网金融的革命[M].北京：北京工业大学出版社，2017.04.

[3] 崔满红，李照临.互联网金融概论[M].沈阳：东北财经大学出版社，2017.07.

[4] 谢平，邹传伟.互联网金融风险与监管[M].北京：中国金融出版社，2017.12.

[5] 熊建宇.互联网金融营销[M].北京：中国金融出版社，2017.04.

[6] 陈晓华，唐岫立.互联网金融法律与实务[M].北京：中国金融出版社，2017.12.

[7] 曹志鹏.互联网金融理论与发展研究[M].长春：吉林大学出版社，2017.11.

[8] 谢平.互联网金融九堂课[M].北京：中国计划出版社，2017.08.

[9] 刘志洋，宋玉颖.互联网金融风险及监管研究[M].北京：中国金融出版社，2017.09.

[10] 吕晓永.互联网金融[M].北京：中国铁道出版社，2018.06.

[11] 冯博，李辉，齐璇.互联网金融[M].北京：经济日报出版社，2018.04.

[12] 贾焱.互联网金融[M].北京：北京理工大学出版社，2018.02.

[13] 郭福春，陶再平.互联网金融概论第2版[M].北京：中国金融出版社，2018.09.

[14] 郭永珍.互联网金融创新与实践[M].北京：经济日报出版社，2018.06.

[15] 吴金旺，靖研．互联网金融法律法规 [M]．北京：中国金融出版社，2018.07.

[16] 张炳辉．互联网金融安全 [M]．北京：中国金融出版社，2018.10.

[17] 郭福春，吴金旺，申睿．互联网金融教学案例集 [M]．北京：中国金融出版社，2018.03.

[18] 武艳杰．互联网金融创新 [M]．广州：中山大学出版社，2019.11.

[19] 郑迎飞．互联网金融产业组织研究 [M]．北京：中国金融出版社，2019.01.

[20] 丁箐岚．互联网金融监管问题的研究 [M]．成都：四川大学出版社，2019.11.

[21] 邱灵敏．我国互联网金融信息披露监管研究 [M]．北京：知识产权出版社，2019.12.

[22] 谢文武，江涛．互联网金融创新发展研究杭州样本 [M]．杭州：浙江大学出版社，2019.02.

[23] 常振芳．互联网金融信用体系建设和风险管理研究 [M]．中国财富出版社，2019.06.

[24] 赵保国．互联网金融理论与实践 [M]．北京：北京邮电大学出版社，2020.11.

[25] 史浩．互联网金融系列教材·互联网金融支付 [M]．北京：中国金融出版社，2020.01.

[26] 都红雯．互联网金融研究：学生成果汇编 [M]．西安：西安电子科技大学出版社，2020.04.

[27] 赵丹．互联网金融趋势下银行技术创新研究 [M]．北京：中国旅游出版社，2020.07.

[28] 刘华玲．互联网金融欺诈识别与风险防范 [M]．厦门大学出版社有限责任公司，2021.11.

[29] 李辉．互联网金融视角下中国中小企业融资问题研究 [M]．北京：中国经济出版社，2021.03.

[30] 胡方．武汉大学创新创业教育系列规划教材互联网金融创新创业教程 [M]．武汉：武汉大学出版社，2021.05.

[31] 袁峰 . 互联网供应链金融研究 [M]. 中国原子能出版社，2021.09.

[32] 于海静 . 互联网 + 商业银行供应链金融创新 [M]. 北京：中国金融出版社，2021.03.